给你一个好团队
怎样把庸才变将才

南勇 ◎ 著

中国计划出版社　博集天卷 CS-BOOKY

图书在版编目（CIP）数据

给你一个好团队：怎样把庸才变将才 / 南勇著. — 北京：中国计划出版社，2016.1
ISBN 978-7-5182-0352-9

Ⅰ.①给… Ⅱ.①南… Ⅲ.①组织管理学 Ⅳ.① C936

中国版本图书馆 CIP 数据核字（2016）第 000273 号

给你一个好团队：怎样把庸才变将才

南勇　著
联合策划：博集天卷　咪咕阅读

中国计划出版社出版
网　　址：www.jhpress.com
地　　址：北京市西城区木樨地北里甲 11 号国宏大厦 C 座 3 层
邮政编码：100038　电话：（010）63906433（发行部）
新华书店北京发行所发行
三河市华东印刷有限公司

787mm×1092mm　1/16　19 印张　277 千字
2016 年 4 月第 1 版　2020 年 9 月第 2 次印刷

ISBN 978-7-5182-0352-9
定　价：39.80 元

版权所有　侵权必究
侵权举报电话：（010）63906404

知"其一",更要知"其二"

那是几年前的事了。

铁哥们儿赵凯给一位新近发迹的土豪老板当助理,看似平步青云、春风得意,实则危机重重、朝不保夕。

原来,这家企业从"杂牌军"转型至"正规军"时日尚浅,遇到了许多重大的管理问题。老板本以为经过艰苦打拼,企业终于初具规模,步入正轨,从此可以大展宏图,实现霸业,没承想自己的"子弟兵"异常不给力,简直就是"吃嘛嘛不香,干嘛嘛不成",整个队伍如同一盘散沙,怎么折腾也攥不成一个拳头,让他空怀一腔宏愿却难以施展。这还不算完,令这位老板更为郁闷的是:在他看来,似乎"杂牌军"要比现在的"正规军"更有战斗力。那个时候,虽然是粗衣敝屣、风餐露宿,但是团队上下没有一个人叫苦叫累、怨天尤人,说句不夸张的话,在那些日子里,团队里的每个人天天就跟打了鸡血似的,玩了命地跟着老板打天下。如今鸟枪换炮,终于进入实现梦寐以求的"土豪梦"的快车道时,为何大家反而没了精神,眼瞅着直奔"土鳖"而去呢?

这位老板困惑不已,只好通过挖墙脚的方式求助于"空降兵"——彼时已在圈内多少做出点小成绩的小有名气的赵凯。

虽说赵凯这次的跳槽让自己的收入水平至少来了个三级跳,他的脸上却并没有喜色——天下没有免费的午餐,他知道这个道理;"空降兵"是九死一生的赌局,这更是一个地球人都知道的常识。

于是,他找到了我——一个至少在他个人心目中可以被称为"管理专家"的主儿。

"专家,给支个招呗!到底怎么做才能鼓捣出一个给力的团队?"

"第一，千万别骂我。如今这年头，没有比叫一个人'专家'更恶毒的损人方式了！"我没好气地说，"第二，你这个问题真的没法回答。如果一定要我给一个答案，那只能是八个字——'随心所欲，顺其自然'。"

不是没诚意，更不是刻意忽悠他，长期以来，在我心目中，"如何建立一个强大的团队"几乎是一个无解的课题，与其三言两语敷衍一下他，不如老老实实说实话。所以，至少对于当时的我而言，能送给他的也只有这八个字了。

显然，颇有几分孤傲与清高的赵凯对我的回答并不满意："我就知道你小子深藏不露，怕我抢了你的风头。不过没关系，如今这年头，管理书籍多如牛毛，从你这儿学不到，我可以从书上学啊！"

"第一，我真不是深藏不露，也确实没什么可藏的。给你支几招又不是出卖国家机密，有杀头的罪过，我藏它干嘛啊！再说了，咱俩又不是一家公司的，你工作出成绩和我出风头有什么关系？"我连忙替自己辩解，"第二，为了证明我的诚意，再跟你说句掏心窝的话，那些管理书籍基本上没什么用，还是不看为好。你想啊，只要看几本书就能把所有问题都搞定，大家还有必要看那么多书吗？那作者和出版商还不都得失业，市面上怎么能冒出那么多新书啊！所以说，'管理书籍多如牛毛'这事本身就意味着'这些书基本没用'，看了也白看！"

赵凯乐了："你这是歪理！人家书上说得再对，你自己领会不了那是你自己的问题。看书看不出彩来，学不到东西是你自己废物，只能证明你自己悟性不够，道行太浅，怎么能怪人家写书的人呢？"

坦白说，赵凯这话说得在理。我承认我的话有些偏激——三人行必有我师，书中自有黄金屋，这些话的意思我懂。只不过，我心里还是有些不服气。明摆着有太多的管理书籍就是忽悠人的，乍一看这些书上说的东西句句都是真理，可又全都是废话，因为没有几句是扎扎实实接地气的。可这些书摆明了并不想为此承担责任：看了之后有用功劳是它的，看了之后没用罪过是你的——谁让你自己道行浅，没悟性！

所以，我并不是一个恐书之人，实在是被太多的庸作、烂作伤透了心，不敢再抱有任何不切实际的奢望。不过，鉴于我的这位铁哥们儿异常坚定的决心，我也不好说什么，只有真诚地祝福他"好好学习，天天向上"了。

果不其然，仅半年，赵凯就被那位老板"请走"，再一次来到职场生涯的十字路口。

心情极度低落的他打电话给我，说要请我吃饭。我知道这顿饭不是什么好饭，但找了十来个借口都没躲开，只好硬着头皮赴宴。

饭桌上的局面大家可想而知。都说"一个女人顶得上五百只鸭子"，可那天饭局中的赵凯一个人就能顶五千只鸭子，活脱儿一个现代版的"祥林嫂"。

在痛诉命运的种种不公之后，赵凯感慨地对我说："现在回过头来想想，你当初说的那八个字还真是一句真理！"

"哪八个字？"不是装傻，我确实忘了。

"'随心所欲，顺其自然'啊！现在想起来，管理这玩意儿真的没有一个固定的模式，还真是一个萝卜一个坑，如何鼓捣全在自己，谁也代替不了！"

"可不是嘛！实话实说，无论是德鲁克、比尔·盖茨，还是稻盛和夫、李嘉诚，甭管多牛的主儿，让他到中国内地来管理一家街道企业，都一准抓瞎！"这句话一出口，不知为何我心里有种特解气的感觉。

"就是就是。"赵凯赶忙附和，"就拿我那家祖宗企业来说，为了管好它，我真是连吃奶的劲都使出来了。仅一个多月就看了十来本管理书籍啊！甭管我怎么折腾，就是愣不见效！你说气人不气人？！"

他点燃一支烟，狠狠地吸了一口，又吐出一个大大的烟圈，继续说道："你比方说吧，我买了一本名叫《用制度管人》的书，这可是一本超级畅销书，号称'只此一本便可搞定一切'。我按照书里教的招把公司所有的制度重新捋了一遍，自我感觉能和世界五百强企业有一拼。可公司里那些土鳖硬是不上道，愣是让这些制度形同虚设，只能躺在文件夹里喂老鼠！"

"呵呵，这你不能怪书啊！人家教给你的是一般性的东西，你得根据自己公司的情况做适度的调整，仅仅照猫画虎哪成啊！"

"这你可真小看我了。哥们儿好歹有着十几年的职场经验，这点道理还能不懂？"赵凯不屑地说，"我没少调整，问题是无论你怎么调整都没戏啊！到头来只见制度越来越多，却不见人有任何长进！"

赵凯越说越兴奋："后来和老板一商量，干脆从外边请高人！说出来不怕你不信，不到半年的时间，我们就找了不下十家国内外著名机构做咨询，据说水平各个和麦肯锡有一拼，花了至少几十万人民币，可你猜怎么着？外甥打灯笼——照舅（旧）！

唉，这些主意大都是我给老板出的，结果到头来弄得我自己一身臊，反而成了我的一大罪状！"

眼见他越说越激动，我也不知如何劝解，只好默默地听着。

"你比方说吧，"赵凯继续沉浸在"祥林嫂"的意境中无法自拔，"书上说'留人'需要三个条件：晋升机会、学习知识、给钱。我们没少提供晋升和培训的机会，也没少花钱，可照样留不住人！不只这些，更气人的还在后边。我们花大价钱辛辛苦苦培养出来的人，尤其是那些关键部门的关键人才，别看嘴上天天说会效忠公司，到最后一准让别人挖墙脚！白忙活了半天，便宜都让别人占了，我们公司整个成了人才输送站！

"还不只这些。书上说'好的团队必须有明确的目标'，可我们制定了一大堆目标，真正能实现的连百分之一都没有！于是只好调整目标，无论怎么调整，绝大部分目标都永远只能躺在纸面上，根本变不成现实。"赵凯咽了口唾沫，继续说道，"于是我就想，也许这是执行力的问题，便买了一大堆执行力方面的管理书籍，也都号称'只此一本便可搞定一切'。可无论使什么招，什么PDCA循环法、KPI关键指标考核……只要书里写的我基本上都使上了，到头来别的都见着了，就是见不着效果。唉……"

说到这里，赵凯忽然不作声了，两眼看着地面发呆。

"我再给你讲一件事，一准能气死你！"缓了一会儿神，他又开始了絮叨，"所有的管理书籍都会强调一条——'好的领导者必须身先士卒、以身作则，才能有威信，有号召力'。说实话，这个道理我懂，从小我就信这个。可你猜怎么着，还真是撞了邪了！在我们那家公司，无论你怎么以身作则、冲锋在前，都丝毫感动不了那些祖宗员工。在他们心里，即便你活活累死也是应该的，他们只负责在一边旁观。因为他们打心眼里就认为这些事情本来就是你的事，与他们无关！哎，那个词怎么说来着？对了，麻木不仁！

"所以，到最后结论只有一个：还是人的素质不行！可这也恰恰是最气人的一点。你说，人的素质这玩意儿是天生的还是后天形成的？你要说是天生的，那人类为什么要学习，为什么要受教育？可你要说是后天形成的，就更说不过去了，我们为培训员工可是下了血本啊！光国内这些大师级的培训师，我们就请过不下十位，各种培训课更是多到数不清，可无论你怎么教育，愣是没效果啊！人家死活不吃这套,你说气人不气人?!"

"呵呵,那是,要是大师们的培训课真的那么有效果,随便上几堂课就把大家的问题都解决了,那你让这些大师吃什么去啊?这不是断人家财路嘛!"我笑着揶揄道,"言归正传,现在你该相信当初我跟你说的'管理书籍多看无益'的话了吧?如果你不信,那就等于承认自己道行太浅、悟性太差,理解不了人家书中的真意。哎,这句话怎么听着那么耳熟?好像某个人曾经也跟我说过。"

"也信,也不信。"赵凯依然不改孤傲与清高的本色,不肯轻易服输,"我觉得不是管理书籍没用,而是我的运气不好,没有看到真正管用的好书。"

这回又轮到我语塞了——他说得对。书本身没有问题,问题是好书太少。道理很简单,如果我们总将读书人的"不上道"归结为"这些人的素质太差,道行太浅,没悟性",那么书籍本身又有什么用呢?如果书籍所能"超度"的都是些圣人或人精,那么我们这些凡夫俗子又有什么看书的必要呢?光给圣人和人精们做书不就完了?可话又说回来,真正的圣人和人精,人家自己就能"超度"自己,根本就用不着天下的写书和做书人去"超度"。所以说,"超度"我们这些凡夫俗子,才是书籍存在的最大意义。换句话说,"超度"不了凡夫俗子的书,只能是庸书和烂书。这样理解并不过分。

那天晚上我失眠了,想了很多。赵凯的经历并不罕见,有太多的团队管理者曾经、正在或即将遇到与他一样的难题、一样的苦恼,包括我自己。

我们都曾或多或少地试图求助于各种管理书籍,但也都曾或多或少地受过这些书籍的忽悠。

问题出在哪里?就出在这些书籍大都只说出了事物的"其一",却没有说出事物的"其二";只说出了事物的某种共性,却有意无意地忽略了事物的某些极为重要的个性。

举个例子。你身处某座陌生的城市,要寻找1路公交车站,于是你向一位本地人问路,他告诉你:往西走五百米就能到达那个车站。你按照他的话往西走了三百米,却发现那里是个巨大的工地,正在进行地铁的施工,于是你只好往东走,绕了一个大圈才找到1路公交车站。

在这个案例里,很显然那个本地人并没有骗你——在你西面五百米的地方,确实有这个公交车站，这一点本身并没有错。问题是，这只是事物的"其一"，这件事还有"其二"的部分，即公交车站附近是一个大工地，你必须往东绕个大圈才能到达目的地。而我们现在的许多管理书籍，扮演的正是那个"本地人"的角色——它只告诉你事物的"其一"，却不告诉你这些事物是否还有"其二"的一面，更不要说当事物呈现出"其二"的一面时你应该如何应对了。

之所以绝大多数管理书籍看似无比正确，却没有任何实际用处与效果，最根本的原因就在这里。事情的真相是，在管理的世界里，其实有许多事物不只具有"其二"的一面，还会有"其三""其四""其五"……的一面，层次越复杂、越深入，这些事物就越接地气，越接近管理者的真实处境，越接近管理者迫切需要解决的真实问题。

所以，经过几年的沉淀，我终于动了"自己写点什么"的念头。不为别的，只为向大家呈现更多的"其二""其三""其四"……

这是一个使命，也是一个挑战。但是我有信心，这种信心来源于两点：第一，我不试图把自己伪装成一个"专家"，摆出一副居高临下"诲人"的姿态。正因为我明白有些事情永远不会有唯一的正解，所以我将放低自己的身段，不仅要给大家提供一些答案，还要更多地与大家一起去探寻答案。也就是说，尽量让我的文字起到一个抛砖引玉的作用，激发大家的灵感，共同去寻找一个相对理想的结果。因为只有这样的结果，才是真正属于每一个人自己的、接地气的结果。第二，我将不会把自己渲染成一个虚伪的"成功者"，恰恰相反，我会和大家分享许多失败的经验。因为只有这样做，思考才能真正有深度，并真正从这样的思考中汲取有益的养分。

最后，此书出版之时，我将亲自送一本给我的铁哥们儿赵凯，并希望能从他的嘴里听到一句："终于看到一本'有用'的管理书了。"

目录 CONTENTS

第一部分 PART ONE | "人治"与"法治"——打通团队建设的任督二脉 /001

第一章　老鼠怕猫,那是谣传!——"团伙"的威力　　/003

有人的地方就有江湖,有江湖的地方就有团伙。

"州官能放火,百姓可点灯" /005
强调"价值观"的蠢事,只有"猫"会做 /006
"全员老板(头头)制" /008

第二章　垂而不死的"团队"　　/010

所有的团队基本上都脱胎于团伙。从这个意义上讲,说团伙是团队的亲爹也不为过。

团队"垂而不死"的理由 /011
团队"垂久必死"的宿命 /013
"乔帮主"的"光"与"影" /016
华为的"虚"和"实" /018
海底捞的"幸"或"不幸" /021

第三章　人之初，性本善　　　　　　　　　　　　　/022

任何一个"团伙"内部，都绝不会缺少爱意和善意。遗憾的是，这一点对于"团队"来说却不一定。

"尽最善"　　　　　　　　　　　　　　　　　　　/024
"好人"刘备，"坏人"曹操　　　　　　　　　　　　/027
"善"的魔力，"恶"的威力　　　　　　　　　　　　/028
"善"与"恶"均可遗传　　　　　　　　　　　　　　/032
倘若"善中有恶，恶中也有善"，历史可会改写？　　/033

第四章　性相近，习相远　　　　　　　　　　　　　/037

"文化管人"在很大程度上就是"人治"的终极体现。

杂牌军时代的文化才是含金量最高的文化，
千万别弄反了，弄丢了　　　　　　　　　　　　　/038
"敌人"往往是个伪命题，是你自己为自己"创造"
出来的　　　　　　　　　　　　　　　　　　　　/041
一位"和钱有仇"的老板　　　　　　　　　　　　　/043

第五章　"暗默知"与"形式知"　　　　　　　　　　/046

"暗默知"属于"人治"的范畴，而"形式知"则在很大程度上意味着"法治"。显然，前者比后者更有嚼头。

"暗默知"与"形式知"的长与短　　　　　　　　　　/047
"学不会"的"暗默知"，"学得会"的"形式知"　　　/051
"舍己之长，取己之短"的悲剧　　　　　　　　　　/054
"传家宝"扔不得　　　　　　　　　　　　　　　　/056

打造"旧制度"的升级版 /057

第六章　A 加 B 除以二 /060

> 现在全世界都在追求"暗默知",似乎只有我们依然执迷不悟,捡食别人的剩饭,和"形式知"死磕。这实在是一件可悲的事情。

"所有人都理性",这种看法本身就是最大的
　　"不理性" /063
"做傻事"的老板,往往是最聪明的老板 /064
"堕落"的中国人,也许才是真正进步了 /066

第七章　"人治"是团队管理的最高境界 /068

> 人是"处"出来的,不是"量"出来的。

"人"走了,"根"能留住吗? /071
"不值钱"的精英与"值钱"的废物 /077
"筛人"有毒,慎为之 /080
"金子"许三多的启示 /083

第八章　重回初心——将"杂牌军精神"进行到底 /085

> 初心是好东西,真的没必要切割。

不忘本! /086
"好人"做"坏事",必有内因! /089
"法"不容"情"?未必! /093
当初心成为一种基因 /097

第二部分 文化制胜——为团队注入强大的遗传基因　　/099
PART TWO

第九章　　无所不在的"文化"
——"没文化"与"乱文化"也是一种团队文化　/101

如果把团队比喻成一个人，那么文化就是这个人的个性。而个性这玩意儿既可以有意识地培养与磨炼，也可以在无意识中自然而然地形成。

"没文化"是最可怕的文化　　　　　　　　　　/104
"走心"是件一本万利的事　　　　　　　　　　/105

第十章　　让制度为初心服务　　　　　　　　　/108

那些不招人待见的、似乎只有"团伙"才有的劣质要素，其实绝大部分"团队"也有，并不是"团伙"的专利。

解剖"初心"　　　　　　　　　　　　　　　/109
没大没小没规矩　　　　　　　　　　　　　/110
一个神奇的按钮　　　　　　　　　　　　　/113

第十一章　　"情感"与"制度"
——从"水火不容"到"水乳交融"　　　　/115

对于团队管理者而言，他们需要改变的往往不是方法，而是态度。

赢不了"情感"，就不可能有真正的"双赢"　　/119
"海底捞"的撒手锏　　　　　　　　　　　　/125

第十二章 规模扩张之道——"以多打少"与"以逸待劳" /129

扩大规模唯一的前提是找到"对的人"。对的人找不到,宁可不扩张。

心急吃不了热豆腐 /132
一个台湾人的烦恼 /133

第十三章 个性与共性——从"物以类聚"到"海纳百川" /137

共同的价值观固然重要,一定程度上的"异数"也是不可或缺的。

"同路人"未必同路,反之亦然 /138
不争气的"空降兵" /141
"改良"的技巧 /144

第十四章 江山易改,禀性难移? /151

劣质文化未必不强大,不夸张地说,在很多时候,它们甚至比优质文化更顽强、更可持续、更具再生力。

第十五章 团队文化建设的"五星级音乐厅"理论 /168

环境真的很重要,它就像一根红线,能将一家公司所有的核心竞争力穿起来。

"环境"的威力 /171
制造"习惯" /183

第十六章 强大团队的永恒课题
——"机器性"与"人性"的PK /186

如何在不牺牲或尽量少牺牲"小我"的情况下达到顾全"大我"的目的,是所有团队管理者不得不共同面对的课题。

第十七章　没有"私生活"的团队不是好团队　　/193

任何一种规矩都是为人服务的,不能以对人的冷漠与麻木不仁作为制定的前提。

团队领袖的 N 宗罪　　/193
团队领袖的"赎罪"之道　　/205

第三部分 PART THREE｜文化之争——驾驭团队的秘诀　　/213

第十八章　头头们的"文化之战"　　/216

在很多情况下,那些在老板面前看似俯首帖耳、言听计从的部门经理对团队的影响力更为强大。

县官不如现管　　/216
"有威信的群众"最可怕　　/220

第十九章　"强者过招智者胜"之"以利取人"　　/227

"兴利"和"除弊"是两码事,绝不能混为一谈。

第二十章　"强者过招智者胜"之"借力打力"　　/236

"利"和"力"互为因果,是一枚硬币的两面。"力"由"利"生,"利"从"力"来。

做导演,不要做演员　　/236

第二十一章　"强者过招智者胜"之"斗而不破"　/245

其实，有时候没有结果本身就是一种结果，而且这种结果未必不鲜明，完全可以让大家做到心中有数，圆满实现争斗的目的。

"亮哥"的智慧　/247
让你的"敌人"胜利，是打败他最狠的战术　/251

第二十二章　"强者过招智者胜"之"无为而治"　/255

"无为而治"的意思就是：什么都不做，等着对方出错，或静待某种可以"做点儿什么"的战略机遇出现。

"影子英雄"陆逊　/256
一个真实的故事　/260

第二十三章　"强者过招智者胜"之"不变之变"　/268

真正高明的、颠覆性的变化，往往是在所有人都完全无意识的状态下发生的。

"大变化"的前提　/269
悲摧的"闫三刀"　/270
团队中的"游击战"　/275
明修栈道，暗度陈仓　/282
"智慧"与"阴谋"，差之毫厘，谬以千里　/287

第一部分
PART ONE

"人治"与"法治"
——打通团队建设的任督二脉

★ 第一章 老鼠怕猫,那是谣传!——"团伙"的威力
★ 第二章 垂而不死的"团队"
★ 第三章 人之初,性本善
★ 第四章 性相近,习相远
★ 第五章 "暗默知"与"形式知"
★ 第六章 A 加 B 除以二
★ 第七章 "人治"是团队管理的最高境界
★ 第八章 重回初心——将"杂牌军精神"进行到底

一个简单的问题：团队管理的核心是什么？

无论你有多少年的职场实战经验，也无论你看过多少本"只此一本便可搞定一切"的神仙级管理书籍，听过多少次"世界级管理咨询大师"的天价培训课，其实归根结底都是为了找到这个问题的答案。

而这个答案也异常简单，就是两个关键词而已，即"人治"与"法治"。

人治与法治，就是团队管理，或者说一切管理问题的任督二脉。而打通任督二脉，你就能成功地收获一个强大的团队。

现在新的问题来了。理解打通任督二脉的重要性并不难，真正困难的是如何才能做到这一点呢？

这可要好好想一想。

不夸张地说，我们每时每刻所做的管理工作，几乎都是在"人治"与"法治"这两个看似矛盾的要素之间纠缠不清。人治多一点，团队便失去章法，很容易沦为杂牌军；可这法治多一点，也未必会给我们带来一支强大的正规军。恰恰相反，法治多了，也许军心会更加涣散，每一个团队成员都会失去激情，成为某种意义上只会例行公事的行尸走肉。这还算好的，恐怕更大的危机是，你的团队成员还会无师自通，发挥自己无限的想象力与创造力，琢磨出一大堆阳奉阴违的绝妙招数破解你的"法"，令你防不胜防、头痛不已。没错，不用怀疑自己的眼睛，如果你有足够的勇气，你一定会承认一个令人尴尬的事实：在企业管理的世界里，法治的最大弊病在于每一个人往往都会把精力放在如何"破法"，而不是如何"守法"上。而这就是你所面对的一个异常残酷的现实。

之所以团队管理者会一本又一本地阅读那些"看上去都对，却满篇都是废话"的神仙级管理书籍，一次又一次地让培训界的"大师"们忽悠走无数的真金白银，其本质都是因为在"人治"与"法治"的问题处理上撞了南墙，情急之下有病乱投医带来的结果。

所以，我们不妨就从这个关键点切入，去探索一下如何才能找到破解这个多年来中国管理学界最大悬案的线索。

第一章

老鼠怕猫，那是谣传！
——"团伙"的威力

有人的地方就有江湖，有江湖的地方就有团伙。

问你一个略微有些脱线的问题。千万不要往深里想，请务必在三秒钟之内用你的直觉回答。

这个问题是：在你的心目中，团队和团伙哪一个战斗力更强？

相信不出大的意外，七成以上的人会选择后者。

没错，在我们的直觉里，"团队"这个词似乎有些僵硬、刻板的感觉；而"团伙"则是一个虽带着几分邪气，却又活力四射、充满诱惑力的名词。

为什么会这样？

很简单。**团队似乎是必须借助外部的某种强制力才能勉强凑在一起的一群人；而团伙则是一个完全靠自觉自发、浑然天成的生命体。**是的，在很大程度上，"团队"是无生命的、死的东西，而"团伙"则是有生命的、活的东西。

这可是一个耸人听闻的观点，也许颠覆了迄今为止管理学中所有的常识。但事实就是这样，无论你愿意抑或不愿意承认。

我们在港台和国外的警匪片中常常会看到这样的场面：明明是猫捉老鼠的游戏，结果往往是老鼠占上风，让貌似强大的猫狼狈不堪、疲于奔命、吃尽苦头。尽管碍于某种共通的道德规范，最后胜出的一定是猫，却丝毫改变不了老鼠在观众心目中的强者地位。

不信咱们可以一起回忆一下。无论是中国香港的周润发、刘德华，还是外国的阿兰·德龙、马龙·白兰度，在这些巨星的银幕生涯中，到底是扮"猫"

的次数多，还是扮"老鼠"的次数多？又或者到底是"猫"的角色经典，还是"老鼠"的角色经典？

其实不只是在银幕上，生活中亦如此。相信只要你不是太固执，就一定会认可我的话：每一个团队里都会有几个团伙，而且这些团伙往往都会比团队的力量更强大。很多事情看似团队的领导在做决定，其实真正的决策者常常是那些团伙的头头——他们点头、配合，事就能成；他们不点头、不配合，任凭你再着急上火，想办成事也照样没戏。更要命的是，单单强大也就算了，这些团伙还有一个强项，就是命大：它们往往都很长寿，具有极强的抗打击能力。经常是团队都垮了，团伙却还在。即便新的团队成立，这些团伙依然存在、活跃，可谓打不倒的不倒翁，其生命力之强大真无愧于"老鼠"的英名。

"州官能放火，百姓可点灯"

当然，团伙也有软肋，也有分化瓦解的时候，但是这种瓦解一般都源于团伙内部，很少有人可以利用外部力量打垮团伙。这一点也颇符合老鼠的本性——人类和老鼠斗了几千年，却一直拿这个既强大又命大的团伙没辙，只能眼巴巴地看着人家把鼠夹当健身器材，把鼠药当营养午餐，让人家吃饱喝足外带锻炼身体，一代更比一代强，一代更比一代旺。照这个势头发展下去，估计有一天即便老鼠团伙真被灭了，也只能是它们的基因发生了变异，开始自相残杀惹的祸，否则，要想看到人类灭鼠的那一幕，恐怕只能去电影院了。

公平地讲，按照管理学的基本逻辑，团伙确实有其存在的必要性和必然性。

从必然性来说，只要有人的地方就有江湖，只要有江湖的地方就有团伙。职场（亦即我们常说的"团队"）就是这个世界上存在范围最广、规模最大的江湖，所以这片江湖自然也就成为各路团伙得以繁衍、茁壮成长的最肥沃的土壤。因为物以类聚、人以群分，**当某个团队内部的两个或两个以上的人走到一起的时候，你是不可能阻止他们以某种方式（当然是自觉自发的方式）形成一个团伙的。**

这几乎是人类的一种本能，不是单靠某种学问或某种制度性安排就能轻易改变得了的。

从必要性来说，团伙的存在极大地丰富了团队的内涵和可能性，既给团队带来了困扰，也给团队带来了机会和希望。关键看你怎么理解，怎么处理，怎么运用。

一个有趣的现象是：几乎所有的老板都很喜欢在下属面前做这样的训示——"你们不要想着搞小团伙，要公司一盘棋！"其实这种话只能用来骗鬼，甚至连老板自己都骗不过。因为也许老板自己就是一个小团伙的积极践行者，尽管他们自己不会承认这一点，他们会把这种小团伙形容为一个领导核心，而且实事求是地说，这样的领导核心确实有其存在的必要。问题是，你不能只许州官放火，不让百姓点灯。如果你认可自己的团伙，又有什么理由否定下属的团伙呢？

强调"价值观"的蠢事，只有"猫"会做

既然这个叫作"团伙"的家伙如此顽强，拥有如此强大的生命力，那么，接下来的问题就是：团伙的威力到底源自哪里？这种威力是否可以复制到团队身上呢？

这是一个靠谱的问题，也是一个值得深究的问题。

让我们从"团队"的基本概念说起。

按照管理学家罗宾斯的观点，所谓团队，**就是两个或两个以上的相互作用、相互依赖的个体，为了特定目标而按照一定规则结合在一起的组织**。

这里面有几个关键因素。

首先是人数：必须有两个或两个以上的人。

其次是目标：必须有共同的奋斗方向。

最后是规则：必须有具备约束力的游戏规则。

当然，除此之外，还有一些辅助性的因素也很重要，比如说个体的能力、相互协作，等等。

毫无疑问，以上这些基本因素，团伙同样具备。

那么，为了解开团队与团伙战斗力差异之谜，就只能比较一下这些因素的优劣了。

首先，人数方面显然不会有这种差异，这种差异只会存在于目标、规则、能力和相互协同等方面。

那么，目标方面的差异是什么？

显然，**团伙的目标往往要比团队的目标更瓷实、更具操作性**。而真正可怕的是，**团伙的目标和团队的目标往往是背道而驰的**，甚至不夸张地说，团伙的目标就是要破坏、打倒团队的目标。

比方说：团队的目标是尽量让成员多干活少拿钱，而团伙的目标是尽量让成员少干活多拿钱；团队的目标是牺牲小我，成全大我，而团伙的目标则是牺牲大我，成全小我；团队的目标是先干活后吃饭，团伙的目标则是先吃饭后干活；等等。

正因如此，在游戏规则的形成和相互协作（即执行力）方面，团伙远比团队更为强大。由于团队的目标是大我，所以势必会强调自我牺牲，游戏规则不可避免地会具有某种强制的特性，因此不容易被成员接受与贯彻，很难具有真正的执行力；而团伙的目标是小我，是抵制自我牺牲，所以游戏规则必然会具有某种自觉自发的特性，因此必然会更容易被成员接受与贯彻，体现出更为强大的执行力。

不仅如此，其实上面的分析还遗漏了一个更为关键的因素，就是价值观。**团伙之所以更具战斗力，是因为成员可以轻易地共有一种强大的价值观**。往好听说，这叫"志同道合、患难与共"；往难听说，这叫"臭味相投、一丘之貉"。令人遗憾的是，尽管每一个团队都会大力强调"共有价值观"的重要性，但只要稍微有点正常感知能力的人都知道，这只是一句骗人的鬼话，根本没有半点严肃性。地球人都知道"越缺什么就越要强调什么"的道理，反过来说，也就是"越强调什么就越缺什么"——你见过哪个团伙天天把"价值观"三个字放在嘴边的？这种蠢事"老鼠"是断然不会做的，会做的只有"猫"。

"全员老板（头头）制"

再往深里分析一下，这一现实更让人不寒而栗。

都说"文化管人"是管理的最高境界，可真正做到这一点的团队凤毛麟角。经过前面的分析，我们将发现一个不幸的事实：所有的团伙都轻易达到了这一境界。不对，更准确的说法应该是：**"文化管人"这件事对团伙来讲只是一种常识罢了，完全是小菜一碟，根本用不着专门把这一点拿出来说事。**

不仅如此，团伙让人惊惧的超强战斗力还体现在另外一个事实上，那就是领导力——团伙的头头往往要比团队的领导更为强大，拥有更惊人的威信与号召力。这一点在国外的警匪片中也体现得极为鲜明：一般来讲，"猫"对"猫王"的态度是极为不屑的，甚至常常弃之如敝屣，和"猫王"对着干；而"老鼠"对"鼠王"则是言听计从，甚至是心悦诚服，甘愿两肋插刀，即便赴汤蹈火也在所不惜。

这还不算完，更恐怖的事实还在后头：有许多团伙其实根本就不需要什么头头，因为每个成员都是头头，大家喜好相同、目标一致，心往一处想，劲往一处使，一切都是自觉自发、浑然天成。在这种状态下，团队要想和团伙为敌，几乎毫无胜算。

这种状态，也是"文化管人"的极致，我将之称为"全员老板（头头）制"。如果哪个团队成功实现了这一点，那么它的战斗力将傲视群雄，天下无敌。

相信把话说到这份儿上，许多团队管理者会感到很丧气。其实大可不必，**对团伙现象做一次深刻的解构，对建立一个强大的团队而言是至关重要的，甚至可以说是唯一重要的。**

只要我们能像建设一个团伙那样去建设团队，我们就一定能得到一个无比

强大的团队。这并不是天方夜谭，我在本书中将要谈到的一家叫作"南国丰田株式会社"的日本公司就做到了这一点。日本人能做到，做了几千年日本人师傅的中国人当然也能做到。

我对这一点深信不疑。

小结：

团伙的存在极大地丰富了团队的内涵和可能性，既给团队带来了困扰，也给团队带来了机会和希望。关键看你怎么理解，怎么处理，怎么运用。

第二章

垂而不死的"团队"

所有的团队基本上都脱胎于团伙。从这个意义上讲，说团伙是团队的亲爹也不为过。

那位说了：你说得也太严重了。团伙中也会有次品，团队里也会有精品。乌合之众的团伙和精兵强将的团队一样不少见，团伙的战斗力怎么可能都比团队强？

坦率地讲，这话没错，但也有个前提。**任何团伙在形成初期都不可能是乌合之众。一群乌合之众从本质上来讲也根本不可能形成一个团伙。道理很简单，团伙和团队不一样，不需要任何外力的强制，完全是自觉自发形成的。既然是自觉自发，大家闲着没事凑到一起主动鼓捣一个乌合之众的团伙出来便没有任何意义。相反，团队则不一样，因为团队的形成过程中掺入了太多外部强制因素，所以反而更有可能成为一个由一群同床异梦、勉强凑合到一起的乌合之众构成的组合。**

不过，不可否认的一个事实是，确实有许多团伙最后变成一群不堪一击的乌合之众。为什么会这样呢？原因非常简单：恰恰是这些团伙发展到一定程度后逐渐丢掉团伙的优秀基因，开始不自觉地沾染或主动追逐一些团队的特质，才让这些团伙最终走向衰败，成为一群乌合之众。

这是一个有意思的悖论：貌似强大的猫身上藏着药石罔效的早衰基因，而貌似渺小的老鼠身上却有着不为人知的长寿基因。但是，老鼠永远会被外表的强大迷惑，总是梦寐以求地想让自己变成猫。一旦老鼠真变成了猫，却发现自己非但没有变强大，反而连命大的看家本领都失去了。真是偷鸡不成蚀把米，悔不当初啊！

这种场面，同样可以从国外的警匪片中看到："老鼠"集团本来十分强大，大家有福同享、有难同当，一切以团伙利益为大，从不计较个人得失。可当集团势力越来越大之后，"老鼠"们便不再安生，开始蠢蠢欲动。他们开始定规矩、排座次、分功劳、争地盘、抢利益（照理，这些都是"猫"集团的强项），甚至自相残杀，直搞得内部乌烟瘴气、鸡飞狗跳，最后难逃分崩离析的下场，让本来并不占上风，甚至一度被"老鼠"们折腾得疲于奔命的"猫"集团占了一个大便宜，趁势将"老鼠"集团一网打尽。

这样的故事，不只存在于警匪片中，在我们身边的企业界中也并不少见。其实从本质上来说，所有的团队基本上都脱胎于团伙。从这个意义上讲，说团伙是团队的亲爹也不为过。刚开始时，一群志同道合或臭味相投的家伙自觉自发地走到一起，形成一个强大的战无不胜的团伙。可当这个团伙的事业越来越顺甚至如日中天之时，团伙的头头往往会异想天开，开始动将团伙打造成团队的鬼念头。可是事与愿违，他们越想向团队靠拢，越想和团伙划清界限，就离自己的末日越近。可悲的是，他们居然对此浑然不觉，一厢情愿地认为自己正走在正确的道路上，尽管现实与想象之间的巨大差距令他们无比迷惑……

所以，不夸张地说，**团伙成功，恰恰是因为和团队划清了界限，没有沾染团队身上的臭毛病；团伙失败，也恰恰是因为和团队暧昧不清，被团队带进了沟里**。真是"成也萧何，败也萧何"，呜呼哀哉，谁奈我何！

团队"垂而不死"的理由

我们说过，团伙和团队的最大区别在于"是否拥有共同的价值观"，即所谓的"志同道合"（当然，你也可以把它理解成"臭味相投"）。

显然，**几乎所有的团伙都能轻而易举地拥有共同的价值观，而具备这一特质的团队恐怕连百分之一都没有**。至少从理论上来讲，这就是一般来说团伙的

战斗力远远强于团队的原因。

但是，必须承认，团队中也有强大或至少是貌似强大的团队。至少从表面上看，它们也能发展得很好、很迅速，甚至能战无不胜，攻无不克。

这样的案例，在我们身边比比皆是，并不罕见。为什么会这样呢？

这种现象的产生，是由以下几个因素决定的：

一、钱。

二、团队领导者的卓越才华。

三、团队成员的蒙昧不开化。

四、大环境。

五、竞争对手。

六、其他。

俗话说，人心齐，泰山移。显然，在无法拥有共同价值观（即无法做到"人心齐"）的前提下，一个团队能拥有强大或貌似强大的战斗力（即可以做到"泰山移"），必须具备以上几个基本因素。让我们逐一分析一下。

一、钱。

人为财死，鸟为食亡。理论上，只要给足够多的钱多痛苦的工作人类都能接受，甚至甘之如饴。这是一个地球人都知道的常识，就不再赘述了。

二、团队领袖的卓越才华。

即便是一个邪恶的团队领袖，只要这个人具有某种罕见的卓越才华，一般来说也会形成强大的磁场，让团队成员即便放弃自己的做人原则，也愿意为其卖命。这是一个不由自主的过程，它就像一个巨大的旋涡，让身处其中的人即便深恶痛绝，也不得不委身于这个旋涡，任由它将自己卷向无底深渊。这样的案例在历史和现实中也不少见，相信大家也会感同身受。

三、团队成员的蒙昧不开化。

这是一个非常有意思的话题。蒙昧不开化会带来两种结果：第一，团队成员即便被虐待，也浑然不觉，不知反抗。他们会认为全世界的人都是这样，并不只有他们自己特殊，所以也能非常自然地接受现实，委身于某种外部强加给自己的不幸环境中。第二，因为蒙昧不开化，所以团队成员容易误将某种不幸环境当成所谓的"共同价值观"，而且有了这种"共同价值观"之后，就会变成这种不幸环境的忠实继承者、捍卫者甚至是推广者，从而有可能从被害者最终演变成一个加害者。

四、大环境。

这个因素非常好理解。即便团队不给力，由于这个团队身处一个迅速崛起的行业，或者受惠于一个迅速崛起的时代，所谓水涨船高，团队本身自然也能获得极大的发展。

五、竞争对手。

这个因素也不难理解。由于优质团队实在是稀罕物，所谓天下乌鸦一般黑，大家半斤八两，自然也就能够相安无事、各领风骚了。

当然，还会有其他一些影响因素，不过最主要的恐怕就是以上这几条了。

在这几个因素当中，只要具备一个就足以让团队苟活一段时间；如果运气好，能多具备几个因素，那么"打遍天下无敌手"，至少在现在这个时候，至少在中国内地这个特定的大环境中，完全是一件"可以有"的事。

团队"垂久必死"的宿命

但是，所谓江山易改，禀性难移，即便可以苟活，甚至即便可以貌似强大，团队之所以为团队，其本质还是没有丝毫改变。这就意味着，这些团队迟早有一天还是会撞南墙，亲口品尝自酿的苦酒。

还是让我们回到前面的分析架构当中，去看看等待这些团队的下场会是什么：

一、钱。

钱这个东西具有两面性。第一，即便你给的钱再多，如果不能成功地俘获团队成员的心（即让团队成员与你拥有共同的价值观，或至少能够做到不抵制你的价值观），这些钱也有可能打水漂。人家拿了你的钱也不会说你好，拿了

貌似强大的团队，其实只不过是银样镴枪头。

你的钱也不会给你办事。所谓的"花钱找挨骂""花钱找罪受",说的就是这个事。第二,如果有一天你走了背字,给不起这些钱了,你的团队成员会毫不犹豫地离你而去,对你弃之如敝屣。那时候你才会真正明白什么叫作"树倒猢狲散""墙倒众人推"。

二、团队领袖的卓越才华。

这是一个令人非常纠结的因素。一个团队领袖的人格很邪恶,甚至很猥琐,同时却具有盖世的才华,这对于团队成员而言无异于一种极大的精神折磨。

没错,这样的团队确实比较容易收获强大的凝聚力与战斗力,遗憾的是,由于这种凝聚力与战斗力是建立在团队成员"违心"的基础上的,因此也只能是一座空中楼阁。这样的团队有一个致命的短板,那就是这位领袖必须福大命大造化大,必须长久、长寿才行。否则,这位领袖一旦离去或故去,看似雄伟的摩天大厦将在一夕间倾塌殆尽,不留一点痕迹,就好像那座大厦从未曾存在过一样。因此,对于这样的团队来说,外表越强大,其实内核就越脆弱。就像一块中看不中用的玻璃一样,不堪一击。

三、团队成员的蒙昧不开化。

将团队的战斗力寄托在成员的蒙昧不开化上也是一场极其危险的赌博。人不是机器,更不是木头,他们有眼睛可以看世界,有皮肤可以感受世界,有脑袋可以思考世界。再不开化的人,也会有开化的那一天。所以这样的团队,迟早有一天要走向穷途末路。

四、大环境。

靠大环境吃饭是最不靠谱的活法。这是一种典型的滥竽充数式的活法。巴菲特老爷爷教导过我们:当潮水退下时,就能看到到底谁没有穿底裤。再波澜万丈的大环境也会有稳定下来的那一天,靠天吃饭的团队不会有好下场。

五、竞争对手。

没有对手绝不是一件值得庆幸的事情。恰恰相反,这是一件非常可怕的事情。因为大环境正在发生巨变,所以你无法预知明天将会遇到怎样的对手。如果那个对手和迄今为止的对手不一样,是一个真正有质量也有分量的对手,那么，在一群废物堆中厮混过久的你将不堪一击。

说到这里，想起了一个典型例子。经常会有老板这样说：我存在，就说明我合理。言外之意就是：尽管我也承认自己不出色，可至少还不算太废物，因为明摆着我还没死。既然我活得好好的，就说明我干得还不赖，即便称不上英雄，也决不是狗熊。

这真是一种井底之蛙式的思维方式。明摆着，"存在"与"合理"完全是两码事。俗话说"山中无老虎，猴子称大王"，你能说猴子称王是一件"合理"的事吗？又或者，就算我们承认这件事情合理，恐怕这也是一种极其不靠谱、极其短命的"合理"，因为只要哪一天山里来了一只老虎，恐怕所有的"猴大王"顷刻都会成为老虎的腹中之食、足下之粪。

话说到这里，恐怕大家就能彻底明白为什么说那些貌似强大的团队其实只不过是银样镴枪头、金玉其外败絮其中了。

"乔帮主"的"光"与"影"

当然，以上只是一些极端的例子，现实生活中的案例远比它们复杂得多，也深刻得多。在现实世界里，许多因素都是相辅相成、互为因果的，甚至不夸张地说，即便在许多成功的案例当中，也能或多或少地见到这些因素的影子。

举几个大家耳熟能详的例子。

比如说苹果、华为、海底捞这些公司，都是举世公认的成功案例。它们无一例外地实现了"建设一个强大团队"这一终极目标，是大家学习乃至模仿的楷模。

但是，金无足赤，人无完人。即便是这些成功的团队，也依然顽固地继承了许多"团队"固有的不良基因。

就拿苹果公司来说。很显然，乔布斯是一位百年不遇的天才，拥有盖世才华。与此同时，（据他的身边人所言）他也是一个不折不扣的暴君，喜怒无常，性情乖戾，从来不知尊重为何物。

所以，出乎许多铁杆粉丝的意料，威震天下的"乔帮主"其实是一位令他的团队成员又爱又怕、又敬又恨、又崇拜又厌恶的奇人。

这就是一种典型的"邪恶天才领袖"的案例。这样的领袖拥有极大的磁场与魅力，可以让自己的团队具备强大的凝聚力与战斗力。同时，由于这一切都来自领袖个人魅力的"绑架"，并不是出自员工的本心，因此这种战斗力也是极其脆弱的，甚至可以说在很大程度上就是一个幻影。

事实也证明了这一点。乔布斯的故去令苹果公司的战斗力一夕间折损大半，一直到今天都无法重现当初的辉煌。与此同时，暴君的离去也让团队成员长舒了一口气，长期受折磨的巨大心理包袱得以卸下，大家终于可以轻装上阵，自由自在地驰骋职场江湖了。所以，今天的苹果依然具有一定的战斗力，依然稳稳地守住（或至少是暂时守住）了自己江湖老大的地位。

其实，除了"领袖"这个因素之外，其他几个因素也可以为苹果公司这些年的经历做一个很好的注解。

比如说"钱"。尽管团队成员面对乔布斯的独断专行以及暴虐成性必须忍气吞声，但好在"乔帮主"出手还算大方，因此在很大程度上维系了团队的战斗力，掩盖了团队的致命缺陷。

比如说"大环境"。苹果公司创造了一个时代，也受益于这个时代。那是一个迅速上升、疯狂膨胀的大环境，在那样的环境下，开风气之先的苹果公司得以收获"近水楼台"的效果，呈现出一派气势如虹的局面，也是理所当然的事情。但正如我在前面所说，涨潮总有落潮时，再大、再辉煌的舞台也会有落幕的时候。当一日千里的大环境一去不复返、大潮终于落下之时，苹果公司会蓦然发觉自己虽然没有光屁股，却穿着一条令人尴尬无比的丁字裤。

再比如说"竞争对手"。苹果公司横空出世时是一副孤独求败的模样，但没有对手绝对不是一件好事情。当站在山顶上茫然不知所措的苹果公司终于看见自己命运的宿敌——韩国的三星公司之时，三星公司几乎已经来到自己的眼皮底下，并已经摆出要将苹果公司推落山崖的架势。无奈之下，一贯清高的苹果公司只好纡尊降贵，求助美国政府帮忙封杀三星公司。而这种事对于苹果公司来说，搁在那"一剑在手，独步江湖"的时代简直就是一种耻辱。

除了上述几个因素之外，唯一的区别在于，老乔的队伍里各个是人精，不存在所谓"蒙昧不开化"的问题。这既是一个优点，也是一个缺点。因为让人精忍受一个暴君是一件非常危险的事情，如果处理不好，迟早要发生"内爆"。也就是说，这种潜在的矛盾会在水面下不断激化，最终演变成一枚危险的定时炸弹。不过因为"乔帮主"的不幸离世，苹果公司得以阴错阳差地拆除了这枚定时炸弹。其中的是非曲直，是福是祸，老天自有明断。

华为的"虚"和"实"

说完了苹果公司，我们再来说说华为。

坦白地说，华为让中国人在世界舞台上出尽了风头，是不折不扣的民族之光。这一点毋庸置疑。

所以，如果有人敢说华为不是一个成功、强大的团队，这个人的脑袋一定是进水了，估计全国人民都不会答应。

我也没有这么大本事和胆量敢挑战华为的权威，只是出于爱护国宝的心理，对华为说出一些内心的隐忧，本意无非是希望我们的国宝能走得更稳、更远。

大家都知道，在很大程度上，华为的管理模式是相当残酷的，甚至有网友揶揄其为"没人性"的管理模式。在华为，"过劳"在很大程度上是一种荣勋，而且据说华为为每一个员工都购买了航空意外伤害险，因为甭管在这个地球上多么人迹罕至的偏僻地方发生空难，遇难者名单里都有可能看到华为员工的名字……

即便如此，华为也以自身强大的凝聚力和战斗力在世界的每一个角落发起了一拨又一拨凌厉的攻势，一次又一次地将自己的威名深深地烙进世界人民的脑海中。

他们又是怎么做到这一点的呢？还是让我们拿前面那个逻辑架构来分析一下。

一、钱。

毫无疑问，至少在中国内地，华为在钱的方面的大方程度几乎无人可出其右。曾经在台湾的某个政经类谈话节目中听到过这样一个有趣的段子。华为的深圳总部位于台资龙头企业富士康的对面，附近的居民每天早晨都会见到这样一个奇观：但凡开车来的，都会进入华为的大院；但凡骑车来的，都会进入富士康的大院。当然，这仅仅是个段子，没必要过分认真，即便如此，也可从中一窥华为在员工待遇方面的大气与豪气。

二、团队领袖的卓越才华。

华为掌门人任正非的传奇故事现如今已然妇孺皆知，这里就不再赘述了。

三、大环境。

中国经济的奇迹，尤其是通信信息产业强大的后发优势，显然是一个百年不遇的机遇。所谓近水楼台先得月，华为作为中国的企业，抓住了这个机遇，自然没有不成功的道理。

四、竞争对手。

很显然，华为能走到今天，固然和自己的艰苦拼搏密不可分，同时也与对手太烂有着直接的关系。试想，如果当初华为诞生之时横亘在面前的竞争对手不是国内这些菜鸟，而是美国的思科，它今天将会怎样？

总之，鉴于以上几个因素的存在，华为之强大，绝对称得上是一件"合理"的事情。

但是，这些因素的弊端也是显而易见的。

首先，"钱"这个东西不是稀缺资源，"大方"这种手法也绝非没有可复制性。所以，物质刺激永远都是竞争优势的充分条件，同时永远不会成为竞争优势的必要条件。

其次，正如我们在前面所说，"领袖"是一把双刃剑，既可以成就一个团队，也可以轻易地毁掉一个团队。不夸张地说，领袖越强势，团队就越危险。曾几何时，"任正非"这个名字已然家喻户晓，依然有许多人并不知道"华为"这家企业；抑或即便听说过这家企业，也不知道它到底是干什么的。这绝非一个好消息。试问，有几个人知道丰田的创始人是谁？但又有几个人不知道"TOYOTA"这家公司？所以，**如果你真想当一家伟大的百年公司的创始人，而不想让自己的公司昙花一现，那么，你需要做的不是让人家记住你是谁，恰恰是让人家忘掉你是谁，仅仅记住你的公司。**

最后，"大环境"和"竞争对手"这两个因素也不靠谱。正因为大环境变化剧烈，所以没人可以预知明天会发生什么事情，会从地球的哪个角落里蹦出一个厉害的角色来。所谓打铁还需自身硬，只有切实提升自己的内功，让自己真正靠谱起来，才是一颗真正的长生不老丹。

综上所述，我们可以得出两个结论：

第一，即便一个团队存在重大结构性缺陷，由于某些特殊因素使然，也可获得强大抑或貌似强大的战斗力。

第二，这些特殊因素往往具有极大的偶然性、不确定性和不可复制性，碰上了算你走运，碰不上就只能认栽。

除此之外，与苹果公司一样，华为的强大也与"团队成员的蒙昧不开化"没有半毛钱关系。华为的队伍里也是人才济济，各个身怀绝技。不过，人才的高度集中也是一把双刃剑，需要付出极大的成本去维护。你必须确保自己的所有优势尽可能长久地持续下去，否则，任何一个领域的优势流失都有可能成为压死骆驼的最后一根稻草，导致人才纷纷弃你而去。

对于华为而言，还有一个最为关键的因素没有提及，这就是"使命感"。中国第一、亚洲第一、世界第一……所有这些已然得到抑或即将得到的荣誉，对于华为的团队成员来说都是极富诱惑力的。这种诱惑为团队成员带来了前所未有的自豪感和归属感，也激发出他们强大的使命感。这个东西说白了就是一种共同的价值观，而这种价值观的共有没有任何的外部强制成分。换句话说，只有在这一点上华为无限接近了团伙的特质，而这也是华为之所以如此强大的一个决定性因素。

海底捞的"幸"或"不幸"

最后,让我们来说说海底捞。

海底捞是幸运的,上述那些世界级团队所拥有的优势条件,海底捞一个也没落下,而且后者还比前者多了一个优势因素:它拥有一支相对来说文化底蕴并不深厚的员工队伍。这样的队伍具备两个鲜明的特点:第一,它节省了大量管理与教育成本;第二,极易形成一个强大的共有价值观。

除此之外,在所有这些案例中,海底捞还是唯一将团伙特质继承得最坚决也最完整的团队,因此也是所有这些团队中生命力乃至再生力最强大的一个团队。

当然,海底捞的故事绝非那么单纯,关于这些故事的更多细节,我们在本书中还要做许多讲述,这里就一带而过了。

总而言之,**使团队强大的因素往往充满巨大的偶发性、不确定性和不可复制性,只要时过境迁或稍有风吹草动,便一去不复返;而那些使团伙更为强大的因素则往往非常瓷实,具有极大的确定性、极强的弹性和可再生性,任凭岁月流逝也不会褪色,甚至历久弥新。**

这就是区别。

所以,深入了解团伙的奥秘,解构并借鉴那些团伙专有的宝贵特质,是建设一个强大团队的捷径。

小 结:

　　使团队强大的许多因素往往充满巨大的偶发性、不确定性和不可复制性,只要时过境迁或稍有风吹草动,便一去不复返;而那些使团伙更为强大的因素则往往非常瓷实,具有极大的确定性、极强的弹性和可再生性,任凭岁月流逝也不会褪色,甚至历久弥新。

第三章

人之初，性本善

任何一个"团伙"内部，都绝不会缺少爱意和善意。遗憾的是，这一点对于"团队"来说却不一定。

那么，团伙的核心特质到底是什么呢？

简单，一个字：善。

既然我们说团队与团伙的关键区别在于"是否能自觉自发地拥有一个共同的价值观"，那么"共同的价值观"也只能来源于"善"。

无论是好团伙还是坏团伙，无论是志同道合还是臭味相投，起码对于团伙内部来说，成员彼此一定充满了善意。

举个动物界的例子：对于鹿群来说，狮子是一个万恶的敌人，可对于狮群内部来说，每一头狮子都充满了善意；同理，对于狮群来说，鬣狗是一个极为讨厌、极其难缠的敌人，可是对于鬣狗群内部来说，每一只鬣狗也必定充满了善意，甚至是温馨的爱意。

因为只有善意和爱意才是让某个团伙得以生存乃至永远繁衍下去的唯一条件，失去了爱意与善意，这个团伙必将迅速走向灭亡。但这一点在团队身上体现得并不突出，甚至在很多情况下完全让人感觉不到。 有太多的员工就像长臂猿一样，一年到头在无数棵企业大树之间跳来跳去；与此同时，也有太多的老板对这一现象不以为然，坚守着"旧的不去，新的不来""大浪淘沙，留下的都是精华"的坑爹价值观。

试问，在这样的大环境下，如果你愣说从团队中感觉到了"善"与"爱"的存在，又怎能令人信服？！

所以，从一定意义上来说，与其说团队领袖无法让自己的团队强大，不如说他们根本就不想要一个强大的团队，因为他们对建设一个强大团队最重要的因素过于不屑。尤其当我们想到有太多的老板动不动就把"爱（感恩）公司、爱（感恩）老板"这样的口号挂在嘴边的时候，就更觉讽刺：你不爱员工，却让员工爱你，天底下哪有这等好事？！

总之，只有"善"才能带来"爱"，只有"爱"才能带来自觉自发，而"爱"和自觉自发意味着强大的凝聚力和战斗力。幸或不幸的是，一般情况下，这一特质只有团伙才有，在团队身上极难看到。团伙的形成本身就是自觉自发的，因此必然不会缺少"善"，也自然不会缺乏"爱"；而团队则不然，它的形成往往缺少自觉自发，更多的依赖的是外部强制因素，因此也就很难具备自然而然的"善"，也很难形成发自内心的"爱"，从而令团队很难拥有强大的凝聚力和战斗力。

道理就这么简单。

举一个海底捞的例子。

在一次大学的公开课上，一位工商管理专业的学生问海底捞的创始人张勇："你认为自己成功的秘诀是什么？"

张勇沉默了半天，才支支吾吾地答道："我想可能是因为我这个人比较善良吧！"

相信你可以想象出来，这个答案很难令那位发问的同学满意。想必他在提问的时候，心里已经对答案有了一个相当具体的期待：那一定是一些只有从世界级的管理杂志中才能一窥真容的高端名词，估计普通人即便查一天字典，也未必能弄明白这些词的意思。万万没想到，从张勇嘴里蹦出来的是"善良"这个没有任何新意，更没有任何创意的普通词，所以令其大失所望是在所难免的。

不过，张勇的诚意是毋庸置疑的，他给出了最真实的答案。

在这个同质化竞争愈演愈烈的社会里，其实最简单的事往往是最难做到的，尤其是这个"善"。而张勇恰恰把这一点做到了极致：他以令人难以置信的善良，给予了员工无与伦比的信任，而这种信任又转化成无与伦比的责任感，让员工甘愿为老板两肋插刀,上刀山下火海。

"尽最善"

日语中有一个词,叫作"尽最善",就是"把善做到极致"的意思。这个词已经作为一种DNA深深地融入日本人的血液里。从某种角度上讲,日本的每一家企业都是一个团伙,甚至不夸张地说,日本这个国家就是一个大团伙。这样的团伙绝不会轻易败北,更不会容忍败北,即便被更强大的团伙(或团队)击败,也很难真正顺服。因为对他们而言,自己的团伙就是一切,是比生命还重要的存在,一旦团伙被消灭了,他们宁可毁灭自己的肉身追随团伙而去,也不愿轻易委身于其他的团伙(或团队)。

这就是日本这个国家以及这个国家的企业之所以如此强大的原因。

所以,与许多人的理解刚好相反,与其说日本这个国家善于建设团队,不如说这个国家善于建设团伙,这才更贴切。或者换一种说法,日本这个民族之所以善于建设团队,是因为他们彻底掌握了团伙的奥秘。而这个奥秘全在于一个字——"善",也在于一个词——"尽最善"。

向日本人学习,也许我们就能找到一条建设强大团队的捷径。

那位说了:你的这个观点也太幼稚了吧?难道你不知道中国人的国民性吗?要按照日本人那套来搞,在中国还不得活活被人玩死!

这句话的潜台词我能理解,其本意无非是想说"中国人很复杂,而日本人很单纯"。即便如此,我也坚持自己的观点,道理很简单,不只日本有"尽最善"这个词,中国也有一句古话,叫作"人之初,性本善"。考虑到中国是日本文化的老师,日本人的"尽善"文化可能就是来源于古老的中华文化。可惜的是,由于破坏,国人对传统文化的继承出现了一个大断层,一直到今天都没有彻底接上茬儿;尤为悲哀的是,社会现实还摧毁了人与人之

间最起码的善意，让中国人之间的信任建设变得极为艰难。

如果不信，可以看看台湾。由于没有经历过"文革"，时至今日，台湾依然相对完整地保留了中华传统文化的精髓。在我们与台湾人接触的时候，总是觉得相对于我们而言，他们显得单纯得多，似乎在很大程度上不知人世间的险恶为何物。所以，许多到大陆做生意的台湾同胞都有过上当受骗的不快记忆（当然，我并不想否认反例的大量存在，这里只是从一般论来说事）。殊不知，这恰恰是我们自己的悲剧。每个人都想贪小便宜，为达目的不择手段，整个社会缺乏互信与诚信，这种畸形文化氛围的形成与固化的最大受害者其实恰恰是我们自己。就拿排队这一社会行为来说，规规矩矩排队可以节省每一个人的时间，而疯狂插队，占他人便宜，反而耽误了所有人的时间，到头来吃亏的还是自己——不但办事效率一点没提高，还挤出了一身臭汗，让人踩掉了刚买的高级皮鞋，外加一场激烈的语言或身体暴力以及一整天的郁闷心情。

所以，不要笑别人的单纯，更别小看别人的善良，其实那些人才是真正的聪明人，人家知道怎么玩才能让自己占最大的便宜；而愚蠢的恰恰是我们自己，忙活了半天最后吃最大的亏，总是搬起石头砸自己的脚。尤为不可思议的是，明明我们的脚早已经被砸肿甚至砸烂了，我们却一点没有罢手的意思，还是咬着牙强忍剧痛，一次又一次地搬起石头向自己已然肿烂不堪的脚狠狠砸去。这样的行为，实在是可悲又可叹！

所以我们说，**人的本性一定是与人为善的。之所以会时不时地充满敌意，完全是受外部因素的影响。**这是一个非常简单的逻辑：敌意是一种相互传染的东西，别人之所以与你为敌，恰恰是因为你自己表现出了某种敌意；反过来说，只要你能主动放弃敌意，一般来说，别人也会放弃对你的敌意。因为人是为利益而生的，兴利除弊是人的本能，而树敌在一般情况下显然是一件弊大于利的事情，因此会受到人们本能的回避与排斥。所以，只要你能主动表现出善意，人类的趋利本能一定会让对方也这么做。这绝对是一个大概率事件。

当然，个别情况总是会有。即便你释放出善意，也一定会有人蹬鼻子上脸不买你的账，或者干脆得寸进尺占你的便宜。但是，这也不打紧。你的善意一定会打动绝大多数人，让他们站到你这边，成为你的忠实盟友。只要你能做到这一点，那些害群之马不用你亲自动手，自然有人会替你除掉。

还拿海底捞举例。海底捞有这样一个规定：一线员工拥有为顾客免单的权力。也就是说，只要顾客吃完饭后对饭菜质量表达了某种程度的不满，一线的服务员就可以立马为他免单。

有人可能会说：这种做法也太愚蠢了，这不是一种自杀行为吗？万一那些小姑娘（一线服务员）起了邪念，靠这个特权为自己谋私利，岂不是引狼入室、自断生路？！

没错，一般人都会这么想，而且海底捞的那些小姑娘（一线服务员）里也确实出现了这种害群之马，她们或者利用这项特权为自己捞外快，或者利用这项特权让自己的亲友白吃白喝。她们这些偷鸡摸狗的做法却奇迹般地并没有掏空海底捞，道理很简单，因为她们基本上都会很快地暴露并被处理，而揭发她们的恰恰是她们的同事。

可见，被信任是激发善良的最大利器。一旦一个人或一群人被最大限度地激发出了这种善，那么任何一种不善都会变得异常扎眼和突兀，绝难找到一个安全的容身之地。

"好人"刘备，"坏人"曹操

再来说说三国英雄的故事。

众所周知，尽管名义上是"三国"，但其实《三国演义》的核心就是"两国"。不客气地说，《三国演义》中的孙权集团是一个不折不扣的配角，甚至从某种意义上讲就是一个鸡肋。因为地球人都知道，《三国演义》中的真正主角是刘备集团和曹操集团。

既然如此，问你一个简单的问题：一般来说，故事中总会有好人和坏人、正角与反角。那么在你的心目中，你觉得刘备集团和曹操集团，哪一个是正面角色，哪一个是反面角色？

这个问题堪称弱智，因为即便是小学生，也能第一时间给出标准答案：当然刘备集团是正角，曹操集团是反角。

毫无疑问，这个答案是正确的，不过千百年来，这个答案也伴随着无尽的争议。有许多人都说，这种安排是作者罗贯中偏心，把本来应该恪守中立的历史观人为地扭曲，强行掺入作者个人的好恶和价值观。我却不这么认为，我觉得这种看法太委屈人家罗贯中了。事实上，几千年来刘备集团在民间确实比曹操集团更得人心，既然人心所向早有定论，你如果非要反其道而行之，生生地写一部"刘备集团是反角，曹操集团是正角"的《三国演义》出来，估计别说流芳百世，恐怕此书一问世，作者就会被民间的唾沫星子活活淹死。

所以，公平地讲，罗贯中在书中所体现的价值取向，并不是他个人所能左右的，他只不过做了一件识时务者为俊杰的事情而已。

那么，接下来我再问你一个相对靠谱点的问题：你觉得刘备集团和曹操集团，哪一个更接近于团伙，哪一个更像一个团队？

这个问题需要好好想一想。不出所料的话，恐怕你的答案是这样的：总的来说，刘备集团更像一个团伙，而曹操集团则更像一个团队。

坦率地说，包括我自己在内，几乎所有人都会和你有相同的感觉。

这就有意思了。结合前面的分析，我们可以得出这样一个结论：得人心的是团伙（刘备集团），不得人心的是团队（曹操集团）。

所以，《三国演义》的故事进一步印证了迄今为止我关于团伙与团队的分析是正确的。

"善"的魔力，"恶"的威力

其实有时候好好想一下，我会被刘备集团的神奇震撼：如果一个集团能够在一千多年之后还被世人深深地爱戴、拥护与传颂，这是一种什么样的魅力？

又是一种什么样的威力呢？

解开这个谜底，无疑将给无数团队领袖以极大的启发。

那么，刘备到底施展了什么样的魔法，成功地为自己鼓捣出一个如此强大的团伙呢？

答案其实很简单，就是那个字：善。

刘备之善，千古传诵，妇孺皆知。他的善，几乎达到"愚善"的程度。陶谦三让徐州而被刘备拒绝，同族刘璋的西川已是囊中之物，却不忍相图，这些历史典故就是极佳的证明。至于说到当着赵云的面摔儿子，冒着风雪三顾茅庐请诸葛亮出山之类的故事，则更是脍炙人口。与此同时，他的"愚善"也换来了下属的"愚忠"，最经典的例子就是"白帝城托孤"。明摆着地球人都看得出来刘禅就是一个纨绔子弟，外加三分呆傻（据说是儿时被亲爹摔在地上留下的后遗症），绝无可能担起一国之君的重任，本属人中龙凤的诸葛亮愣是拼死辅佐，鞠躬尽瘁，死而后已！尤其当我们想到刘备托孤之时亲口劝说诸葛亮可以自行称帝而不必顾及刘家基业的时候，诸葛亮事后这种愚忠的表现便更加令人咂舌！

可见"刘氏style（风格）"的"善"威力有多么强大！连诸葛亮这种级别的人精（而且是在刘备本人作古之后）都能被这种善的神威死死地拿住魂魄，而且被其牢牢地支配所有的言行，真可谓人世间的奇迹！

所以，如果说"人心齐，泰山移"是一个真理的话，那么显然"人心善，泰山摧"也是一个不折不扣的真理。

再来看看曹操。

大家知道，曹操是以"恶"著称的。如果有人不喜欢这个"恶"字，觉得不够客观公正，那我不妨换一个字，用"狠"来形容。就是说，这个人比较冷血、严酷，基本上属于一个相信"人之初，性本恶"的人。那句经典的"宁教我负天下人，休教天下人负我"的名言就是这一价值观的明证。

所以在曹操集团中，基本上没有人情味可言（当然也有例外，比如说曹操对郭嘉、关羽的厚爱，但这样的表现显然不能够代替曹操价值观和情感世界的全部内容），一切都按游戏规则办事，符合规则的就可以活，不符合规则的就得死。当然，这些规则由曹操本人说了算。

因此，从某种意义上来说，曹操确实用他的冷血和铁腕建立了一个极为强大的团队。不过，这种强大只是一种表面现象罢了。在《三国演义》里，其实曹操集团是三个集团中最脆弱的一个。因为其他两个集团都是实心的，只有曹操集团是空心的。和其他两个集团的团结相比，曹操集团是最不团结的，内部成员可谓各怀鬼胎，图谋不轨之辈比比皆是。而这一点，曹操心里是极为清楚的。所以，曹操死前为自己安排了几十处疑冢，以便迷惑试图盗墓掘尸以泄私愤的仇家。这还不算完，看过《三国演义》的人都知道，曹家的基业最后被司马家族窃取，而司马懿恰恰是曹操最得力的下属！

想想刘备，再看看曹操；想想诸葛亮的举动，再看看司马懿的作为，真是令人感慨万千！一个是死后还能余威不减，甚至让自己的下属继续心甘情愿、肝脑涂地地为自己的子嗣卖命；另一个却是连死都死不踏实，还得鼓捣出一大堆迷宫般的疑冢为自己的天国生活保太平，更可悲的是，恰恰是自己最得力的下属最终断了自己子嗣的生路，攫取了自己辛辛苦苦打拼来的天下。

两者差距之大，令人唏嘘不已！

其实说起来，曹、刘二人相比，到底谁的本领更高，谁的才华更大？相信多少有点常识的人都会选择前者。可是，任凭你有再高的本领、再大的才华，在"善"的威力面前，也是不堪一击！

所以我们说，**团伙之所以强大，是因为团伙里有"善"，而这种善为每一个成员提供了极强的安全感，这种安全感反过来又极大地强化了成员对团伙以及团伙头头的忠诚度，从而演化出极为强大的战斗力；反之，团队之所以脆弱，是因为缺少"善"，而这种善的缺乏会激起团队成员极大的不安全感，而这种不安的蔓延、长期化与固定化会极大地动摇成员对团队以及团队领袖的忠诚度，从而显著地削弱团队的战斗力。不仅如此，由于对安全感的追逐是人类的本能，**

所以不安情绪的蔓延还会极大地分散成员的精力，影响团队的执行效率。更有甚者，安全感的缺乏还有可能诱使成员铤而走险以图改变现状，重获安全感，这对于团队来讲无疑意味着分崩离析的巨大危机，是具有毁灭性的不利因素。

尤为重要的是，"善"还有一个巨大的威力，就是极大地降低集团运营的成本，提高集团运营的效率，或者说可以让集团运营的性价比最大化。而这个优势则是"恶"所不具备的。

正如我们在前面所说，刘备的才华照理远远不如曹操，却能不费吹灰之力便达到如此惊人的集团运营效果，这全在一个"善"字；相反，曹操拥有如此盖世的才华，可是使出吃奶的劲建立起来的集团如此不堪一击，也全在一个"恶"字。

所以，与"善"为友，"善"就会与你为友；与"善"为敌，"恶"就会阴魂不散。从这个意义上讲，刘备看似傻，其实是绝顶聪明；曹操看似聪明，其实却是绝顶傻。

对这一点，曹操本人也是心知肚明。经典的"煮酒论英雄"的故事就是一个明证。只可惜，曹操虽然认同只有刘备才是这个世界上唯一有资格和自己叫板的大英雄，却被刘备的装傻战术（酒桌上佯装被雷声吓到，饭局结束后又"不务正业"地开始侍弄菜园子）蒙骗，最终放虎归山，以致铸成大错，追悔莫及。

当然，这里面也许会有演绎的成分，因为凭曹操的智商，不可能被刘备如此小儿科的伎俩轻易蒙骗。所以，曹操最后放走刘备也许是出于对自身能力和实力的绝对自信。但这恰恰也是曹操的最可悲之处，明明自己的能力和实力是一个假象，却对此浑然不知，甚至自恋不已。

其实，不只是古代的曹操，现在的许多大老板又何尝没有沉浸在虚拟假象中无法自拔呢？！

历史是一面明镜，可以告诉你许多东西，但是照不照这面镜子，全在你的一念之间。

"善"与"恶"均可遗传

从另外一个方面讲,所谓"物以类聚,人以群分",《三国演义》中的三个集团的命运,其实和他们的人格特质有着极强的关联。

曹操冷血,所以曹操集团中的人物几乎各个冷血,而且这种特质还能不断地复制、遗传;反之,刘备热血,所以刘备集团中的人物几乎各个热血,而且这种特质也能不断地复制、遗传。

比如说,曹操集团的颠覆几乎总是来自内部:曹家断了汉室的命,司马家则断了曹家的命,而且所用手法一脉相承,同样冷血,同样残酷。不仅如此,下属之间也会发生自相残杀的事情,比如曹操集团的重要人物——消灭刘备集团的大功臣邓艾与钟会,都是死于自己人之手。

与此相反,刘备集团和孙权集团则没有发生过一次内乱的事情,最后灭亡其实也是亡在了司马家族手上,而且是在几乎所有关键人物均已作古之后。所以从某种意义上来讲,在三国史上第一个灭亡的恰恰是曹操集团,这个在最初看来似乎是最为强大的集团。

顺便说一句,尽管"三国归晋"结束了波澜壮阔的三国故事,但最终由司马家族的后裔司马炎建立的晋朝(西晋)是一个短命、混乱的朝代,建立没多久就陷入了旷日持久的内讧之中。历史是何等惊人的相似——这一回,动乱与颠覆再次从内部引发,司马家族的子嗣为争夺权力刀兵相见,自相残杀。这场席卷全国的杀戮足足持续了十六年之久,直杀得天昏地暗、民不聊生。这件事史称"八王之乱",直到今天都是中国历史上一道深深的伤痕。

所谓"江山易改,禀性难移",看来这一切都是司马懿,不对,是曹操的遗传基因惹的祸。

历史是公正的,一切都有迹可循。

倘若"善中有恶,恶中也有善",历史可会改写?

现在,我们不妨做一个有趣的假设:如果当初诸葛亮和司马懿调个个儿,前者跟了曹操,而后者跟了刘备,故事的结局又会怎样呢?

让我们来想象一下。

先说诸葛亮。

其实,从"道不同不相为谋"的角度来说,诸葛亮选择曹操的概率无限接近于零,这就跟关羽完全不可能彻底归顺曹操是一个道理。所以,我们的这个假设从一开始就存在着巨大的先天性缺陷。但是,由于现代社会与古时候相比,社会环境与人性特质更为复杂化、多样化,所以,如何利用古人的智慧来指导现代人的思维和行为方式就显得特别重要。毕竟,对现代人来说,由于种种主客观原因使然,"诸葛亮"误入"曹营"辅佐"曹操"的概率还是很大的。那么,"诸葛亮"与"曹操"同处一个阵营这种情景假设将会为团队发展带来什么样的潜在影响,就绝对是一个值得深入探讨的话题了。

显然,甭管是主动投靠,还是曹操成功挖墙脚,诸葛亮这种级别的人才刚到曹营的时候,一定会得到曹操的无比宠信甚至是溺爱,这一点从曹操对待郭嘉和关羽的态度与方式中便可知一二。而且,由于诸葛亮也是性情中人,所以他一定会被曹操感动,下定决心倾尽平生所学为曹操效劳。也就是说,诸葛亮入曹营的初始阶段,双方一定会享受一段无比甜蜜的"蜜月期"。

但是,随着时间的推移,双方在人性特质方面的冲突将会逐渐显露出来。首先,诸葛亮的"善"必定会与曹操的"恶"发生猛烈碰撞。大家会彼此震惊于对方的所作所为,导致心灵上出现重大的、无可弥补的裂隙。其次,与深得曹操宠爱的郭嘉相比,诸葛亮不但智慧超群,远胜郭嘉,甚至还远胜恃才傲物的曹操。这一点对于嫉妒心与控制欲极强的曹操而言,无疑是一个重大心病,甚至是心腹之患。更要命的还在后面。与郭嘉不同,除了智慧之外,诸葛亮还是一个大政治家,在政治方面的才华甚至胜过曹操本人,这对曹操而言无疑也是一个巨大的威胁,而对诸葛亮来说则很可能意味着杀身之祸。最后,与关羽相比，显然诸葛亮的潜在危险更大。因为对曹操来说，前者不过是一介武夫，完全可以成为自己手中的一枚棋子；后者则是百年不遇的治国奇才，往好里说可以帮自己的大忙，往坏里说则很有可能要了自己的老命。显然，对于疑心极重的曹操而言，最悲观的想象一定会胜过最乐观的想象。

因此，我们可以得出结论。诸葛亮在曹营发展的命运，无外乎以下三种：

一、被曹操所杀，以绝后患。

二、碍于人才难得，小命暂且保住，却难逃被软禁的下场。但诸葛亮必定会效仿徐庶，终生不为曹操支招，从而彻底沦为曹操眼中的鸡肋，最后基本上也难有善终。

三、迷途知返，设计逃脱，跳槽到刘备阵营，从此跟着这位"真命天子"打天下，成就一番大事业。

再说司马懿。

如果司马懿真的肯投效刘备，那么这对于爱才如命的刘备而言无疑是一个特大喜讯。相信他一定会拿出最大的诚意厚待司马懿，哪怕将半壁江山让与司马懿也在所不惜。不过，对司马懿本人而言，投效刘备也许反而是一个最坏的选择，因为尽管刘备舍得以江山相许，但司马懿很有可能无福消受这片江山。

这将是一个很有意思的矛盾现象：以司马懿的本性、野心与能力而言，只为别人做嫁衣，自己不坐江山是绝无可能的。但是坐江山这个梦想，只有在曹营才有实现的可能，在刘营则完全没戏。因为前者千疮百孔，机会无数，而后者则是铁板一块，针插不进，水泼不进——由于曹操集团是一个恶人扎堆的地方，所以集团中便不会有"忠诚"这两个字存在的空间，任何一个超级强人理论上都有造反乃至造反成功的可能（事后的历史也证明了这一点）；与此相反，由于刘备集团是一个善人扎堆的所在，所以集团中就会弥漫着一片忠诚，甚至是愚忠的氛围。在这样的氛围中，即便是一个普通人想干点出格的事，也必然会显得非常突兀、非常扎眼、非常不自然，所以也必定会很快自露马脚，最终被集团清除出去，更别提像司马懿这种级别的大人物了。

这真是一个莫大的讽刺：一个看似强大的集团，却是图谋不轨者的天堂；而一个看似相对弱小的集团，却是不折不扣的投机钻营者的地狱。

想想司马懿在刘营的前景，再顺便联想一下我们在前面举过的海底捞"内鬼落网"的案例，怎能不叫人浮想联翩、感慨万千呢？

说起"内鬼落网"，其实还有几个三国段子不能不提。

尽管我一再说刘备集团是"铁板一块"，但这并不意味着该集团内部没有害群之马。魏延、刘封、孟达，就是货真价实的内鬼。

先说说魏延。

实事求是地讲，魏延是刘备集团标志性的人物，是该集团厥功至伟的开国元勋、大功臣。尽管诸葛亮一早就看出来魏延有反骨，迟早会造反，但是也清楚至少在自己的有生之年，魏延不敢这么干。这并不是因为魏延慑于诸葛亮的神威，不敢造次，而是由于尽管魏延自视甚高，却独服诸葛亮。因此，至少在自己的偶像尚在人世之时，他不会有非分之举，甚至公平地说，也不会有非分之想。但是诸葛亮刚一离世，魏延便起了反心，叛出刘营。不过，神奇的诸葛亮在自己死后依然牢牢地掌控着局势——蜀将马岱用诸葛亮弥留之际亲口传授的妙招，一举除掉了叛将魏延。

这又是一个鲜明的对比：与曹操尚在人世时下属便各自心怀鬼胎、图谋篡位相比，刘备和诸葛亮在死后依然能利用自己强大的人格魅力和智慧牢牢地掌控着人心，掌控着局面。可见，"人心齐，泰山移"这句话绝不是说着玩的，个中奥妙实在是太耐人寻味了。

不只是魏延，刘封和孟达的例子也极具代表性。

众所周知，刘封与孟达的叛变直接导致了关羽"走麦城"的厄运。照理说，这种级别的叛贼绝无可能有吃回头草的机会。可奇迹还真就发生了，无论是刘封还是孟达，最后居然都迷途知返，试图重归刘营，结果却分别被"自己人"斩杀——前者被刘备所杀，后者被司马懿干掉。

明知不会有好结果,仍毅然决然地选择回归旧巢——连昔日叛将都对刘营忠诚、眷恋至此,刘备集团的无敌魅力真是令人惊叹!

小结:

只有"善"才能带来自觉自发,而只有自觉自发才能带来强大的凝聚力与战斗力。这一特质只有团伙才有,因为团伙的形成本身就是自觉自发的,因此必然不会缺少"善"这个因素;而团队则不然,它的形成往往缺少自觉自发,更多的依赖的是外部强制因素,因此也就很难拥有"善",从而很难拥有强大的战斗力。

第四章

性相近，习相远

"文化管人"在很大程度上就是"人治"的终极体现。

上文说到，正是刘备集团的"善"，才是最终造就该集团强大魅力与威力的根源。

这就是所谓"人治"的终极含义。

所以，我们可以肯定地说，只有"人治"才是管理的最高境界。"文化管人"在很大程度上就是"人治"的终极体现。

这就好玩了。

俗话说：**三流企业人管人，二流企业制度管人，一流企业文化管人。**

很显然，说"人管人"是"人治"，大家不会有意见，但如果说"文化管人"也是"人治"，大家就会觉得很奇怪、很突兀。

其实，这个说法一点也不奇怪。因为从某种意义上讲，"人管人"和"制度管人"是一回事，却和"文化管人"八竿子也打不着。这个说法可有点惊世骇俗，不过别着急，请听我慢慢解释。

"文化管人"与"人管人"乃至"制度管人"的本质区别是什么？

简单，前者是自觉自发的，说得直白点就是"自己管自己"；而后者则不同，无论是"人管人"还是"制度管人"，归根结底其本质都是一样的，即不相信世界上还存在着自己管自己这等好事。人就像牲口一样，要想让他们规规矩矩地拉车干活，就必须给他们套上"嚼子"，还必须有人拿一根"鞭子"在后边抽着才成。所以，制度就是嚼子和鞭子，而管人的人则是套嚼子和挥鞭子的人。从结论上讲，"制度管人"与"人管人"这两件事说白了就是一码事，根本用不着分成两回说。

因此，无论你愿不愿意承认，我的结论都是："人管人"和"制度管人"都属于"法治"的范畴，与"人治"没有一毛钱关系；只有"文化管人"才是地地道道的"人治"。从这个意义上来说，"人治是管理的最高境界"这句话一点都不过分，甚至可以说是一个真理。

杂牌军时代的文化才是含金量最高的文化，千万别弄反了，弄丢了

这可就奇了怪了。

按照一般人的逻辑来说，"人管人"显然指的是杂牌军时代，即老板带着一群志同道合的哥们儿艰苦创业的时代；而"制度管人"显然是指队伍逐渐走上正轨之后，老板希望鸟枪换炮，建立一支正规军的时代；当然，以此类推，我们也可以很简单地理解，所谓"文化管人"是正规军的终极理想状态，也是天下老板的一大夙愿。

拿中国近代史做个比喻的话，那么"人管人"就是新民主主义革命时期，"制度管人"就是社会主义初级阶段，而"文化管人"则是大家心目中的共产主义阶段，是企业奋斗的终极理想。

坦率地说，这种分析架构大体上是正确的，只有一点小小的瑕疵。那就是，**所谓杂牌军时代，亦即"老板带着一群志同道合的铁哥们儿艰苦创业的时代"绝不是什么"人管人"的时代，恰恰是一个"文化管人"的时代。**也就是说，这个阶段的组织成员完全能够做到自己管自己，根本用不着外力的强制。或者，如果你实在难以接受的话，我不妨再换一个说法，即"文化管人"也分不同的层次，杂牌军时代层次较低，正规军时代层次较高。

那么，为什么在这两个层次的"文化管人"，即人治时代之间，还要经历一个"制度管人"的法治时代呢？这是一个非常有趣的问题，值得好好研究一下。

细想之下，原因无非有两个。

一、团队领袖的误判。

这是一个极容易被绝大多数团队领袖忽视的重要因素。我们在前面也提到过，本来一个团伙干得好好的，头头偏偏这山望着那山高，一门心思地想把这个团伙变成团队，于是便引入了大量团队的规矩，结果反而搞得人心惶惶、分崩离析，把一潭原本清澈见底的湖水彻底搅浑。

二、人性的多样化使然。

尽管我们说"人之初，性本善"，但是也千万别忘了"性相近，习相远"。意思就是说，尽管这个世界上好人居多，但归根结底，好人也是人，而只要是人，就有独特的个性。这就意味着当人数发展到一定规模时，人性的多样化就会变得特别突出，而过于突出的多样化的人性对于团伙的向心力与执行力而言无疑是一个巨大的负面因素。所谓"林子大了，什么鸟都有"就是这个道理。因此，在团伙逐渐发展壮大的过程中，迫不得已引入各种规矩，把团伙变成团队，以便把过分活泛的团伙成员笼络到一个相对固定的框架里，让他们多少消停点，对一个创业领袖而言有时也实属无奈之举。遗憾的是，咱中国人的国民性有其特殊的一面，其中最鲜明的一个特性就是"一放就乱，一抓就死"——你不管他吧，他给你乱闹腾；你管他吧，他又立马变成蔫茄子，没了精气神。即便我们在团队里也能找回精气神，这些能量也很难被我们用到"守规矩"上，而是被我们挪用到"破规矩"上，让我们的团队领袖左支右绌、应接不暇，愣是拿自己的团队成员没什么脾气。

正因为如此，在团伙向团队过渡的过程中，我们的团队领袖要格外注意以下几个要点：

要点一：要永葆初心。

所谓"初心"，说白了就是在杂牌军时代，老板带着一群铁哥们儿艰苦创业时的那颗心。这颗心往往容易被老板们嫌弃（觉得太老土了，上不了台面），常常唯恐避之不及，甚至是弃之如敝屣。这是一个要命的毛病，**任何一个团队**

敌人往往是你自己为自己创造的。

的衰败，都是从丧失初心开始的。所以在初心问题上一定要想明白，要三思而后行。

要点二：要确保成员志同道合。

如果找不到合适的人，那么宁可暂停发展，也绝不能为了赶上团队发展的速度而瞎凑合。有些事宁缓毋急，有些东西宁缺毋滥。

要点三：害群之马要坚决清除。

只要能做到这几点，团伙精神就能在团队的架构中得到永生。

关于这几个要点的更多细节，我们还将在后面的内容中做更多的专题介绍，这里就不再赘述了。

"敌人"往往是个伪命题，是你自己为自己"创造"出来的

另外，"性相近，习相远"这句话还可以有以下两个层次的解构方式。

首先，"善"不等于傻人，更不等于老好人。前者让人佩服，后者则容易被人欺负。所以，如果你想当一个出类拔萃、一言九鼎的团队领袖，归根结底你要有真本事，要有强大的人格魅力。

但是，切记"强势"（冷酷、暴躁与独断专行）不代表"强大"，更和人格魅力没有一毛钱关系。恰恰相反，强势往往代表着玻璃般的脆弱和不堪一击。这一点往往容易被许多自以为很有魅力的强势团队领袖误解，真是令人万分遗憾。所以，如果你不想重蹈曹操的覆辙，就一定要吸取他的教训。

切记，魅力是做人做出来的，不是装 × 装出来的。

另外，"性相近，习相远"在一定意义上也意味着"防人之心不可无"。

不是说人性很坏，而是由于"习相远"，所以身处各种利益旋涡中的、拥有多样化人性的人们往往会身不由己，做出彼此伤害的事情。俗话说"亲兄弟，明算账"，有时即便是面对至亲之人，也难免会做不得已的事，所以，你

固然可以保持一颗善良的心，但是也一定要给这颗心穿上一层必要的铠甲。

就拿前面提到的那个海底捞一线员工免单权的例子来说，很显然，张勇之所以敢那样做，是因为自己已经有了那样做的资本。反之，如果在事业刚刚起步，海底捞只有区区两三家店面的时候，张勇就采用同样的经营方式，那么这种行为就不能叫作"善"，只能叫作"傻"了。

其实，世上万事的本质都是一样的。在任何时候，"留有余地"都是必须的，而"孤注一掷"则绝对不可取。

所以，"防人之心不可无"的本质含义就是"留有余地"，这个道理是亘古不变的。

"防人之心"固然"不可无"，却也万万不能过头，一定要注意掌握必要的分寸。道理很简单，就像我在前面所说：善与恶是可以相互传染的。同样的道理，信任与防范的心理也可以互相传染。简单点说，你信任一个人，他也会用相同或相近的信任回报你；反之，你不信一个人，他也会用相同甚至更强烈的不信任感来回敬你。尤其要命的是，我们中国人对捕捉来自外部世界的负面情绪超级敏感，你的任何一点不信任、不放心的感觉都会准确无误地被对方感知，从而激起他极大的不快甚至敌意。当然，他也许不会将这种不快和敌意在你面前表露出来，但这恰恰是一件极其危险的事情，因为你无法预知这种负面情绪会如何左右对方的行为，而这种行为又会给你的利益带来什么样的不利影响。

因此，信任一个人，就要大胆地信任；至于说到防人，只需恪守一个最低限度的底线思维模式就可以了。

总之，"敌人"往往是你自己为自己"创造"的。对这一点，一定要有充分的认识。

一位"和钱有仇"的老板

说到这里,我想起了一个亲身经历过的案例。

我的哥们儿大凯是一家高档日系车专卖店的总经理。他的老板拥有十几家汽车销售店,唯独大凯这家店最赚钱,大概只此一家店的营业额和利润就能占到集团公司整体营收的六成以上。可见,这位老板颇有几分识人用人的眼光,而我的哥们儿也确实堪称一匹相当称职的千里马。

不过,这位老板哪儿都挺好,就是有一个毛病:防人之心太重。"害人之心不可有,防人之心不可无"也确实是此人天天挂在嘴边的口头禅。因为不放心,在不到一年的时间里,他几乎把大凯身边所有的得力干将都撤换了一个遍,重新安插上自己的心腹。这还不算完,但凡来自大凯公司的财务申请手续,无论金额大小,一律都要由他本人亲自把关,而且过关的概率远低于其他分公司。还有更离谱的,到了最后,这位老板干脆遍求业界好友为他寻找合适的人才,以便有朝一日能够替换大凯。想那大凯好歹也是在这片江湖中混饭的,同业中耳目甚多,老板找"备胎"这点小事又怎么能轻易瞒过大凯的耳朵?

总之,老板的这一切举动伤透了大凯的心,不等替代角色登场,大凯就主动提出辞职,离开这位老板,投奔了其最主要的一个竞争对手,在他麾下效力。重点是,离开时,他带走了一大批中层管理骨干,可谓是不折不扣的"带枪投靠"。

可悲的是,这位老板不但没有任何失落感,反而大大地松了一口气,似乎是除掉了一个心腹大患。尽管大凯的继任者是一个不折不扣的庸才,上任后的业绩还不到大凯的三分之一,但是这位老板似乎不以为意,一点也没有追悔莫及的样子。

后来大凯曾万分感慨地对我说:"真不知这些老板是怎么想的,难道他们和钱有仇吗?天底下的老板不都是爱财如命吗?当初踢走我,不就是怕我在底下搞小动作,占他的小便宜吗?尽管这是天大的冤枉,但让我想不通的是,退一万步讲,就算是我占了他的小便宜,我也毕竟给他挣了大钱哪!至少和现在那个废物点心(大凯的原话,指那位继任者)相比,我才是真正的摇钱树啊!唉,真窝囊！"

我笑了笑，耐心地向他解释道："你说得对，天下老板确实都爱财如命。不过，对有些人而言，正因为爱财如命，所以才会跟钱结仇。这是一种很有意思的心理状态。对他们而言，正因为太爱钱了，所以不能容忍本来属于自己的钱被其他人觊觎，即便这个人可以为他们挣到更多的钱。换句话说，他们的心态是：我宁可不要更多的钱，至少现在已经揣到兜里的钱一分都不能少，谁也甭想打这些钱的鬼主意。

"至于说到你的遭遇，事情经历了这样一个发展过程。首先，你为老板挣了很多钱，甚至远远超出老板本人的预期。至少在最开始的时候，这对老板而言无疑是一件天大的好事，确实一度把你当成了摇钱树。但是，慢慢地，老板的想法会发生改变。他会这么想：此人有这么大本事，必然不是善茬儿。他能给我挣这么多钱，又何尝不能给自己捞足油水？刚开始，也许这仅仅是一个一闪而过的念头，渐渐地，这种念头会越来越强烈、越来越顽固，最终演化为一种心病、一个心结，使他寝食难安，甚至惶惶不可终日。这种巨大的心理负担迫使他出手修理你，而且这种修理的程度会越来越严重、越来越离谱。而你的离职，刚好帮他卸下了这个沉重的心理包袱，对他而言无异于拨开云雾见青天，从此既吃得下，也睡得香了。

"所以，不夸张地说，别说那个继任者业绩不佳，即便他把那家店弄倒闭了，老板也不会太伤心。因为对他而言，'不会赚钱'就意味着'没有捞油水的机会'，或至少意味着'捞油水的机会将大大减少'。而只要没有人捞他的油水，占他的小便宜，这位老板就能高枕无忧了。从这个意义上讲，这位老板确实和钱有仇。

"当然，我的分析也许会有些过激。这位老板的所思所想、所言所行未必会像我分析的这样单纯，也许他和你之间还有其他一些更深的嫌隙。不过，从人性的角度来看，至少这种看似自相矛盾的心理是绝对有可能存在的。而且不夸张地说，天下几乎所有老板都或多或少地会有这样的心理特征。说白了就是疑心太重，不轻易信人。说出来不怕你不信，迄今为止，我接触过的许多老板都在不同场合说过类似这样的话：除了自己的子女，自己的亲生骨肉，连媳妇都不能信，甚至有的时候连亲爹亲妈都不能信!

"呵呵,其实一个人要真是活到了这份儿上,就不仅仅是和钱有仇了,恐怕和自己的人生都有仇!你想啊,世界上的一切你都不信,那么即便兜里揣满了钱,又有什么意思呢?拿来熬粥喝吗?你说,这种人还活个什么劲啊,还不如一头撞死算了!"

尽管最后几句话我是想玩个黑色幽默博大凯一笑,但没承想换来的是他的一声不经意的叹息和长时间的沉默。

小 结:

其实,"人管人"在本质上和"制度管人"一样,都属于"法治"的范畴,与"人治"没有一毛钱关系;只有"文化管人"才是地地道道的"人治"。

第五章

"暗默知"与"形式知"

"暗默知"属于"人治"的范畴,而"形式知"则在很大程度上意味着"法治"。显然,前者比后者更有嚼头。

给大家介绍两个来自日本的新名词,一个叫"暗默知",一个叫"形式知"。

所谓"暗默知",说白了就是心有灵犀一点通,不说也明白的意思;而所谓"形式知",则指的是必须把话说到明面上,一切按游戏规则办事。

乍听之下,这两个名词会让人联想到男女之间的恋爱关系。

一般来说,女人肯定喜欢"暗默知"。因为天底下的女人都希望男人能成为自己肚子里的蛔虫,即便什么都不说,也能知道自己到底在想什么,到底想要什么。反过来说,但凡自己不开口,男人就跟一块木头似的不懂该怎么干,或压根儿不知道该干点什么,那只能证明一件事:这个男人不爱自己,或至少不值得自己爱。

与此相反,男人们的最爱无疑是"形式知"。也就是说,女人们最好把自己的所思所想都给男人彻底交个底,好让男人心里能有个数,大概其知道自己的任务是什么,以及做到什么程度才能让女人真正满意。

所以说,男人和女人就是天生的冤家,一分开就想,一见面就掐。

我本人就是一个典型的例子。我发现,无论自己煞费苦心地给媳妇办什么事,都很难给她带来真正的惊喜,因为她总是会挑一大堆让你防不胜防、匪夷所思的刺儿出来,彻底浇灭你所有制造浪漫情调的热情。所以到后来我也学乖了,无论媳妇交办什么事情,哪怕只是让你上街买个东西或给她洗件衣服,也得来来回回请示汇报无数次,甚至干脆让她将相关细节和程序统统写到一张白纸上，然后一丝不苟地完全照办。这让她很困扰，成天埋怨我不爱她，不懂她，可她哪里知道我的困扰。都说女人心，海底针，本来女人就心细如发，令人难以捉摸，再加上一天八百变，简直比孙猴子的变化还多，你让天下男人如何懂你，又如何能跟上你的节奏？！

所以，从性别特质来讲，"暗默知"具有明显的女性特征，是一种至柔的东西。它就像霍元甲的迷踪拳，或者说像隐藏在水里的蛇一样，看似无招却胜似有招，看似无形却胜似有形。它可以无所不在，无所不能，既能四两拨千斤，杀敌于无形，又能突发神力，一招锁喉。

"形式知"则正好相反。它具有明显的男性特征，是一种至刚的东西。拿武功来比喻，它是一招一式都有严格讲究的名门正派；拿动物来说，它是雄狮猛虎，在竞技场上完全靠实力说话，从来不搞偷鸡摸狗的小动作。

不要小看这两个名词，它们在团队建设和团队管理方面具有重要的意义。

其实把话说到这里，许多人已经猜出了两三分。没错，"暗默知"更像日本企业的气质，而"形式知"则与美国企业的气质极为接近。

同理，一个地球人都知道的事实是：中国企业现在正在效法的是美国企业，也就是说，中国企业现在全力以赴践行的就是这个"形式知"。

从结论上说，"暗默知"属于"人治"的范畴，而"形式知"则在很大程度上意味着"法治"。

"暗默知"与"形式知"的长与短

那么接下来，就让我们对比一下"暗默知"和"形式知"在竞争力方面的优劣。

让我们先从一个有趣的情景设问环节开始：

你来到某家企业办事，忽然感觉口渴，于是给了那家企业的一位员工一块钱，让他给你倒杯水喝。

我们假设你将会面对两种结果：

结果一：你只能得到一杯水。

结果二：到你离去为止，你会一直得到水。

下面是问题：

问题一：如果你去的这家企业是一家日本企业，你认为你会得到哪种结果？

问题二：如果你去的这家企业是一家美国企业，你认为自己会得到哪种结果？

相信不出意料的话，你的答案会是：在日本企业，你会"一直得到水"；而在美国企业，你很有可能"只能得到一杯水"。

为什么你会这么想？因为这和你心目中对美国人和日本人的固有印象有关。总的来说，日本人比较"会来事"，或者说比较贴心。既然得到了你的钱，又明确知道你需要水喝，那么对他而言，与"给你倒一杯水"相比，"把你伺候好"这件事才是他的任务乃至义务，对此他觉得很自然也很正常，没什么可奇怪的。美国人则不同。往好里说，美国人喜欢按游戏规则办事；而往坏里说，美国人比较刻板，比较认死理。在美国人的观念里，既然只从你这儿得到了一块钱，而且你的要求只是"一杯水"，那么对他而言，给你倒一杯水就已经算完成了自己的任务。也就是说，你们之间已经两清了，谁也不欠谁。这也就意味着，如果你还想喝更多的水，就必须付更多的钱。这是游戏规则，而他仅仅在做一件符合游戏规则的事情而已，对此他并不会觉得有任何不妥。

不过，还是那句话，千万别和我抬杠，我不否认反例的大量存在，我这里说的仅仅是一般论。

从这个案例中，我们可以一窥"暗默知"与"形式知"的长短。

先说"暗默知"。

显然，从"可能性"与"弹性"的角度而言，"暗默知"要远胜"形式知"。道理很简单，**人是这个世界上最复杂的动物，游戏规则再详尽、再繁复，也不可能赶上人性的复杂。同理，俗话说"计划赶不上变化"，没有人能预知下一秒会发生什么，自然无法用那些僵化的条条框框去硬性规定下一秒可能出现的场景以及自己应该采取的行动。**

规则是死的，人是活的；同理，规则是死的，现实是活的。所以，用死的规则去应对活的现实显然是行不通的。活的现实必须用活的人去应对。

这就是"人的主观能动性"的威力。

日本企业的看家本领，就是这个"暗默知"。在日本企业中，与游戏规则相比，人与人之间的默契更受重视。有许多话根本不用你明说，经常是一个眼神、一个手势就能让同伴心领神会，他们会立马给你送上最到位、最贴心、最舒服的配合，所以才会有"一个日本人是条虫，三个日本人是条龙"的说法。日本人在团队合作方面的效率以及团队精神方面的强大竞争力可谓举世闻名、有口皆碑。

但是，"暗默知"也有它的先天性缺陷，那就是人的因素太过重要，对团队而言，每一个成员都是不可或缺的。他们就像一组设计精巧、运转完美的齿轮，少了任何一个组件都会导致整个齿轮组的失灵甚至是报废。"暗默知"的形成需要人与人之间长时间的相处，需要所有参与者付出巨大的耐心、热情和努力去培养乃至升华感情，这就意味着"暗默知"具有巨大的不可替代性和不可复制性，一个人一旦离开他所熟知的团队，往往极难融入另一个全新的团队。正是由于这个特点，日本人极少跳槽，对团队的忠诚度极高。不仅如此，由于"暗默知"意味着默契的人际关系，意味着团队成员之间拥有高度的信任以及发自内心的爱，因此，这样一种充满浓浓人情味的环境也会令团队成员依恋不已，不忍相弃。这也是日本的团队在整体稳定度上总是高人一筹的重要原因之一。

再说"形式知"。

虽说在"可能性"与"弹性"方面，"形式知"远远不如"暗默知"，但"形式知"也有它自身的优点。首先，"形式知"的效率很高，一切要求都写在纸面上，就是一、二、三、四、五，符合的就干，不符合的就请另谋高就，就这么简单。与之相比，"暗默知"则要麻烦得多，就像我在前面所说的那样，心与心之间的沟通甚至是相通不是一朝一夕之事，需要长时间的培养和磨合。所以，虽说一旦具备了"暗默知",就会神功附体、所向披靡,但拥有"暗默知"的过程实在太过复杂与漫长,显然在效率上就输掉了一大截。其次,与"暗默知"的不可替代性不同,"形式知"没有这个短板。任何一个团队成员都可以随来随走,只要新来者能符合所有的要求,团队就能正常运转,不会受到任何影响。

显然,**综合来看,在经济大环境相对稳定的时候,"暗默知"是无敌的;当经济大环境相对动荡的时候,"形式知"的抗震能力则要更胜一筹。**

"学不会"的"暗默知","学得会"的"形式知"

历史也证明了这一点,我们可以一起回溯一下。

在二十世纪末亚洲金融危机爆发以前,日本企业在竞争力方面要远胜美国企业。由于"暗默知"的培养需要大量的时间,所以要求团队成员的结构必须保持绝对稳定。为了做到这一点,日本企业长期实行一种叫作"终身雇佣制、年功序列制"的企业用工制度。说白了就是从一而终,只要进入一家企业,那么就生是这家企业的人,死是这家企业的鬼,自己(乃至整个家庭)的一辈子就算彻底交给这家企业了。这不是说笑话,信不信由你,在日本的许多大企业里,甚至专门设有员工墓地,这就等于说:每一个员工从迈入公司大门的第一天起,就已经明确地知道了自己百年之后的去处。**这是一种威力无比的心理契约,会诱发出一种真正意义的献身精神。**对日本人来说,这种精神甚至类似于传承了几百年的武士道精神,所以日本企业的员工才会常常被人们称为"企业战士"、"企业武士"甚至是"企业死士"!从这个意义上讲,"过劳死"这个词起源于日本,也就不足为奇了。

美国则不同。对美国人而言,企业与工作仅仅是生活的一部分,不可能也不应该是生活的全部。甚至说得夸张一点,工作仅仅是谋生的一种手段,而企业仅仅是谋生的一个场所。换句话说,如果不工作也能谋生,相信美国人会毫不犹豫地放弃工作,抛弃企业。所以,美国人进入一家公司工作,从本质上讲是和老板做生意：你给我工资，我给你干活。你给我一毛钱，我就干一毛钱的活，决不多干。如果你想让我干一块钱的活，那么简单，请拿一块钱来。

在这样一种状态下，很显然，美国企业是不可能竞争过那些拥有大量"战士""武士"和"死士"的日本企业的。所以，一直到二十世纪末，在日本企业凌厉的攻势面前，美国企业都显得一筹莫展，只能眼巴巴地看着对方攻城略地而无计可施。

当然，美国人也并没有甘于束手待毙。事实上，早在二十世纪七十年代末，美国人就看出了日美企业之间的致命不同。他们下过血本苦苦研究日本企业之所以如此强大的奥秘，并写过一本叫作《日本第一》的超级畅销书，狠狠地抬举了一把日本人。而日本企业也算大方，并没有把自己的制胜秘诀锁进保险柜，而是敞开大门欢迎美国人参观学习。奇怪的是，即便美国人可以深入日本人的腹地一通狂学，到最后也仅能学到一点皮毛而已，日本企业的真正精华压根儿就学不走。这让美国人大感困惑，不知日本人到底玩了什么猫腻。其实，个中原因异常简单：由于日本人玩的是"暗默知"，需要大量时间磨炼一种独特的感觉，而且这种感觉还和日本人的国民性以及文化传统息息相关，所以，这些东西不是写在纸上的一、二、三、四、五那么简单的。除非让你的员工从孩提时代起就在日本生活个二三十年，否则要想真正掌握人家的精髓，绝对是痴人说梦。

这就是日本人的高明之处——我不怕你偷师，更不怕你超越我。其实别说偷师，就算我亲口把所有的秘诀都告诉你，你也照样是一头雾水，压根儿就找不着北。

与此不同，由于美国企业玩的是"形式知"，所有的秘诀就是写在纸上的一、二、三、四、五，所以美国人的竞争优势相对而言比较容易被复制、被偷师。对美国人而言，这就是双重打击：你擅长的，人家很容易偷；人家擅长的，你登门拜访都学不回来，这仗还怎么打啊！

不过，对那些曾经无比强大的日本企业而言，进入二十一世纪之后，形势便急转直下了。

由于泡沫经济破灭后长达十年的不景气，再加上亚洲金融危机的打击，日本企业终于扛不住了，开始大量裁员。这是个重要的历史时刻，从这一刻起，日本企业被迫放弃了自己最强大的利器——终身雇佣制。而这一制度的解体彻底破坏了团队成员结构的稳定性，也在很大程度上摧毁了"暗默知"得以成立的基础。日本人忽然发现自己无家可归了，或者即便有家，这个家到底是否可以托付终身，也是一个大问号。每一个人都被迫做好随时被扫地出门的心理准备——一个强大的心理契约体系终于崩塌了，长期栖身于温暖巢穴中躲避风雨的日本人被赶了出去，成为精神与肉体均无所依靠的一片片孤叶浮萍。要知道，日本人只有扎堆，也就是说，只有身处团队当中，才能强大、凶恶无比，如果离开团队一个个单打独斗，他们简直可以说是手无缚鸡之力。从前的"龙"终于变成了"虫"，从那之后，日本企业的颓势几乎就没有停止过。现如今，别说美国企业，就连韩国企业几乎都不把日本企业放在眼里了。这在二十年前完全是不可想象的事。

那位说了：这一二十年来，美国企业经历的磨难也不少，为什么就能相对顺利地挺过来呢？答案很简单。因为美国企业玩的是"形式知"，所以它们自我复制的能力很强。即便今天企业倒了，只要游戏规则还在，明天就能鼓捣出一家一模一样的企业来。这就像壁虎的尾巴，即便断掉了也能再生出来。所以美国人的适应能力很强，生命力也很强，总能在"危"中找到"机"，在每一次危机过后强势崛起。

对日本企业而言，尽管它们通过"弃暗（'暗默知'）投形（'形式知'）"的方式勉强渡过了危机，但现在毕竟是"以己之短击彼之长"，因此在与"形式知"的鼻祖美国佬的竞争中不可能占到什么便宜。对美国人来说，这种局面可谓彻底去掉了一个心腹大患。

"舍己之长，取己之短"的悲剧

其实，当我们回过头来反思这段日美企业之间实力此消彼长的历史时，不禁会为日本企业扼腕叹息。

"终身雇佣"这个词，在现如今的日本已经成为一个死语。而就在十几年前，"人才市场"和"跳槽"这样的词才是真正的死语。那个时候的日本，人才市场甚至远不如中国的发达（因为那时候的企业都是到各大学去招人，而大学生一踏进企业大门，基本上这辈子就出不来了，所以压根儿不需要什么人才市场），而今天，"去人才市场找工作"以及"跳槽"这样的事情早已成为家常便饭，不会有任何违和感了。

亚洲金融危机之后，许多日本企业将业绩不振的罪过推给终身雇佣制，认为正是这种不合时宜的、老掉牙的祖宗制度才是导致日企对愈发激烈的市场竞争反应过慢，甚至完全无法适应的祸根。

这真是一种张冠李戴的荒谬理论。

"激烈的竞争"天天有，并不是什么新鲜事物，而终身雇佣制是一种实行了几十年的制度，为什么以前是功臣，现在倒成罪臣了呢？对于日本企业而言，放弃自己擅长的东西，去捡别人的剩饭，又怎么能说是明智呢？

事实胜于雄辩。放弃了终身雇佣制的日本企业，虽说勉强逃过一死，但活得也很憋屈，完全看不见扬眉吐气的样子。

与此相反，完整地保留了终身雇佣制的企业依然宝刀不老，雄风丝毫不减当年。最典型的例子就是丰田。今天的丰田和二三十年前的丰田相比，几乎没有任何变化，如果一定要说有，这个变化就是：今天的丰田要比那时候的丰田更为强大，更加不可战胜。

当然，丰田的强大有其特殊之处，并不是所有的企业都能做到丰田那个程度。尤其对于一些中小企业而言，在大环境的影响下难免会经历一些伤筋动骨的风雨，可这也绝不意味着完全无法保护自己的员工，保护终身雇佣制这个传家之宝。

在日本留学时，我曾看过这样一个感人的电视节目：一家街道工厂尽管经营得不错，但由于大环境不好，已濒临破产的边缘。一般来说，这个时候将工厂移往国外或大规模裁员是仅有的选项，可这家公司的老板毅然决然地选择留在日本，而且一个员工也不裁！

他对自己的员工说："尽管我可以裁员，但是我做不到。因为我裁掉你们当中任何一个人，就等于毁掉一个家庭的生活。所以，我向你们保证，除非工厂破产，否则你们每一个人都不会离开这里。不过，我有一个请求，为了让工厂渡过难关，请你们将每月工资的百分之三十借给我。等有一天工厂爬过了这个坎儿，我一定全数奉还！"

员工们被老板的话深深震撼了，有人当场流下了眼泪，全场一致同意这个减薪留人政策。那天之后，员工们就跟打了鸡血似的玩命地跟着老板打拼。尽管这个节目没有告知最后这家企业的命运到底如何，但是可以相信，这样的一家企业应该不会有太晦暗的未来。

受这样一些正面案例的启发，我在日本留学时的硕士论文涉及的就是这方面的题材。在论文中，我引用大量资料详细论述了日美企业各自的优势所在，明确指出，只有恢复终身雇佣制，才是日企重拾昔日辉煌的唯一出路。

因为日本人不同于美国人，前者需要强大的安全感支撑，其活力才能被最大限度地激发出来（这一点中国人也一样）；而后者由于民族固有的牛仔（冒险）精神使然，更容易培养出"一头狼"的性格，因此对自身的依赖往往会强于对团队的依赖。所以，日本人的团队才会成为"暗默知"的乐土，而美国人的团队则是"形式知"的王国。只有大家各安其所，彼此守住并充分发挥自己的特长，才能在同一级别的竞技场上角力；反之，如果抛弃自己的特长去"山寨"别人，无异于一种在竞技场上的弃权行为，等于帮对手打败自己。

中国企业也一样。曾几何时，每一个中国人都在国企里工作。那个时候，有一个"单位"对中国人而言无疑是一件天大的事情。在中国人的心目中，"单位"就是家，就是自己生活的全部。房子单位提供，看病单位出钱；孩子上学进单位的子弟学校，毕业后子承父业继续在单位上班……甚至不夸张地说，连媳妇都是单位帮着张罗,根本不需要你操心。总之,只要有了一个单位,你这辈子就算彻底拿下,可以把心踏踏实实地放在肚子里,异常轻松地面对漫长的人生了。这就是著名的"企业办社会"现象。现在,"企业办社会"已经因"使企业负担过重以致拖垮企业竞争力"而销声匿迹了。

"传家宝"扔不得

随着时间的推移,中国人安全感的缺失所带来的负面效应也越来越明显。这些负面效应具体体现在:

一、由于没有归属感,员工出工不出力。

讽刺的是,这一点和"企业办社会"时期拖垮企业竞争力的所谓"大锅饭"现象异曲同工,并没有本质性的改变。

二、由于没有安全感,员工不停地跳槽。

有人说员工频繁跳槽是利益使然,谁给的钱多我就跟谁干。我不这么认为,我觉得安全感的缺失才是导致员工不断跳槽最重要的原因:既然没有东西可以给我提供保护,那么唯一能保护我的就只剩下钱了。

三、由于缺乏忠诚,员工可以轻易出卖企业利益。

既然企业不愿意保护我,那么我只能自己保护自己。如果出卖企业的利益能为我提供这种保护(钱),我又何乐而不为呢?别跟我提职业道德,企业对我不仁,我为什么要对企业义呢?难道天底下的法律都是给我一个人定的吗?

当然,除了这些之外,缺乏安全感与归属感、没有向心力与忠诚度的员工带给企业的危害还有很多,这些危害老板心里最清楚,就不用我多言了。

其实,现在回过头来好好想想,当初中国的旧体制之所以会拖累企业是大环境的制约使然。那个时候的大环境与现在不同,市场经济的理念还没有像今天这样普及,人与人之间的竞争更不如今天这般激烈,所以"企业办社会"虽然给员工带来了强大的心理契约和安全感,但是同时也带来了所谓"大锅饭"

的弊端，也就是我们常说的"干多干少一个样""养了懒人"。不过，懒人的大量滋生从本质上来说并不是"企业办社会"体制的必然产物。就像我们前面介绍过的那样，日本企业也长期实行了"企业办社会"制度，却并没有大量"造就"懒人，恰恰相反，这种体制为日本企业培育出大量"企业战士"，甚至是"企业武士"、"企业死士"！所以，问题的关键不在于"企业办社会"这一制度本身的优劣，而在于市场经济体制的成熟度与普及度。

打造"旧制度"的升级版

到底有哪些与终身雇佣制相关的福利制度值得保留呢？也许我们的企业没有条件像日企那样为员工准备专属墓地，可这并不意味着我们的施展空间比人家小。其实，简单来说就是一句话：任何与工作无关而与员工私生活有关的领域，都是强化终身雇佣制这一心理契约的催化剂，因此都可以被视为向员工提供安全感与归属感的福利。有关这方面话题的细节，后文中还会有详尽叙述，这里就一笔带过了。

在本节中，我们主要来谈谈"年功序列制"的话题。在日本，年功序列制是与终身雇佣制相辅相成的支柱制度之一。

年功序列制，顾名思义就是为公司服务的时间越长，就越会受到厚待的意思。许多人也许会把这种制度简单地理解为发放"工龄工资"，其实远远没有那么简单。日本企业的体制很有意思，它会安排许多实职，也会巧妙地设计出许多闲（虚）职。而这种安排，就是为年功序列制做准备的。简单点说，就是能干的、正处于上升阶段的成员，可以走"实职"线；相对差一点的，或巅峰期已过、正处于下降阶段的成员，可以走"虚职"线。

说起虚职，许多人都会对其持有鲜明的否定态度，认为这么做根本就是一种资源的浪费，不如干脆取消。其实不然，这个东西对维持团队内部的向心力，为成员提供一种强大的安全感与心理契约而言极其重要。**因为没有人是超人，**

永远可以把自己的潜力最大化地激发出来，我们每一个人都会为自己"江郎才尽""年老体弱"后的前景担忧。这是人之常情。所以，如果你只想为团队成员最光辉灿烂的瞬间埋单，却不想对他们光芒暗淡乃至光芒尽失之后的人生负责，那么你的员工与你之间便不会有任何强大的心理契约，他们也不会对你产生任何形式的安全感、归属感和忠诚度。这就好像打仗，哪怕你的士兵已经身负重伤，变成残废，失去所有战斗力，你也不能把他们扔在原地，弃之而去。你必须竭尽全力地营救他们，哪怕这意味着更多的牺牲和更加不利的战况。为什么要这么做？这不仅仅是一个简单的人道主义问题，而且是向那些没有受伤的、依然生龙活虎的战士做宣示：你们中的任何一个人都是宝贵的、不可或缺的，团队会为你们每一个人尽责到底，决不会干那种卸磨杀驴、见死不救的事情。这种宣示的意义是极为重大的，它就像一针强心剂，会让那些健全的士兵放心大胆地为团队冲锋陷阵，即使牺牲自己的生命也在所不惜。

所以，有些东西看似"闲"，看似"虚"，其实是大大的"实"，绝对不是可有可无的安排，更不是什么浪费。

也许有人会反对：你说得不对，既然我比那些过气的老头子更牛×，为什么不能获得比他们更高的待遇？这么做不公平。牛×的人就得享受牛×的待遇，至于说哪天不牛×了，水平下降了，我也愿赌服输，甘愿降低待遇。这种游戏的玩法才真正靠谱、真正公平！

必须承认，你说得有一些道理。对于许多年轻的牛×者来说，抱有这样的想法实在是一件再正常不过的事情。不过话又说回来，人在牛×的时候自我感觉总是最好的，怎么说心里都有底气。问题是等哪一天你真的不牛×了，被人冷眼相对乃至扫地出门的时候，你才会猛然惊觉年轻时的幼稚。所以哥们儿，别再矫情了，你也是人，甭管你多牛×，你都当不了超人，更做不了神仙。与吊在不切实际的半空相比，还是把脚放在地面上比较靠谱。

不过，"给牛×的人牛×的待遇"这一点本身是不错的，这么做并不意味着一定会与年功序列制发生冲突，所以才会有实职与虚职的区别。具体地说，实职看重的是实惠，而虚职重视的是好听——前者要中用，后者则要中看；前

者得里子，后者得面子。这样就各得其所，互无怨言了。 当然，这只是一个原则性的架构，在实际操作中也可以有灵活的一面。也就是说，实职未必没有面子，虚职也未必和里子完全无缘。事实上，许多企业的元老级人物，即便已经过了巅峰期，也未必意味着个人价值的丧失。他们往往具有新人不可比拟的优势，比如说丰富的经验，比如说更具全局性的战略眼光，比如说行走江湖几十年攒下来的宝贵人脉，等等，所有这些对于一个团队而言都是无价之宝，和"鸡肋"二字沾不上边。因此，只要我们的团队领袖和成员不戴有色眼镜看人，充分爱护以及活用这些元老身上的宝贵资源，最后一定能够收到一加一大于二的效果。

当然，如果某些元老级人物自视劳苦功高，顽固不化，思想腐朽，非要占着茅坑不拉屎，成为团队进步的阻力，那就另当别论了。对于害群之马而言，斩草除根、杀鸡吓猴永远是唯一的选项。不过这种案例毕竟是极少数，而且往往与腐朽的团队文化有关。也就是说，如果一个团队能拥有一种氛围积极、内容健康的企业文化，这样的害群之马就不可能有容身之地。

其实，虚职的设置并不是一种新鲜事物。纵观古今中外，设虚职的案例比比皆是，时至今日，这些故事却成了反面教材，成为现代人嘲讽古人"腐朽无知"的一个笑柄。我想，古人如若地下有知，一定会反过来嘲笑现代人的肤浅与无知。只知道桃子好吃，却不能善待桃树，这种坐吃山空的思维方式迟早会害死现代人。

小 结：

规则是死的，人是活的；同理，规则是死的，现实是活的。所以，用死的规则去应对活的现实显然是行不通的。活的现实必须用活的人去应对。

第六章

A 加 B 除以二

现在全世界都在追求"暗默知",似乎只有我们依然执迷不悟,捡食别人的剩饭,和"形式知"死磕。这实在是一件可悲的事情。

那位说了:按照你的说法,中国企业不应该效法美国企业的"形式知",而应该向东看,学习日本企业的"暗默知",才是真正的王道。

也不能完全这么说,其实更准确的说法应该是:A 加 B 除以二。也就是说,**我们要发明一种新的体制,将"暗默知"与"形式知"的精华融为一体,才能使其发挥最大的效用。**当然,在这个新体制当中,起基础性作用的还是"暗默知",因为这和我们东方人的气质与文化传统息息相关。

其实即便是日本企业,也不完全是"暗默知",在"形式知"方面,日本人照样是高手。日本人的程序意识和纪律意识世界闻名,从某种意义上讲,正是因为日本人已经将所有的"形式"烂熟于胸,才能成功发展出那些出神入化、匪夷所思的"心灵感应术",使日本人的团队天下无敌。这就好像作曲家一样,正因为他们能够对所有的基本音符与音律了然于胸,才能随心所欲地创造出绚烂多彩的美妙乐章。这种现象在体育比赛中也很常见。就拿足球这项运动来说,一支球队必须具备扎实的基本功,才能谈得上炉火纯青的配合技巧。反观中国男足,连最起码的传接球动作都做不到位,却整天想着高深莫测的战略战术,这不是活活笑死人吗?

美国企业也一样。在"暗默知"与"形式知"的探索方面,他们也走过了一条漫长而曲折的道路。稍有管理学基础知识的人都知道,所谓"形式知"的鼻祖,是一百多年前的一个叫作泰勒的美国人。他发明了一种管理方式,也就

"有威信的群众"的存在,对于团队的运行效率和运行秩序而言更为重要。

是后来大名鼎鼎的"科学管理法"。这种管理模式的基本逻辑如下：人类的劳动能够也必须被量化以及标准化，将这种标准作为一种强制性手段严格执行，彻底推广，才能达到经营效率的最大化。

泰勒的这一理论无疑是革命性的。科学管理法问世后，迅速风靡世界，直接催生了二十世纪初福特公司的"流水线生产方式"，将人类的生产活动推向了一个登峰造极的境界，拉开了所谓"大工业生产"时代的序幕。一直到今天，当我们看到工厂里那一条条的流水线，听到那些耳熟能详的"计件工资""计时工资""超额工资""考核工资"之类的词语时，也许我们不曾意识到，所有这一切都是一百多年前那个美国人留给我们的遗产。

但是，泰勒的科学管理法也有一个致命的短板，这个短板一直到今天都折磨着无数管理学家以及团队领袖的神经，那就是：这种模式之所以成立，是因为它建立在一个大前提上，亦即所有人都是理性的经济人。往好听里说，就是你的员工各个都是活雷锋，拥有极高的职业素养和极强的自我约束能力，也就是我们常说的所谓的"纪律性"；而往难听里说，就是你的人必须全部都是木头人、机器人，不能有自己的所思所想，更不能有自己独立的感受，必须你说什么就是什么，你让往东绝不能有人往西，不要说这样的举动，就连这样的念头都不许有。

坦白地说，泰勒的科学管理法既开发了人性，又违反了人性。说它开发了人性，是因为这种管理思想和管理模式的诞生与普及，极大地发掘了人类的潜力，将人类的生产力水平推向了一个史无前例的高度。有史以来，人类还是头一次能够以自己的力量，生产和享受如此丰富、如此高品质的物质财富。另一方面，泰勒的科学管理法又是反人性的，因为人不是机器，不可能没有自己的思想与感受，而泰勒的科学管理法要消灭的就是这样的人性。所以，一百多年来，尽管人类的物质财富极大丰富了，但人类感受到的痛苦和幸福一样多。"到底是人在操控机器，还是机器在操控人？"这个疑问已经成为永恒的谜题。喜剧大师卓别林的代表作《摩登时代》就是试图探索这一谜题的绝佳范例。

"所有人都理性"，这种看法本身就是最大的"不理性"

即便只从管理学的角度来说，科学管理法的弊端也是显而易见的。我们在前面说过，这种管理模式的前提是"所有人都是理性的经济人"，而这样的一种假设显然极大地低估了人性的复杂。事实上，人既有理性的一面，也有非理性的一面。在管理学领域，我们可以大致这样认为，一般来说，人们倾向于这样认知理性与非理性：你对我好，我就拿理性对待你；如果你对我不好，就别怪我对你采取非理性的态度了。显然，泰勒的科学管理法既能激发员工的理性思维与行动（因为挣钱多，所以我就玩命干），也有可能诱发员工的非理性思维与行动（因为不把我当人看，所以我就消极怠工）。不仅如此，更可怕的现实还在后面。俗话说"道高一尺，魔高一丈"，科学管理法再高明，也高明不过聪明的员工。刚开始的时候，科学管理法可能还能罩得住不安分的员工，到后来，当聪明的员工终于反应过来的时候，他们就会恍然大悟：为什么我会这么傻，将自己的实力毫无保留地展示出来呢？如果我悠着点，留一手，岂不是既能偷懒，又能享受到相同的待遇吗？于是乎，人们想出种种办法与科学管理法对抗，通过留有余地的做法人为地压低劳动量化的标准，为自己争取一个更舒适的劳动条件。

这种复杂的人性给劳动生产率带来的破坏效应一直到今天都深深地困扰着我们的企业家和团队管理者：要想让员工实打实地干，完全不偷懒，就必须找新员工，因为新人初来乍到，还不懂得偷懒或没有掌握偷懒的技巧。另一方面，新人的短板也是显而易见的，毕竟他们手生，效率低，创造财富的能力要远逊于老员工。但是，用老员工吧，尽管生产效率比新人高出一大截，可就是不给你出全力，总是偷工减料、偷奸耍滑。这真是一个无解的难题：新人实诚，但手太潮（活不好）；老人手不潮（活好），但不实诚。

一百多年前的美国也遇到过类似的问题，于是泰勒之后的管理学者便下大功夫去研究这个问题，终于找到了病根。他们发现，员工之所以会偷懒，往往是因为受到了老员工的唆使或潜移默化的影响。而且，员工的不良表现如果仅是偷懒还算好的，更令人头痛的是，在老员工的唆使或暗示下，员工往往还有可能彻底撂挑子，即挑起罢工之类的事端。所以，**在一个团队当中，与那些正式的管理者相比，往往员工内部的一些人物的存在，尤其是那些所谓"有威信的群众"的存在，对于团队的运行效率和运行秩序而言更为重要。**

这个理论，后来被管理学界归纳为"人际关系论"。也就是说，除了科学管理法之外，要想真正管理好一个团队，还必须认真对待团队内部的人际关系问题。只有彻底掌握人性特质，并将这些特质与科学管理法有机融合，才能达到最大化的团队运营效果。

从那以后，欧美企业开始走上一条持续不断的改进之路。最明显的标志就是工会势力的壮大。也许在某些人眼里，工会的存在对资本家而言就是一场不折不扣的噩梦，其实不然，工会的兴起从某种意义上来说恰恰是资本家自主选择的结果。因为工会是科学管理法的润滑剂，也是工人与老板之间的缓冲阀。有了工会的存在，工人就没必要再玩猫腻了，因为一切意见和不满都可以通过工会向资方倾泻，只要双方能达成一致，工人就能够义无反顾地为公司效力，不再有偷懒和留一手的动机了。不过，仅有工会很显然是不够的。这种组织的存在虽然可以杜绝偷懒现象的发生，却不能让团队成员将自己的潜力最大限度地激发出来。所以，如何与人性打交道，对管理学界而言依然是一个永恒的课题。

显然，今天的美国企业已经在这方面取得了很大进展，在某种程度上甚至超过了日本企业。

"做傻事"的老板，往往是最聪明的老板

问你一个问题。假设你见到这样一家企业，它的员工上班没点，想什么时候来就什么时候来，想几点走就几点走；它的员工可以随便穿，只要不赤身裸体，有伤风化，穿成啥样都行；它的员工上班的时候想干什么就干什么，既可以嗑瓜子、聊天，也可以趴在桌子上打瞌睡，甚至公然织毛衣都没人管……

那么，你认为这样的一家企业是好企业还是坏企业？

相信你会扑哧一下乐出声来：这还用问？！要是天底下真有这么一家企业，那还不得从舅舅家赔到姥姥家？还不得倒闭个八百多回？这么烂的企业怎么会有存活的可能？

嘿嘿，你还别说，这样的企业还真有，而且居然一点都不烂，何止不烂，弄不好还是一世界级的伟大企业！不是跟你说笑话，著名的美国谷歌公司就是这样的一家企业。

当然，也许你会说，谷歌是一家互联网高科技公司，有其行业的特殊属性，并不是所有行业的企业都适合采取这样的管理模式。这种说法我赞同，行业不同，当然管理模式也应该有所不同，但是管理学一脉相承的某些基本原理还是可以借鉴的，尤其是涉及人性这个环节，更是如此。

我在日本留学时曾经看过这样一个电视节目，说的是一家中小型贸易公司在处理员工上班时打瞌睡这件事情上的特殊做法。由于日本人加班多、回家晚，再加上下班后经常有各种应酬（主要是和公司或部门同事到居酒屋喝酒），容易喝高，而第二天又必须准点上班，所以睡眠不足已经成了一种常态，直接导致白天上班时办公室内哈欠声不绝于耳、瞌睡虫满天飞的场面。刚开始的时候，这家公司试图通过祭出严罚的手段治理这种"不像话"的现象，可发现这种做法几乎没有任何效果。因为这样做根本就是治标不治本——不是员工不把公司制度放在眼里，而是他们实在拿瞌睡虫没辙。更重要的是，改变员工的工作和生活节奏也不现实，毕竟这种生活状态的形成不是一朝一夕的事情，而是几十年如一日累积下来的一种传统。于是，这家企业的管理层决定顺其自然，果断变招。他们不再禁止员工打瞌睡；相反，他们在公司办公室内设置了几把舒适的躺椅，鼓励员工一旦感到困意，就立刻停下手中的工作，到躺椅上小睡二十分钟。这种做法收到了奇效：按照这家公司管理层的估计，仅此一招就让公司的业绩提升了三成左右！当然，这样的一种统计方式未必准确，但起码证明了一点：解决瞌睡虫的问题对提升员工的工作状态有着多么大的帮助！

其实，即便只按常识来推断，得到这样的一个结果也是理所当然的：第一，上班时间居然可以得到"合法"的小憩一下的权利，这种贴心的关照对员工而言绝对是一针强心剂，其性质无异于捞到一小笔外快。第二，瞌睡虫这个东西很有意思，你如果一直公然与它对抗，它就会异常执拗地纠缠你，阴魂不散地附着在你的身体里。一旦你放弃与它的正面对抗，它反而会在一瞬间便逃之夭夭，不知所踪。所以，如果你不让员工小憩，他们的哈欠就会打上整整一天，至少也是一上午；反之，哪怕你只让员工小憩一次，这区区二十分钟的时间也许就能彻底赶跑瞌睡虫，换来你的员工一整天精神焕发。想想看，对老板来说，哪种做法更合算？

"堕落"的中国人，也许才是真正进步了

总之，现在全世界都在玩科学管理法的升级版，似乎只有我们中国的企业依然执迷不悟，捡食别人的剩饭。这实在是一件可悲的事情。

也许有人会说：今天的中国和一百多年前的美国类似，相比较而言，"人"是一个次要的生产要素。再说得极端点，现如今的中国什么都缺，就是不缺人。所以，中国人不像美国人那么金贵，那么难伺候，用不着煞费苦心地讨好他们。只要给中国人个仨瓜俩枣，他们就能乖乖地为你发光发亮。既然如此，又何必多此一举地去研究什么中国人的人性呢？

必须承认，你说的这些都是事实。非常遗憾，尽管中国企业的管理思维和管理模式堪称原始，是人家早已玩剩下的东西，可在我们中国，这些东西似乎依然好使。按照"胜者王侯败者寇"的说法，似乎至少在我们中国，纯粹的科学管理法还有不少生存空间，即便如此，这个空间也极其有限了。

没错，正如大多数人所理解的那样，越是经济欠发达的国家和地区，越是人不值钱的国家和地区，就越会有适合纯粹的科学管理法生存的肥沃土壤。但是，至少在当今中国，很显然，这种好日子将一去不复返。随着收入的提高、生活的改善以及人口红利的结束，新一代的中国人已经越来越不买科学管理法

的账。按照许多老板的话讲,现在的年轻人真是越来越"堕落"、越来越难伺候了。其实这样的"堕落"是一种时代进步的表现。**从前之所以"好伺候",是因为那个时候的中国人不值钱,不值得重视;而现在之所以"难伺候",是因为现在的中国人终于值钱了,需要你认真对待,也就是说,得把他们真正"当人看"了。**因此,无论你愿意还是不愿意,从现在开始,追随洋人的脚步,积极探索并大胆实践科学管理法的升级版已经是当务之急。否则,再这样执迷不悟下去,如果有一天在你面前忽然冒出一个真正的竞争对手,一个被升级版的科学管理法武装到牙齿的强大对手,恐怕你就只有满世界找后悔药吃的份儿了。

现在回过头来好好想一想,我们的老板们有许多行为其实很可笑。他们每一个人似乎看起来都知道人才的重要,而且几乎每一个人都喜欢把"人才第一"这句话放在嘴边,可是一遇到具体事,一到动真格的时候,便会立马变嘴脸,摆出一副"只要有位置,不愁没人来""旧的不去,新的不来""大浪淘沙,留下的都是精华"的架势。这种两面三刀、口是心非的人才观如果能真正帮他们吸引到人才抑或真正帮他们留住人才,才叫活见鬼了呢!

千万别以为美国人用了一百多年才转过这道弯就意味着你也会有一百多年的缓冲期。你必须清楚地认识到一个现实:在当今世界,中国的一天就相当于美国的一年。众所周知,今日中国正经历着日新月异、翻天覆地的变化,历史上从未有哪个国家有过类似的经验。这就意味着"一万年太久,只争朝夕"这句话至少在当今中国绝不仅仅是一个美好的愿望,而是一个铁一般的现实。

小 结:

"形式知"是基础,"暗默知"是追求。

第七章

"人治"是团队管理的最高境界

人是"处"出来的,不是"量"出来的。

经过前面的论述,我们可以得出这样一个结论:"人治"是管理的最高境界。

当然,强调"人治"并不代表轻视"法治"。恰恰相反,扎实的"法治"是实施"人治"的一个重要基础。就好像体育比赛一样,只有团队成员各个都守规矩并充分练好基本功,才能谈得上出神入化的个人发挥,谈得上巧妙绝伦的战术配合,谈得上无坚不摧的强大战斗力。这也从另外一个侧面证明了这样一个事实:**"法治"只是团队管理的初级阶段,甚至可以说是原始阶段,只有"人治"才是团队管理的最高阶段。**

我们可以拿麦当劳和海底捞举个例子。这是两家极具代表性的企业:海底捞是"人治"的典范,麦当劳是"法治"的楷模。

具体地说,海底捞将人的潜力最大化地激发了出来。任何一个在海底捞吃过火锅的人都会有这样的感觉,那就是海底捞的员工是发自内心地对顾客好,他们的许多言行显然已经远远超出了公司和老板对他们的要求。所以,如果用一个词来形容海底捞的服务,那么这个词肯定会是"物超所值"。麦当劳则略有不同,它并不鼓励员工对顾客做多余的事,只要可丁可卯地按照它制定的规矩来就行。每一个到麦当劳用过餐的人都会有这样的感受:一切都没有什么不妥,既没有惊喜,也不会失望。从这个意义上讲,麦当劳追求的是一种"及格线思维",不要求顾客"感觉好",只要顾客不会"感觉不好"就行。

这是个非常有趣的对比:海底捞追求的是服务品质以及人的感受的极致,而要做到这一点,必须把员工"当人看",充分发挥他们的人性潜质以及主观能动性；而麦当劳则不同，它追求的是大量的自我复制，也就是所谓的"标准化服务"。在这种体制里，员工不需要有太多的人性化发挥，更不需要有多余的主观能动性；恰恰相反，它需要的是绝对的按部就班，绝对的服从。说得再极端一点，麦当劳从来都不会把员工"当人看"，它需要的是大量的"机器人"。

尽管这两种做法各有长短，但是总的来说，还是海底捞的"人治"更胜一筹。

有些人也许不服气：你怎么能这么说呢？和麦当劳这头大象相比，海底捞明摆着就是一只小老鼠。就算它在国内小有名气，但是拿到国际上，恐怕连和麦当劳相提并论的资格都没有！

必须承认，你说的是事实。不过，这样的比较方法本身欠公平。

我在前面说过，麦当劳追求的是"及格线思维"，之所以这样做，是为了快速、大量地自我复制。这就是无论麦当劳开到世界的哪一个角落，都能在极短的时间内实现令人瞠目的规模扩张的原因。我敢断言，麦当劳之所以能在自己擅长的快餐领域雄霸天下，不是因为它独特的运营模式，而是因为没有遇到真正的竞争对手。不信我们可以打个赌：如果海底捞哪天忽然对快餐业产生了兴趣，那对麦当劳而言绝对是一个坏消息，因为那将意味着至少在中国市场上，海底捞注定会打败麦当劳。

为什么这么说？因为在服务业，"超越顾客的需求"永远是竞争的王道。和这种理念相比，"及格线思维"是不堪一击的。如果海底捞真的一举挺进快餐领域，那么一旦让顾客尝到了甜头，知道了什么才是"物超所值"，麦当劳就绝对不可能再有任何生存的机会。

当然，如果麦当劳放弃过于执迷于"法治"的传统思维，转而效法海底捞的"人治"模式，那么结果如何将另当别论。

正如我们在前面提到过的那样，由于"人治"的核心要素就是人，所以这种管理模式既受惠于人，同时也受制于人。这主要体现在两个方面：第一，核心人才的离去所造成的空缺及损失极难弥补；第二，企业扩张的速度会受到极大限制。

那么，海底捞的掌门人张勇又是如何应对这一先天性短板的呢？他主要有两条策略：

第一，重赏策略。具体地说，就是但凡店长级别的人才离去，都会从张勇那里得到二十万元人民币的离职金，而大区经理级别的人才离去，则能从海底捞得到一家价值百万元人民币以上的火锅店！这样的做法，表面上看似乎是海底捞对资深员工的一种慰劳，其实从本质上来说还是一种留人政策——既然公司对你这么好，你就别动走的念头了。你满世界看看，这样的公司打着灯笼都找不着啊！张勇此招实在是高明。跟丰田公司一样，海底捞这种典型的"暗默知"即"人治"型企业有一个鲜明的特点，就是企业文化及核心竞争力极难被复制。这就带来两方面的优势：一方面，自己的好东西就算敞开大门让别的公司偷，它们也偷不走（所谓"海底捞你学不会"，应该说的就是这个事）；另一方面，自己的人一旦离开团队投靠别人，"武功"会立马自废，全然没有在老东家公司时的神威。之所以会这样，是因为此模式中的任何一个人都必须在共同的文化氛围中，才能真正发挥，甚至是超水平发挥自己的能力。而只要离开这个团队，离开某种固有的文化氛围和团队成员的配合，这些人就会立刻被打回原形，混同于一般老百姓。所以，只要张勇肯出手大方一点，一般情况下，核心人才流失的概率极低。退一万步讲，即便流失了，流失的人才吃回头草的概率也极高。从这个意义上说，**人治模式尽管有"受制于人"（模式本身受到身处其中的人的影响）的短板，但同时这个短板也具有"制人"（身处模式中的人受制于此模式而无法脱身）的长处**——这就是人治模式的威力。它能将模式与人紧紧地锁在一起，更要命的是，一旦锁上，这个世界上几乎不存在打开这把锁的钥匙。除非人治模式本身发生根本性的崩坏，才能彻底摧毁这把锁。

第二，限店策略。在店铺扩张战略方面，张勇有一个铁的原则，那就是"以人定店"，也就是说，人才培养到什么程度，店就开到什么程度。如果合适的人才没出来，甭管手里的现金多充裕，张勇打死也不会开一家新店的。

这又是张勇的高明之处。单就这一点来讲，可以说在某种程度上，张勇就是一个超人。因为他做到了绝大多数土豪老板都绝对做不到的事情，那就是不贪。一般情况下，别说手头资金宽裕，即便不宽裕，哪怕是从银行借钱，土豪老板们也往往会迫不及待地一掷千金，开疆拓土。在中国这样一个幅员辽阔、发展迅猛的国家，抢地盘似乎是任何老板都无法回避的一个战略性课题。对他们而言，与治江山相比，显然打江山才是一件真正重要的事：甭管三七二十一，先把江山打下来再说，打完了再说"治"的事。这种逻辑看似正确，其实弊害无穷。最典型的危害就是摊子铺得过大而管理又跟不上，从而导致公司内部问题丛生、一团乱麻，最后让竞争对手占了便宜，或者干脆自爆消亡。这样的例子实在是不胜枚举，相信每个人都或多或少有所耳闻。因此，张勇对于几乎唾手可得的江山和无法估量的利益能够表现出极大的克制，实在是一件殊为不易的事情。这种对江山"边打边治，打治并举"的策略确实强大，一来可以使自己好不容易打下来的江山更为稳固，谁都抢不走；二来可以相对轻松地攻占别人的江山，将其据为己有。事实也证明了这一点，据说任何一家开火锅店的公司，甭管其多么强大，只要海底捞进入这块地盘，一般情况下，撑不了几天就会卷铺盖走人。拥有这种神奇的、具有某种毁灭性的竞争力的公司，放眼中国餐饮界，还真就找不到第二家，难怪有人要大呼"看不懂""学不会"了。

"人"走了，"根"能留住吗？

除了海底捞与麦当劳的案例对比之外，还有一个中国企业的案例极具代表性，这就是大名鼎鼎的台资企业富士康。

相信通过我前面的论述，大家可以很容易地为富士康这家企业定性——没错，这家举世闻名的大企业采取的管理模式是典型的"形式知"。

不夸张地说，一直到今天，富士康都是泰勒的科学管理法的忠实践行者，几乎每一个管理环节都将这种模式的特点发挥到了极致。正如我们在前面所说，这种模式的实行有一个大前提，就是在某种程度上，企业员工一定要具备一些"蒙昧未开化"的人性特质。反过来说，只要员工不具备这种特质，变得"聪明而开化"

了,这样的模式也就失去了生存的土壤。

事实也证明了这一点:

曾几何时,富士康利用大量廉价而蒙昧的人力资源在中国大陆创造了一个又一个奇迹。但是,就在五年前,举世震惊的"N连跳"一举打破了这一神话,将它从神坛上拉回凡间。

富士康的应对方法也很值得玩味。

第一,拉网防患。

作为一个暂时性应变措施,富士康采取了一个既在意料之中又在意料之外的举动:在员工宿舍楼四周拉起大网,防范员工的跳楼冲动。

这个举动真是令人感慨万千:如果一家企业必须用拉网的方式来防止员工轻生,那么这是一家什么样的企业?它存在的价值是什么,它正在做的是什么,它所追求的又是什么呢?

第二,改善待遇。

十余条年轻生命带来的血淋淋的教训让富士康不得不深刻反省,其结果是被迫修正走过头了的"形式知",在对员工人性特质的关注方面迈出了重要的一步。除了增加休闲娱乐设施、引进心理关怀机制之外,大幅加薪的动作也引发了外界广泛的关注。不夸张地说,这两年中国一线蓝领的薪资水平之所以会出现爆炸性增长的局面(一说已经全面超越白领阶层的平均薪资水平),最关键的引爆剂就是富士康的大手笔加薪动作,而不是像大家所认为的那样,是因为刘易斯拐点(即劳动力总规模的趋势出现逆转,开始逐年降低)的提早出现。道理很简单,刘易斯拐点的出现并不是这两年的事情,早在十几年前就已经初现端倪了。但是,涨工资这件事至少在中国这片土地上有其特殊的属性,不是那么简单的事情。这种事说白了,决定权既不在国家手里,更不在员工手里,而是在老板手里。只要老板们不松口,铁了心地联手抵制,甭管你是刘易斯、孙易斯、曹易斯还是司马易斯,任何人出头,都别想让工人的工资真正涨上去。反之,只要有一个老板,尤其是那种具有崇高威信和江湖地位的超级大老板放松立场,把工人的工资扎扎实实地涨上去,那么就等于是推倒了第一张多米诺骨牌，所有大小老板将不得不跟进。从这个意义上讲，如果有一天中国真能步入高收入国家的行列，富士康的老板郭台铭先生绝对是功不可没。当然，那十余条过早逝去的生命也会被历史永远铭记。

第三，改用机器人。

不过，富士康毕竟是富士康，传家宝可以修正，但彻底丢弃则是万万不能的。既然人性是一个如此难以对付的怪物，富士康只好祭出最后的撒手锏——大量使用机器人取代人的位置。

坦白地说，对于富士康这种生产型企业来说，大量使用机器人不能说不明智。这样做一来可以降低人力成本，二来可以控制管理成本，三来能够确保一个相对稳定的劳动生产率，实在是一件一举三得的事情。但是，仅有机器人显然是不够的。因为无论一家企业的自动化程度有多高，只要操控机器的是人，一定数量的人力资源还是必要的。不仅如此，由于机器人缺乏人的主观能动性，它固然可以维系一定水准的生产率，却无法将生产率进一步提升。举一个例子，日本的丰田公司应该是全世界机器人使用率较高的公司之一，即便如此，丰田公司依然几十年如一日，维系了一个大规模的员工团队。因为丰田公司的制胜法宝是"暗默知"，而这种"暗默知"的本领机器人是无法掌握的。所以，人的存在对丰田公司来说是不断提升生产率的制胜法宝，因而是绝对无法被取代的。最典型的例子就是所谓"改善"的企业文化。在丰田公司的生产线上，任何一个员工只要发现了问题，抑或哪怕只是脑子里闪过一道灵光，对生产过程的某个环节突发奇想，都可以随时叫停整个生产线，将自己的意见当场说出来。如果被采纳，这名员工将受到嘉奖；即便不被采纳，这名员工也不会被当作捣乱分子而受到处罚。这样的"改善"文化在丰田公司从未终止过，早已成为该公司每一位员工身上的"遗传基因"，成为公司雄霸天下的秘密武器。

所以我们说，即便是生产型企业，其实也可以让"暗默知"即"人治"的管理思维在企业内部生根发芽，乃至发扬光大。反之，如果只是一味地回避"人治"，回避人性，甚至试图通过大量采用机器人来取代人性，基本上是没有出路的，迟早会撞南墙。

说到这里，想起一个小桥段。

几年前，台湾当局看到富士康在中国大陆顺风顺水，赚了那么多钱，雇用了那么多员工，缴了那么多税，颇为羡慕，便想尽办法游说富士康回台投资，为家乡做贡献，拉升台湾的经济与民生。在当局不遗余力地劝说下，郭台铭也勉强答应并做了一点点投资的动作，但也仅限于这点动作。一直到今天，"富士康回台"依然只是一个雷声大雨点小的美好传说而已。有人说，富士康之所以不肯离开大陆，是因为利益使然——大陆大量的廉价劳动力是台湾所不具备的，所以从某种意义上来说，富士康永远也不可能再回到台湾了。这种说法也对也不对。没错，中国大陆大量的廉价劳动力是富士康赖以生存的基础，不过也正因为这样，富士康彻底离开大陆的那一天也为时不远了。道理很简单，任何一家采取纯粹的"形式知"管理模式的企业，亦即纯粹意义上的"法治"企业，都是成本导向的企业，这样的企业很难成为具有创造性思维的创新型企业。所以，它们唯一的生存之道就是不断地寻找成本更低的地方，就像一个命中注定终生流浪的孤儿，居无定所，一辈子都将四处漂泊。富士康也不例外，即便它可以暂时通过大量使用机器人来解决问题，但是不断提升的中国的劳动力成本迟早会达到它所能承受的极限，因此，寻找下一个漂泊之地只是时间问题了。

当然，也许有人会说，在这个全球化的时代，企业寻找更廉价的容身之地是天经地义的事情，不值得大惊小怪。

这个观点我不反对，不过也有一个小小的异议："走"本身没有问题，问题在于"怎么走"。是彻底一走了之，还是把最为强大的生产力固定在某个可以被称为根据地的地方？显然，丰田也走遍了全世界，但是它的根据地始终都没有离开过日本。而富士康这一走，还有可能把根留在大陆吗？估计够呛，就像当年出走台湾并没有把根留在台湾一样，这一次离大陆而去，恐怕也很难做到根留大陆。

因此，要想做一家有根的企业，还是要向丰田学习，向海底捞学习，把人留下，把人性留下，只有这样才能把企业的文化留下，把企业的精华留下。

无独有偶，乔布斯的苹果公司也曾遇到过相同的选择题。

想把一个人的能力开发到极限，就要给他休养生息的时间和空间。

记得在乔布斯去世前不久的一次聚会上，奥巴马曾这样要求乔布斯：请把你的生产线从中国移回美国，为美国人民创造就业机会和财富，因为你是美国人，你有这个义务。而老到的乔布斯回答得也很干脆：这不可能，转移出去的东西，永远都不可能再回来了。

这个答案当然不能让奥巴马满意，但乔布斯说的确实是真心话：明摆着，在中国生产，苹果公司能够攫取最大化的利润，如果硬要将生产线迁回美国国内，即便可以为提升美国的就业率以及政府税收做贡献，这一切也必须以苹果公司牺牲自己的利润为前提。这种做法显然是违背资本主义的一般规律的。

许多美国媒体也站在乔布斯这边，不惜笔墨地论述了"为什么苹果公司的中国工厂永远不可能重回美国"这个颇为决绝的说法。其中，表现最为活跃的《纽约时报》的一篇社论得到了美国人一致的支持，这篇社论列举了这样一个颇具说服力的例子：在苹果公司的成都工厂，中国的工人们可以因为任何一个小小的生产工艺方面的调整而在凌晨两三点钟赶到工厂里的生产线旁加班。而这一点，是美国工人永远也不可能做到的。

这篇社论之所以要举这个例子，无非是想证明一件事：由于中国还是一个发展中的穷国，所以必然会允许血汗工厂的存在，但这件事在已经成为发达国家的美国是不可能发生的，因为富裕的美国没有血汗工厂存在的土壤。

坦率地讲，对于血汗工厂的说法我并不反对，中国确实有大量的血汗工厂，而这些东西在美国也确实显得不合时宜，但是，至少在《纽约时报》所举的这个案例里，将"员工的誓死效命"与"血汗工厂"联系到一起颇有一些牵强的意味。很显然，"员工的誓死效命"与"血汗工厂"之间并没有什么必然的联系，如果一定要说有，这种联系恐怕也是负相关居多，正相关极少。在现实世界中，"血汗工厂"里的员工往往缺乏强烈的工作动机以及高度的忠诚度与职业道德，他们常常更倾向于阳奉阴违、偷奸耍滑、偷工减料，团结起来和老板对着干。正因如此，"血汗工厂"往往是短命的，拥有极高的淘汰率。所以，"凌晨两三点钟爬起来去公司加班"绝无可能是"血汗工厂"的专利。上下班时间绝对自由的美国谷歌公司的员工照样也有可能做到这一点：相信如果公司真的有需要，这些高贵的美国人绝不会介意凌晨两三点钟爬起来。同理，中国的海底捞公司也能做到这一点。事实上，加班对于海底捞的员工而言已经成为一种生活的常态，许多员工甚至公开表示不加班会让他们感到浑身不舒服：与其有这么多闲暇时间不知道该干点什么，还不如回公司加班呢！

当然，我本人极度反对加班，尤其是频繁的、不必要的加班。事实上，绝大多数拥有正常生活感知能力的人也会和我有同感。不过，正因为如此，在面对加班这件事时员工的反应如何才具有了不同寻常的意义，它能够充分检视不同的管理模式到底能够对员工的身心状态产生何种影响：*如果你想让员工做"非人"的事，就要把他们当人看。*只要员工真把老板当亲人，把公司当自己的家，那么无论他们要面对的工作多么"非人"，他们也会义无反顾地为你两肋插刀，上刀山下火海也在所不惜；反之，如果你不把员工当人看，那么就算你天天给他们塞红包，他们也照样会给你掉链子。

"不值钱"的精英与"值钱"的废物

不仅如此，"人治"比"法治"更为优越还体现在团队建设的另一个重要方面上：人才的发掘、培养与成长。

我们知道，在法治模式下，人才的发掘与任用体制是所谓的精英政策，即一种基于应试（或考核）制度的人才淘汰制度。说白了就是一、二、三、四、五，符合这几项的就是精英，应受到重用；反之，不符合这几项的就是废物，必须尽快淘汰。显然，这是一种典型的"形式知"管理模式。

相信对于这样一种管理模式，大家都不会感到陌生。现如今的中国，几乎每家企业、每个团队都在不遗余力地玩这些东西。比如说"末位淘汰制""全员竞岗制"，比如说"没有银牌，只有金牌""没有最好，只有更好"，等等。甚至不少企业老板常常说这样的话：在我那儿，业绩就是一切，达不到业绩标准的一律给我走人，即便是亲爹也不能例外！总之，一个比一个狠，一个比一个决绝，好像不把话说死，把事做绝，就会立马被淘汰一样。所有这些大家耳熟能详的名词、口号和论调，无一不证明了这些"形式知"的东西在我们中国拥有多么广大的土壤，多么权威的影响力与号召力！

诚然，这些管理思维有一定的科学性，不能被全盘否定，但是过了头就会适得其反。因为这种思维有一个致命缺点，那就是太过高压，让人不寒而栗，有一种喘不过气来的感觉。所以，它的问题在于把事情看得太满，做得太绝，一点儿喘息空间和回旋余地都没留。这种喘息空间和回旋余地的存在对于人的综合潜力的激发、调整与恢复而言是极为重要的，两者可谓休戚相关。**因为人不是机器，人的能力有高有低，人的状态有好有坏，所以，如果你想用一个人，你想把他的能力开发到极限，你想让他的高水平的生产力维持尽可能长的时间，而不是昙花一现，那么你就一定要给他一定的休养生息的时间和空间**。当然，这种时间与空间绝不是指放几天带薪假或组织几次公司集体旅游之类的举动，这些东西太过小儿科，不足以从本质上影响事物的面貌。要想发生根本性的变化，就必须从管理模式的基本思维做起，彻底改革团队领袖的思想和行为。

事实上，即便是在我们苦苦追随多年的当代西方世界，与"极限管理"模式相比，"管理过度"现象也越来越成为一个引起专家学者关注的大问题，这一点值得我们好好反思。

其实，想明白这件事情并不难。"精英思维"的一个死穴就是"只要是精英，就必然拥有极高的效率和生产力"。真的是这样吗？未必。听说过皇家马德里队的故事吗？这支球队中的哪一个球员不是世界顶级的精英？哪一个球员不是富可敌国？可就是这样一支超级精英球队，战绩又如何呢？在国外，他们踢得过德国的拜仁吗？在国内，他们赢得了巴萨吗？

又或者，我们可以做这样一个有趣的想象：假设《西游记》的唐僧团队中没有沙僧和猪八戒，三个徒儿都是孙悟空，唐僧是否会更容易取到真经呢？恐怕未必。要真是一个团队里有这么多的孙悟空，几个猴头之间天天闹内讧、打群架还忙不过来呢，哪有闲工夫保护唐僧去西天取那劳什子经文哪！

所以我们说，**团队的战斗力从某种意义上讲与个体的牛×程度尽管不无**

关系，但关系不大，团队的强大与否主要与整体的牛×程度有关。

这主要从两个方面来说：

第一，团队需要全方位的协作，因此必然会出现分工的高低贵贱，也必然要超越这种分工的高低贵贱。 比方说，精英再牛×，也得有人给他端茶送水，帮他提鞋拎包。这种看似低贱的、不体面的、不显眼的工作往往是非常重要的，必须有人做，而且必须高质量地完成。否则，精英再牛×，也只能是无源之水、无本之木，根本不可能有发力的机会。所以，如果一个团队里都是精英，没有一个普通人，所有人都指着别人端茶送水、提鞋拎包，而这样的人却迟迟无法出现，你让他们怎么干活，又如何出彩呢？当然，也许你会说：精英们自己也可以干一些端茶送水的活儿啊，他们怎么就那么金贵呢？我懂你的意思，其实你想说的就是"大而全""一条龙""自给自足"，可是这种管理理念显然与"全员精英制"的理念是自相矛盾的。后者的出发点是"效率最大化"，强调的是先进性和高端性，前者则很明显是一种相对原始的操作办法，无异于牛拉车。总之，只要是一个团队，就必须将分工合作的精神体现出来；而只要存在分工合作，就一定无法摆脱高低贵贱（无论你是否愿意承认这一点）；而只要有高低贵贱，就必须允许普通人与精英共存，而不能将普通人赶走。从这个角度上来看，"全员精英制"的一个最大败笔就在于它钻进了死胡同，绕来绕去才发现自己掐住了自己的脖子。

第二，精英之所以成为精英，固然和自己的牛×程度有关，但在很大程度上，是由普通人的存在衬托出来的。 因为人性很有意思，人性的争强好胜决定了每一个人都想出人头地，简单点说，就是每个人都希望能胜过别人一筹。所以，对众精英而言，要想让他们真正发力，"一览众山小"的心理优越感是绝对不可或缺的，而能够给他们提供这种心理优越感的只有普通人群体。反之，如果自己的周围都是精英，个儿顶个儿都不比自己弱，甚至个儿顶个儿都比自己强，那么精英的优越感就会丧失殆尽，他们就会逐渐平庸化，很快就会与普通人为伍了。

也许有人会说：你的理论不新鲜，这不就是"宁当鸡头，不当凤尾"的逻辑嘛，可这个逻辑是错误的，因为地球人都知道，跟奥运冠军练球，技术进步的速度远比跟某乡镇冠军练球快，所以"凤尾"比"鸡头"更有实力，这是一个不争的事实！

首先，我不反对你的观点，但是我认为它具有极大的局限性。没错，练习的时候跟着"凤"确实比较吃香，但真正上场打比赛的时候还是和"鸡"打最实惠，也最有成就感。同理，精英在成为精英之前或成为精英的过程中要尽量和与自己水平相同乃至水平远高于自己的精英在一起，这个逻辑是绝对正确的。但是，一旦成为精英并正式走向社会之后，身边的精英少一些，普通人多一些，绝对更有利于精英的发挥。道理很简单，只有这样的架构才能让精英获取最大化的成就感与满足感，而这种成就感的获得对于滋润、滋养精英而言是绝对必要的。

一句话，**在"凤群"里练兵，在"鸡群"里做事，才是精英最佳的生存状态**。因为没有人会否认这样一个观点：**我们这个世界不能只有明星而没有粉丝。缺少了粉丝的滋养，明星的存在就是毫无意义的。**

所以，马云才会说：一个没有猪八戒的团队不是一个好团队。诚然！没有猪八戒，难不成让孙悟空去给唐僧挑行李？如果是那样，谁去抓妖精？同理，没有了猪八戒，孙悟空的牛×与不凡又从哪里体现出来？如果没有人觉得孙悟空牛×，认为他也就是一般人，那么孙悟空还能永远这么牛×与不凡下去吗？还能一口一个"俺老孙如何如何"吗？你想啊，既然你和别人一样，你的团队里没人比你差，甚至人人都比你更牛×，你那"俺老孙"一说又有什么意义呢，这不是自个儿打自个儿脸吗？

可见，"全员精英制"是一个多么荒诞不经的制度！

"筛人"有毒，慎为之

除此之外，法治模式对于人才的戕害还体现在另一个方面，即所谓的"大浪淘沙"。

形象点说，法治模式就像一个大筛子，筛眼非常细小。能钻过这些筛眼的人永远是极少数，所以这些人就是金子，理应被重用；而钻不过这些筛眼的人永远占绝大多数，这些人全部都是沙子，活该被淘汰。

事实真是这样吗？

未必。用筛子筛人的方法是极其危险的。因为世界上没有哪种生物比人更复杂，更多面，更具潜力和无穷无尽的可能性，所以，硬要拿一大堆标准去"衡量"人的潜力与可能性的做法是极其荒谬的。长期以来，我一直固执地认为，任何一种考试或选拔制度的存在都是权宜之计，完全治标不治本。这种制度的存在与其说是为了选拔真正的精英，不如说是对机会和资源有限性的一种妥协。说得稍微夸张点，考试这种东西的本质其实与抓阄无异：冰棍只有两根，但人有十个。怎么办？那就通过抓阄来决定好了。当然，我不否认考试这种形式的存在也许能让更有资格吃冰棍的人增加吃到冰棍的机会。但这个东西与其说是一种必然，不如说是一种偶然。因为是否有资格吃冰棍这件事的标准本身就是极其不确定的，很难做到真正的实至名归。

事实胜于雄辩。**大量被筛眼挡住的沙子最后却成为真正的金子，而大量钻过筛眼的金子最后却不可救药地沦为了沙子。**

这样的例子在我们的生活中可谓比比皆是。

地球人都知道，真正的港姐冠军是很难成为银幕巨星的，而那些货真价实的银幕巨星往往来自港姐竞选淘汰者的行列；真正的巨贾大腕往往来自三流学校，而一流学校的毕业生充其量只能给这些大腕当高级打工仔……

这些铁一般的事实说明了什么？说明了人不是豆子，不能用筛子来挑。否则，即便你筛出了合标准的豆子，也会发现这些豆子的芯都是烂的，看你傻不傻眼。

那位说了：那你说怎么办？不让筛人，我们应该怎么选人、用人？难不成打开大门让人随便进？

对了，还是你聪明。正确的做法就是这个"随便进"。

俗话说"路遥知马力，日久见人心"，所以"人"这个物种是不能用某种形式的标尺去衡量的，必须用心去感受。这样的感受过程绝对需要充足的时间，所谓"日久见人心"就是这个道理。因此，只有打开大门让尽可能多的人进来，并让他们彻底放松、尽情表现（或者换一种邪恶一点的说法：让他们尽情暴露），你才能真正做到"识人"，并真正挑到"对"的人。否则，如果你硬要拿一把尺子去衡量，并把门槛设得太高，把门缝关得太死的话，不但你的选择余地会大大变小，而且你也不可能做到"识人"。因为如此高的门槛、如此窄的门缝会逼着被挑选的人做戏，好让他们至少看起来能更符合你的要求，但是这种表演会欺骗你的直觉甚至理性，让你在不知不觉中着了他们的道，并在他们真正进门之后才惊觉上当。俗话说"请神容易送神难"，人家都进来了，再踢走人家是一件既伤神又伤身更伤财的事情，实在是得不偿失，悔不当初。既然如此，还不如敞开大门，让大家自由进出，但并不给其正式身份，用一个比较长的试用期去好好地观察，好好地感受，最终你的选择一定八九不离十。

其实，找员工和找老公是一个道理。"高富帅"只是一把尺，这个东西不可能测量出人心，所以相当不靠谱。真想挑到对的人，真想一辈子不离婚，幸福一辈子，就不能靠尺子去量，而必须耐下性子来拿出大量的时间去相处。否则，一旦结了婚，将生米煮成熟饭，再想离婚，代价可就太大了。

总之，**"识人"的关键在于人性的暴露，而要想让一个人无法表演、做戏，彻底暴露自己，只有给他充分的时间和极度放松的环境才行**。而我们现在所做的一切都是与这个原则背道而驰的，我们在挑人的时候，时间卡得太死，环境收得太紧，这等于是上赶着逼着人家做戏给你看，主动鼓励人家忽悠你。而我们却沾沾自喜，居然真的自以为凭借所谓"阅人无数"的眼光和一大堆不着四六的所谓"瞬间识人术"（比如说某种近似于相面的迷信方式，再比如说某些故弄玄虚实则不切实际的问答环节）就能一举"识人"，为自己挑到最对的人，实在是让人笑掉大牙。

再重复一遍：**人不是"挑"出来的，而是"处"出来的**。记住这句话，你将豁然开朗，海阔天空。当然，如果你依然愿意自己逗自己玩，觉得这样做很有趣、很过瘾的话，则是另外一回事。

"金子"许三多的启示

其实，只要我们有起码的理智，静下心来好好想一想，我们就会意识到一个真理：即便是真正的沙子，也未必没有成为金子的潜力。所谓"天生我材必有用"，任何一个人都会有自己的长处和惊人的潜力，只要你独具慧眼，肯付出巨大的耐心发掘与培养，这粒沙子就绝对有可能变成一块价值连城的金砖。

"许三多"的故事就是一个最经典的案例。

如果我们坚持用筛子选人的原则的话，很显然，无论用什么标准衡量，许三多都是一粒不折不扣的沙子，在任何一个团队里都必然会是第一个被淘汰的人。事实上，许三多后来确实成了一块不折不扣的金子，而且还是超级大金块——一个名副其实、众望所归的兵中之王。

为什么会发生这样的事？事实上，在筛眼比针尖还细小的兵营里，许三多几乎从第一天起就险遭淘汰，其后也曾数次濒临被淘汰的边缘，但这个傻小子居然大难不死，一次又一次顽强地留了下来，而且一次又一次地攀上高峰，直至成为一个货真价实的兵王。他的这种经历不啻一个奇迹。而这个奇迹的缔造者，就是许三多命中的贵人——三班长史今。

众所周知，史今的一大特色就是不相信"筛子"。何止不相信，史今几乎赌上了自己的整个职业生涯，自始至终与这种顽固的"筛子思维"做着不屈不挠的斗争。

用"筛子理论"的铁杆拥趸——七连长高城的话讲："我没看到他（许三多）有任何长处，因为所有的指标他都垫底。这样的兵绝对不能要！"史今如同吃了秤砣一般对这种结论断然拒绝："只要你把他交给我，我一定能将他带成一个一流的兵！"

史今是这么说的，也是这么做的，而他也确实做到了这一点。他用实际行动重新塑造了许三多，一举推翻了虚伪的"筛子理论"，并让七连长高城不得不愿赌服输，承认自己"看人的眼光有问题"。

高城的一段评价许三多的话很有代表性，这段话是这么说的："我认识一个人，他每做一件小事的时候，都像救命稻草一样抓着，有一天我一看，嚯，好家伙，他抱着的是已经让我仰望的参天大树了……这要搁以前，他做什么事我都瞧不上，执拗得像个傻子。可现在这么一看，信念这玩意儿真不是说出来的，是做出来的。"

可见，高城到最后终于弄明白了"人是处出来的，不是量出来的"的道理。

没错，许三多强大的信念以及卓尔不群的人格特质深深地隐藏在他那"废物点心"的表象之下，如果不拿出巨大的耐心与诚意，不付出大量的时间与精力，根本无法看到，更别提发掘与发扬了。可悲的是，在现实生活中，绝大多数"许三多"却没有电视剧中的人物那般幸运，他们基本上都被当作沙子筛掉，当作废物驱逐，且永无翻身之日。

史今的存在也许仅仅是一个特例，甚至可以说是一个奇迹，而这个奇迹恰巧被走狗屎运的许三多碰上了。但史今带给我们的启发则是深远的，因为我们不能总是指望奇迹的出现为我们带来出类拔萃的人才，所以我们必须把这种奇迹常态化、可控化。而做到这一点的唯一途径，就是采取人治思维。

至此，结论一目了然了。无论你是否愿意接受，你都必须承认这样一个事实：只有"人治"才是管理的最高境界。而"法治"，充其量只是一个补充或一种过渡而已。

小 结：

　　"物超所值"是竞争力的最高境界。而能做到这一点的，只有"人治"。

第八章

重回初心
——将"杂牌军精神"进行到底

初心是好东西,真的没必要切割。

那位说了:既然人治模式如此神奇,那么如何才能达到"人治"的理想境界呢?

实话实说,这是一个庞大而复杂的课题,需要我们付出持续不懈的努力去探索。但是,至少在这里,我们可以明确这一漫长过程的起点,那就是两个字:初心。

没错,无论你做出什么样的努力去追寻"人治"的真谛,这一努力的起点一定是"重回初心"。

初心,顾名思义就是"最初的那颗心"。如果我们认可团伙和杂牌军是团队及正规军的初始状态的话,那么很显然,**所谓"初心",就是在团伙和杂牌军时代那种洋溢于成员身上的精神与气质。**

也就是说,如果你想建立一个强大的团队,那么,一定要将"杂牌军精神"继承下来并进行到底。

"初心"这个概念始于日本,也是日本企业之所以能够长期称霸世界的重要制胜法宝之一。任何一个曾在日企工作过或有过留日经验的人都会对这一点深有体会:在日企的企业文化中,"初心"这个词出现的频率最高,应用范围也最广,基本上,公司首脑或部门头头都会在不同场合将这个词挂在嘴边,而员工的工作总结或思想汇报中,如果不提到这个词,似乎也会给人一种脱线的感觉,让人觉得有几分怪异。

最典型的例子当属丰田。丰田总部有一个自己的"历史博物馆"，无论是新员工的入职培训抑或外部的人到公司来参观，基本上都会被带到这里洗脑。这个博物馆里的老古董可谓应有尽有，除了各个时期的老式机械设备与产品的展示之外，历代的创业者、继承者以及他们的追随者如何风餐露宿、披荆斩棘，在极其简陋、原始的工作环境中努力拼搏的事迹，也会通过海量照片、书籍、草稿本、文件等形式轰炸你的视觉、听觉和脑细胞，让你在短短几个小时里基本上变成一个正宗的"丰田人"。

不难想象，在这样的文化氛围中沉浸久了，想不被洗脑都难。这种高强度、高渗透力的初心教育，正是日企得以维系"暗默知"即人治管理模式的根本源泉。可见，以丰田为代表的日企，并没有将杂牌军时代的粗陋不堪当作一种耻辱，藏着掖着不敢示人；恰恰相反，它们把这些东西视为一种荣耀、一种宝贵财富，一门心思地想把它们发扬光大，永远继承下去。

不忘本！

其实，不只是在日本，**在我们中国，初心教育也是我们擅长的利器之一。只不过我们这里稍微变化了一下，把这种事称作"不忘本"**，并且将"不忘本"教育的效果发挥到了极致。我们可以发现这样一个现象：历届党中央的领导人接班后，总是会第一时间来到西柏坡或延安这样的革命老区，缅怀历史伟人，教育党员干部。为什么要这么做？就是为了"不忘本"。革命老区所代表的那个年代，也许在物质条件方面要比现在原始、落后得多，可是那个时候的精神绝对是社会得以长治久安的强大动力之源。

一个国家如是，一家企业更如是。**"原始"仅仅代表着形式，而"精神"内核则是永垂不朽的。**

遗憾的是，我们的企业家和团队领袖往往并不这么想。他们太过于在乎"原始"这种形式，同时太过于轻视"初心"这种精神。他们认为形式上的高端化（即摆脱"原始"）必然意味着与初心的决裂，甚至不夸张地说，只有与初心彻底决裂，才有可能达成形式上的高端化。

这种思维方式实在是令人痛心。

黄铁鹰老师的《海底捞你学不会》这本书中讲述过这样一个令人唏嘘不已的故事。

海底捞掌门人张勇有一个学生时代的死党，叫杨滨。此人在海底捞负责采购，堪称海底捞的"开国元勋"，是和张勇一起摸爬滚打几十年的老战友。说起这个杨滨的故事，很难让人不动容。他可以为了一次无人知晓的工作失误主动补上自己两个半月的工资；他可以为了公司起早贪黑，每天只睡四五个小时；他可以为了工作两次患忧郁症，甚至常常产生跳楼的冲动……而他之所以能够为张勇、为海底捞做到这种程度，无非是因为两个异常单纯的理由：第一，他认为他和张勇是平等的。因为他们两人曾经是学校里的死党、铁哥们儿，是创业路上曾经共睡一张行军床的患难之交。第二，他认为张勇有恩于自己。因为张勇在发迹之前，曾经为他和新婚妻子在县城里买过一套房。这个恩惠让他终生不忘，立誓"滴水之恩，当涌泉相报"。

可当张勇发迹之后，待遇早已与当初不可同日而语的杨滨突然萌生去意，提出辞职，这让张勇大为吃惊，也让黄老师觉得不可思议。后来，在黄老师的一再追问下，杨滨终于说出了自己的心声。原来，他之所以心灰意冷，动了离开海底捞的念头，是因为支撑他几十年的那两个理由已经不复存在抑或大为褪色了。首先，他觉得张勇与自己已经不再平等：昔日天天见面的战友，今天想要谋面却比登天还难。内心苦闷的杨滨曾试图约见张勇，但是总被这位昔日的老友以"工作忙，没时间"为由婉拒。即便在一年一度的公司年会这个不得不见的场合中，张勇也似乎开始和他打起了官腔，让他感到一种异样的距离感。比如说，有一次，杨滨曾向张勇表示感谢他给了自己工作的机会，而后者却对杨滨讲：**不用感谢他，要谢就谢海底捞这家公司**。从那个瞬间开始，杨滨就隐约意识到：他和张勇已经不再平等了。张勇是他的老板，而他只是张勇的一个打工仔。这个念头令他万念俱灰，觉得海底捞已经不再是他熟悉的家，他成了一个陌生人,已经到了必须离开的时候。其次,他觉得自己几十年如一日地回报张勇的恩情,应该已经报答得差不多了,到了可以"两清"的时候了。不过,这一点显得有些勉强,似乎杨滨还未能充分说服自己。事实也证明了这一点,杨滨的辞职遭到张勇的坚决拒绝,最终他还是没走成——尽管如果他铁了心要走,世界上没有人能够阻止他。为此,杨滨曾意味深长地对黄铁鹰老师说了一句话:"你知道吗,黄老师,别人有恩于你,这会是一个很沉重的负担。"

这个故事让我感慨万千。尽管有些煽情,但其实故事的本质异常简单:这就是一场典型的关于初心的攻防战。员工死命地想捍卫初心,而老板却决绝地要切割初心。

其实说穿了,张勇的动机很单纯。他并不是没有时间和老友见面,而是在刻意回避这种看似过于"随意"的见面;他并不是下意识地打官腔,而是故意在老友面前这么做。而他之所以会这么做,是因为想切割"老友"这层关系。因为在他的心目中,这种关系意味着创业时的原始状态,而那种状态是让他不堪回首的。他迫不及待地想让昔日的老友知道:我们今天已经不再是杂牌军、草台班子了,我们今天已经是一家颇具规模和影响力的大企业,所以必须正视听、立规矩,绝不能再像以往那般随意了。

也就是说,张勇这么做,绝不是简单地"摆架子",而是要转型,要把团伙改造成团队。

黄铁鹰老师把张勇的这种变化称为"时位移人",即随着时间和地位的改变,人性必然会跟着发生变化。我对黄老师的这一结论略有不同看法。我觉得张勇的变化不能用"时位移人"来形容,充其量只能算是"时位移物"或"事在人为"。因为张勇不是那种品质低劣的人,他的人格特质并没有因为其地位的变化而发生本质性的改变,他之所以会变,完全是有意为之,是为了达到他心中某种重要的战略目的。所以,公平地说,对待老友决绝,相信他心里也是有苦楚的。但是,对于一个创业者、一个干大事的人来说,妇人之仁是要不得的,关键时刻就得决绝一些才行——相信至少在张勇心里,他一定是这么想的。

平心而论，尽管张勇的用意是好的，但想法与做法是错误的。他钻进了死胡同，因为他把初心与强大的团队这两个本应相容的事物彻底对立起来了。

初心是好东西，真的没必要切割。

连一国之君都可以放下架子，深入群众中微服私访，甚至与群众称兄道弟，一个团队的领袖为何就做不到这一点呢？难道说与团队成员保持一种家人的关系、哥们儿的关系，就一定会破坏团队的规矩，削弱领袖的权威，让团队步入歧途吗？

这种逻辑显然是非常可笑的，这种担心也纯属多余。事实恰恰相反，**团队的强大会让每一个团队成员（尤其是那些老资格的成员）心生一种成就感和责任感，而这种责任感会倒逼成员主动自觉地维护团队的权威与规矩。在这种情况下，团队领袖越是"不变"，越是加倍地呵护"初心"，就越会给团队成员带来一种强大的安全感和归属感，而这种安全感会进一步刺激成员自觉自发地维护团队以及团队领袖的权威。这本是一种水乳交融、互为因果的关系。反之，如果你打破了这种关系，强行切割"初心"，那就等于强行去除成员心中的安全感与归属感，这样的做法只能让你的团队越来越涣散、越来越离心离德，而不会越发团结、越发强大。**

"好人"做"坏事"，必有内因！

当然，不能否认的一个事实是，确实会有个别团队成员，尤其是老资格的成员在团队强大以后居功自傲，自以为身份特殊而无视团队的规矩和领袖的权威。对于这样的成员，当然可以适当地运用规矩予以处罚或规范，以儆效尤。即便如此，这种情况也不能作为切割初心的理由。因为这是两码事，我们决不能干这种因噎废食的蠢事。

就拿张勇和杨滨的例子来说，显然，如果杨滨因为自己是公司元老而自我膨胀，无视公司的制度与张勇的权威，张勇当然可以采取冷处理的方式冷却一

领导的"初心"与"变心"

下对方发热的头脑，或者干脆拿出家法，打击一下他的嚣张气焰。但如果杨滨不是这样的人，他只是希望找回那个当年学校里的死党和创业路上相濡以沫、同甘共苦的伙伴的话，张勇所表现出的冷漠便是极具杀伤力的，会彻底浇灭一颗火热的心，极大地伤害杨滨的献身精神和工作动机。

其实，杨滨的需求并不难满足。即便张勇由于公务缠身而不能像从前那样与杨滨朝夕相处、相濡以沫，只要他愿意偶尔与这位忠心耿耿的老臣在路边摊喝喝酒，聊聊那些难忘的旧时光——如果做不到，哪怕偶尔在走廊相遇时，对这位老战友说一句暖心的话：放心吧哥们儿，在我心里，你永远是那个二十年前的死党！——那么，杨滨的感受又会是什么样的？他又会做出什么样的行动来回应这种感受？相信不用我说，大家也能猜得出来。

所以，"时位移人""工作忙，没时间""咱们是正规军了，不能再像以往那般随便"之类的说辞，都是无聊的借口。如果你想要一个强大的团队，一定要反其道而行之才行。

那位说了：你说得轻巧！如果一个团队越来越大、越来越上规模，维持初心哪是那么容易的事情啊！这需要大量的时间和精力！而管理的目的是什么？定规矩、定制度的目的是什么？不就是因为团队领袖没有那么多时间与精力，才需要规矩、制度这些东西来代替他们管理吗？

不得不说，这样的一种认知方式极大地混淆了制度、规矩与初心的关系。

没人否定制度与规矩的重要性，但这些东西绝不会也绝不应该妨碍初心的维系与传承。

这件事应该从两个方面来理解。

第一，初心的维系不一定需要付出大量的时间与精力。

当然，如果有条件的话，尽量多地付出时间与精力固然更好，但如果条件不允许，这样的付出并不一定是不可或缺的。

正如我在前面所说，对于杨滨这样的资深团队成员来讲，与老板（曾经一同在泥地里摸爬滚打过的哥们儿）天天见面、天天在一起这件事本身并不重要，他们要的其实只是老板递给自己的一根烟，倒给自己的一杯酒或一杯茶，说给自己的一句暖心的话而已。也就是说，他们其实并不奢望能够像从前那样与你黏在一起，也压根儿用不着你耗费大量的时间与精力去应付他们的情感，他们只是希望能从一些你偶尔流露出来的蛛丝马迹中再一次确认你的那颗初心。只要他们成功地确认了，也就彻底放心了，从此就可以说服自己心无旁骛地为你两肋插刀、驰骋沙场了。

就这么简单。

第二，对规矩与权威的粗暴践踏不一定意味着藐视规矩与权威。

其实，话又说回来，即便杨滨这样的老成员如张勇所想象的那样，在团队逐渐壮大、步入正轨之后开始表现得目中无人，随意践踏团队的规矩，无视团队领袖的权威，也并不表示这些老成员的人格特质发生蜕变，开始走向"堕落"了。

这样的放肆表现与堕落很有可能是两码事，需要我们认真区别。

实际上，当我们能换位思考，站在对方的角度感受事物时，我们就会很容易得到另一种完全不同的答案：**有时候，一些老资格的团队成员之所以会在团队领袖面前表现得十分放肆，并不是因为他们不想尊重团队规矩和领袖的权威，而是因为他们想通过这种办法试探一下团队领袖的初心是不是还在，是不是已经"变心"了。** 也就是说，他们并不反对团队的规矩和领袖的权威，只是万分害怕领袖变心，因此只能出此下策进行试探。只要能试探出"没变心"这个结果，他们是非常愿意好好地尊重团队规矩与领袖权威的。毕竟这个团队能有今天的模样，也有他们自己的一份功劳与苦劳，是他们自己付出心血和劳动的成果，他们自己也对此深有成就感，并不想破坏这种成果与成就感。但是，如果他们的试探结果是"变了心"，那么他们宁愿破罐破摔，通过无视甚至践踏团队的规矩和领袖的权威来表达自己的失望之情。这个时候，如果你不是因势利导地予以安抚，而是采取强行打压、杀无赦的策略，那么只有两个结果等着你：或者，他们会暂时忍住满腔的失望与怒气，迫于你的淫威，在你的高压下不情不愿地为你工作（这种情况下的工作状态，显然是不可能有效率的）；又或者，他们会实在不堪忍受心中的郁闷与愤懑，不惜与你撕破脸，彻底离你而去。

"法"不容"情"？未必！

说到这里，想起了我曾亲身经历的一个案例。

有这样一对兄弟，哥哥比弟弟年长近十岁，兄弟俩各自倾其所有合办了一家公司。刚开始创业的时候，兄弟俩可谓肝胆相照、相互扶持，共同历尽千辛万苦，终于把公司带入正轨。可是，在公司好不容易上了台阶，从此一马平川的当口，弟弟突然一反常态，开始处处与哥哥作对，无视公司的规矩和哥哥的领导权威，搞出一大堆事端，令哥哥头痛不已。当时，公司的日常管理事务已经交给哥哥从外边花重金请来的一位管理高手负责，这位高人也被弟弟的为所欲为搞得焦头烂额，不止一次地劝说哥哥痛下决心，将弟弟从公司清除出去。但是，一来骨肉相残令哥哥实在于心不忍，二来弟弟的股份与势力在公司里举足轻重，一旦彻底闹翻，恐怕会引发大的动荡，让公司承受不起，所以哥哥一再犹豫，迟迟下不了狠手。于是这位管理高手万分失望，不止一次地威胁哥哥："我与你弟弟之间只能留下一个，有他没我，有我没他！"

这位哥哥郁闷至极，眼巴巴地看着局势恶化而没有回天之力，搞得他寝食难安，不得不经常借酒浇愁，万分担心历尽千辛万苦打下的基业就这样一点点地付诸东流。一个偶然的机会，他找到了我，向我诉说了心中的苦闷。乍听之下，这似乎是一个典型的"家族企业综合征"发作的案例，可是仔细分析事情的来龙去脉，发现问题远远没有那么简单。

原来，公司步入正轨之后，为了立规矩、树权威，这位哥哥一反常态，开始对弟弟实行冷血铁腕政策。比如说，以前公司里的大事小情都是兄弟俩一起商量着来，可后来公司的所有大事都是哥哥自己拿主意，不再征求弟弟的意见，顶多是做完决策之后作为一个结果"通知"一下弟弟而已；以前兄弟俩天天见面，可后来弟弟一个月也见不到哥哥一面，想见面的时候还得通过哥哥的秘书预约；以前兄弟俩私下见面还可以直呼其名，可后来即便是在私人场合，哥哥也要求弟弟必须称呼其为"某某总"；以前弟弟的财务申请还可以和其他员工的一视同仁，走公司正常手续，可后来弟弟的财务申请被给予了"特殊关照"，无论金额大小，都必须由哥哥亲自审批,否则别想从公司拿走一分钱；更有甚者，同样的工作失误，弟弟所受的处罚一定比别的同事更重……

尤为要命的是，在那位管理高手上任之后，哥哥的这种做法得到了他的大力支持，甚至变本加厉，导致弟弟在公司的地位一落千丈，形同鸡肋。

总之，哥哥为了以身作则，打造正规团队，全面牺牲了弟弟的利益。这种大义灭亲的做法固然可以使他在其他团队成员心中树立威信，却深深地伤了弟弟的心。他认为，哥哥已经不是自己从前熟悉的那个可敬可爱的哥哥，在地位高升之后完全变了心，成了一个陌生人。这让弟弟非常郁闷，也非常气愤。他曾不止一次地要求与哥哥见面，希望能与他好好谈谈，但总是被他以这样那样的借口回绝或故意岔开话题。终于有一天，弟弟忍不住了，他决定报复。

在掌握了事情的来龙去脉之后，我耐心地向这位哥哥做了解释，仔细地帮他分析了一下弟弟的心路历程。

我告诉他："其实你的弟弟心地还是很善良的。你们做了这么多年的兄弟，对这一点，你应该心知肚明。他之所以现在会发生这么大的变化，肯定是因为心里受了极大的委屈。所以，如果你想找回从前的弟弟，就必须让他找回从前的哥哥。"

这位哥哥感到很不解："我承认我对他这样做，就是想消除'兄弟'这层关系，至少在公司里，我觉得这样做没有错。公司员工又不傻，他们都在盯着我们两兄弟，对我们兄弟之间的事情特别敏感。但凡我有一点点关照我弟弟的地方，就会引起公司员工的极大反感。即便暂时碍着我们兄弟的面子不表现出来，员工心里也会有这种反感，而这种反感迟早会在工作中表现出来。这样做不是自断生路吗？"

我笑了:"谁也没让你特殊关照你弟弟啊!现在的问题是,你确实'特殊关照'他了,只不过这种'关照'是一种虐待,对你弟弟太不公平了。你起码要做到一碗水端平不是?换句话说,你不是想立规矩吗?那就得严格按照规矩办事啊!你这样对待你弟弟,本身不就是一种破坏规矩的行为吗?"

他不服气地说:"你这么说不对。正因为他是我弟弟,所以我越虐待他,不就越有利于我立规矩吗?"

我耐心地解释:"没错,是这样。我懂你的意思,你的意思就是大义灭亲。一般来说,大义灭亲确实有利于立规矩,但大义灭亲这个概念不能乱理解。什么叫大义灭亲?就是'王子犯法,与庶民同罪'的意思。也就是说,只要让你的弟弟和其他员工遵守同样的规矩,享受同样的待遇,承担同样的责任,不搞任何特殊化的事,就已经算是大义灭亲了。而你现在的做法就是矫枉过正,等于亲手违背了自己定的规矩。其实,这件事可以倒过来想一下,从某种意义上说,'让弟弟和别人一样'比'让弟弟不如别人'更有利于强化规矩的客观性与权威性。因为这样的做法能让你的规矩完全脱离个人情感或情绪的影响,成为一种不折不扣的铁律,更容易使员工产生敬畏感,难道不是这样吗?如果一种规矩可以因为某种人际关系的存在而发生变化,那这种规矩还有什么意义呢?这本身不就是一种特殊化吗?不就是王子犯法,却与庶民不同罪吗?别忘了,在中国,除了'大义灭亲'之外,还有'举贤不避亲'这样的说法,意思就是说,甭管亲不亲,这些都不重要,客观、公正、真实,这些东西才真正重要。你说是不是这样?"

他沉默了,显然我话里的某些东西触动了他。

我继续加码:"你太不懂弟弟的心了。其实他的想法很简单,就是想确认你是不是变心了,是不是因为地位的变化而自我膨胀、目中无人了。如果你能给他吃一颗定心丸,让他明白你其实和从前一样,没有任何改变,那你的弟弟就能放心了,他自然会主动自觉地帮着你维护公司的权威和你个人的威信。你想啊,你们的公司能有今天,也有他的不少心血啊,他怎么舍得把这家公司搞砸呢?"

顿了一下，我话锋一转："听说你弟弟好几次想找你好好聊聊，都被你回绝了，是吗？"

"是啊，我是故意这么做的。因为我知道他想和我聊什么，而我不想给他可乘之机，就是要彻底断了他搞特殊的念想。"

"你这样想就错了。你怎么知道你弟弟想和你谈心就是为了给自己搞特殊化呢？这种想法也太武断了。你的弟弟想找你谈心，无非是想解开心中的谜团，想重新确认一下你们的关系，让自己重获安全感而已。所以，你完全可以接受他的请求，好好和他聊一次，彻底把事情放在桌面上谈一谈，捅破这层窗户纸。你可以开诚布公地跟你弟弟说：'我们的关系一点都没变，我们还是从前的好兄弟。只不过因为现在公司已经步入正轨，希望你能接受现实，按照公司的规矩行事。'相信只要你能摊开了说，你的弟弟一定会照做的，绝不可能像现在这样处处给你小鞋穿。就这么简单。之所以现在问题会变得这么复杂，完全是因为你自己太多心，是你自己一手造成的。"

他又沉默了。最后，他终于接受了我的规劝，决定回去和弟弟好好谈一次。

后面的事情，不用我说，相信大家也能轻易猜出来。

所以，很多时候，资深员工的不满与愤懑都不是冲着你的规矩与权威去的，而是冲着在规矩与权威的表象下被偷偷切割的初心（或至少是某种试图这样做的企图心）去的。一般来说，这都是一个天大的误会，而且这种误会的后果往往会很严重，轻则可以毁掉多年的兄弟情，重则可以毁掉好端端的事业和团队。好消息是，捅破这层窗户纸真的不难，只需要你想通个中的奥秘，并在生活与工作中付出一点点努力即可；坏消息是，绝大多数人都太死性抑或中毒太深，往往意识不到甚至不愿意意识到个中奥秘，非要铁了心地和人性死磕，铁了心地要建立一个空中楼阁一般的坑爹"团队"，哪怕磕得头破血流也决不回头。真是"呜呼哀哉团队梦，灰飞烟灭团伙情"啊！

其实，还有一个超经典案例能够雄辩地证明这一点，亦即初心与团队制度和领袖权威之间非但没有丝毫矛盾，还可以高度兼容，彼此促进。

这个案例中的团队，就是本书中多次出现的刘备集团。

众所周知，**与曹操集团的"适者生存"相比，刘备集团自始至终都是依靠"兄弟情"来维系的**。自从桃园结义一个响头磕下去，刘、关、张三人就成了"不求同年同月同日生，但求同年同月同日死"的异姓兄弟。尤为难能可贵的是，无论是落魄的草寇时期，还是辉煌的帝王时代，三人的关系从未有过丝毫变化，关、张二人也从未试图逾越大哥定下的规矩，践踏大哥的领袖声威。恰恰相反，此二人终其一生都是刘备的忠实追随者和坚定的拥护者，没有此二人的忠心耿耿和卓越功勋，刘备的霸业几乎没有成功的可能。对于这一现象，许多人都习惯于用"封建年代，中国人的价值观与现代人不同"做解释，而我却有不同的见解。我认为，正是因为刘备自始至终都能保持创业时的那颗初心（浓浓的兄弟情），给所有团队成员吃了一颗神奇的定心丸，才会让他们心甘情愿地为自己征战沙场，虽死无憾。反之，我们可以大胆地假设一下，如果当初刘备为了尽快摆脱"草寇"的坏名声，建立一支更有面子的"正规军"而对关、张二人转变态度，开始刻意疏远、冷落二人，甚至在二人面前端架子、摆臭脸，又会发生什么呢？大家不妨好好想一想。

所以说，**"哥们儿义气"并不总是代表着"不正规""不体面"，只要能去粗取精地善用它，完全可以让它"正规""体面"起来，甚至让它成为你创建一家百年老店的镇店之宝。**

当初心成为一种基因

最后，还有一点不得不提。

初心的传递其实也可以制度化（也就是所谓的"固化"），并不一定是一个看不见摸不着、虚无缥缈的东西。

一个团队中完全有可能形成一根情感传递的链条，将初心固化并永续传承下去。

所谓"物以类聚，人以群分"，任何一种团队文化都是不折不扣的"头头文化"。这就意味着有什么样的头头，就有什么样的下属；头头怎样做，下属就会怎样做，甚至有过之而无不及——头头热心，下属比头头还热心；头头冷血，下属比头头还冷血。所以，**如果头头能够做到珍视初心，他的下属就会这样做，他的下属的下属也会这样做……这样一层层地传递下去，初心就能成为整个团队的共识。**当大家都能自觉自发地维护初心的时候，任何人都甭想破坏这样一根情感的链条——你的团队里会满溢着初心，满溢着人情味；你的团队成员会无比团结，跟打了鸡血似的为你卖命。

你想，那时候的团队得有多强大、多牛×！

可见，万变不离其宗。只要你能建立起一种强大的初心文化，任何管理方面的高深学问和独门绝技都会变得苍白无力。因为你已经拥有了一个天下无敌的团队，任何所谓的高端知识与技巧对你而言都已经不再有锦上添花的效果，而且在很大程度上无异于狗尾续貂。

当然，情感链条的制度化有许多具体的操作方法，比如马云颇为推崇的"政委制"就是其中之一。这是一个过于庞杂的话题，我们将在其他文章中详细阐述，这里就一笔带过了。

总之，初心是个好东西。只要能够重新找回初心，那么别说团队领袖没有时间和精力，即便他远离人世、驾鹤西去，也照样能够神威不减，影响许许多多的人，并通过这许许多多的人去影响更多的人。如此这般一代一代传下去，你的团队就能成为一个千年团队！

这不就是刘备团队的秘诀吗？

小 结：

"哥们儿义气"并不总是代表着"不正规""不体面"，只要能去粗取精地善用它，完全可以让它"正规""体面"起来，甚至让它成为你创建一家百年老店的镇店之宝。

第二部分
PART TWO

文化制胜
——为团队注入强大的遗传基因

- ★ 第九章　无所不在的"文化"——"没文化"与"乱文化"也是一种团队文化
- ★ 第十章　让制度为初心服务
- ★ 第十一章　"情感"与"制度"——从"水火不容"到"水乳交融"
- ★ 第十二章　规模扩张之道——"以多打少"与"以逸待劳"
- ★ 第十三章　个性与共性——从"物以类聚"到"海纳百川"
- ★ 第十四章　江山易改，禀性难移？
- ★ 第十五章　团队文化建设的"五星级音乐厅"理论
- ★ 第十六章　强大团队的永恒课题——"机器性"与"人性"的PK
- ★ 第十七章　没有"私生活"的团队不是好团队

三流团队人管人，二流团队制度管人，一流团队文化管人。

这是一个大家公认的管理学常识。

对于"团队文化"这个概念，想必现在的管理者一定不会陌生。无论你走进哪家企业、哪个团队，相信你都会频繁地从团队领导者和团队成员的口中听到这个名词。但是，"熟悉"不等于"清楚"，相信每一个管理者都会承认这样一个尴尬的事实：在管理学的词典中，恐怕再也找不出一个比"团队文化"这个词更让人耳熟能详却又更令人一头雾水的词了。更为尴尬的是，现如今越来越多的人开始认可文化对于团队的重要性，开始赞同"文化管人是管理的最高境界"这句话，道理大家都懂，可问题是：这"团队文化"到底是个什么东西，又如何才能得到它呢？

每一个团队都在摸索，但真正在实践过程中参透"团队文化"真意的案例少之又少。绝大多数团队都是凭着某些模糊的感觉进行一些似是而非的尝试，结果却往往令人失望。在中国，真正达到了"文化管人"境界的企业和团队凤毛麟角，绝大部分团队还停留在"土法拉车""抽一鞭子走一步""进两步退三步"的相对原始的状态。

所以，如何正确理解并切实建立起一种真正可靠、真正具有建设性与生命力的团队文化，就成为每一个团队必须认真面对的根本性问题。

其实，团队文化就跟遗传基因一样，是一个可以辨识的东西。既然可以辨识，就一定可以被选择、被创造，乃至被复制、被传承。

在这里，就让我们一起做一下尝试，大胆地从全新的角度去重新解构一次"团队文化"的概念，从而让我们能够更为明晰且更为轻松地把握住"团队文化"的核心要素，进而找到团队文化建设的明确方向。与此同时，通过这样一种有意义的尝试，我们的团队管理者能够初步掌握一系列建设高绩效团队文化的原则、程序与技巧，培养一定的实操能力，让"团队文化"从一句空洞的口号扎扎实实地变成我们手中能够操控自如的管理工具。

第九章

无所不在的"文化"
——"没文化"与"乱文化"也是一种团队文化

如果把团队比喻成一个人,那么文化就是这个人的个性。而个性这玩意儿既可以有意识地培养与磨炼,也可以在无意识中自然而然地形成。

一个简单的问题:什么是团队文化?

按照教科书上的解释,就是一个团队的价值观、信念、仪式、符号、处事方式等诸如此类的东西。

不过,这样的解释过于复杂、过于专业了一些,我们还可以用一个更简单的名词形容团队文化,说白了,**它是一种"气味",是可以用鼻子嗅出来的**。马云就曾经说过,他有一种特异功能,无论走进哪个团队,他几乎第一时间就能嗅出这个团队的文化来。

当然,说这种本事是"特异功能"也许仅仅是马云的一句玩笑话,因为事实上,每一个人都有这种功能,只是绝大部分人都没有意识到罢了。

举几个小例子。

你们家小区大门口的两侧有两家超市。一家超市的入口处总是凌乱不堪:地上流着脏水,摆满了各种纸箱子,到处都是烟头、纸屑,以及各种被脚印和脏水弄脏了的宣传单。而另一家超市的入口则完全是不同的光景:一尘不染的红砖地,引人注目的宣传招牌,没准儿门口还站着两个笑容可掬的圣诞老人……你说,这两家超市有没有企业文化?是什么样的文化?这样的文化体现得是否鲜明?

可见,在你还没有走进这两家超市之前,你已经用你的感觉器官(鼻子和眼睛）嗅（看）出了它们的文化。

这仅仅是一个开始，让我们再往后面看。

你走进其中一家超市，想买一瓶某品牌的洗发水。由于这种品牌比较稀有，你不敢确定这家超市是否有货，于是你来到问询服务台想咨询一下，却发现问询台里的两位店员正热火朝天地聊着天，似乎完全无暇搭理你。你会有什么感觉？又或者，当你走进另一家超市，遇到相同的问题时，问询台里的店员满面笑容、不厌其烦地帮助你，为你提供了最贴心的服务。你又会有什么感觉？

让我们再往下假设。

你在第一家超市的店员那里碰了一鼻子灰，于是只好自己到货架上去找这种洗发水。可你发现，这家超市的货架和商品摆放得毫无章法，既没有标识牌，也没有标价签，让你完全找不着北，像无头苍蝇一样在杂乱无章的货架中间乱蹿。尤为要命的是，举目四望，在你视野所及之处，你完全看不到一位现场服务人员的身影，这让你万分沮丧。刚好这时一位穿着制服的店员模样的人从你身边经过，你就像看见一根救命稻草一般抓住他，急切地向他询问商品信息，他的答复却是冷冰冰的几句话："不好意思，洗漱用品不归我管，我是其他部门的人，你还是问一下别人吧。"你会做何感想？又或者，假设此时你身处另一家超市，当你来到货架区时，你发现所有的货架和商品都摆放得井井有条、整齐美观，所有的标识牌与标价签也都充实完备，全无死角。不仅如此，你还发现无论你身处货架区的哪一个角落，总能在你的视野范围内看到至少一名服务人员的身影，而所有这些服务人员都有求必应，绝不推诿，即便是自己不熟悉的商品信息，也会通过同事间的沟通，第一时间给你一个满意的答复。你又会有什么感触？

好了，现在可以下结论了：团队文化真的没有那么玄妙，它就是一种空气、一种感觉，每一个人都可以第一时间用鼻子嗅出来，或者用皮肤感知出来。

不过，从另一个方面来说，团队文化又确实是一个很玄妙的东西。因为不同的气味包含着不同的内涵，而这些内涵里面往往大有文章，有许多相互关联、互为因果的东西包含在这种气味里。

当我们看到一家店门口脏乱不堪的时候，我们几乎已经可以做下面的一系列想象了：首先，这家店的员工肯定比较邋遢，一个个不修边幅，基本上不可能有光彩照人的一面；其次，这家店的员工不会太敬业，工资不会太高，劳动条件不会太好，对公司和老板一定充满了抱怨；再次，这家店的工作效率肯定不会太高，一定缺乏章法，没有配合，一切混乱不堪；最后，这家店的员工一定没有激情，士气低落，互相扯皮推诿，每一个人的心里都在盘算着下一次跳槽的目的地。

当然，还有两点一定跑不掉：第一，这家店的老板一定是一位不折不扣的土豪，属于那种拥有一百万身家就敢拿八十万出来买一辆奔驰，请朋友吃饭回回都要点两桌鲍鱼、龙虾——一桌吃掉、另一桌倒掉——的主儿；第二，这家店的业绩，一定可想而知。

所谓"窥一斑而见全豹"，说的就是这种事。文化，就是这个"一斑"，而后面的一系列推理，就是这个"全豹"。但是，必须承认，以上的推理过于简单了一些，也过于想当然了一些，现实世界中的情况一定比这样的逻辑推理要复杂得多，层次也要丰富、立体得多。在现实生活中，美好与猥琐很有可能同时存在。

还拿上面那两家超市的例子来说，恐怕真实的情况更类似于这样一种情景：门口脏乱差的超市，其员工未必邋遢，也未必会对顾客的服务要求表现得漫不经心；门口一尘不染、整洁有序的超市，其员工未必光鲜靓丽，在顾客面前也不一定表现得笑容可掬，服务质量无可挑剔。同理，员工邋遢的超市老板未必猥琐，甚至仪表堂堂，有一腔远大的抱负也不无可能；员工光鲜靓丽的超市老板也很有可能胸无大志，在企业管理方面毫无见地，基本上没有什么大出息。管理得井井有条的超市由于种种原因，业绩未必会很好；管理得一塌糊涂的超市一旦走了狗屎运，业绩也未必会很差……

总之，现实是复杂的，会表现出更多的层次感以及更立体的结构关系。但是这也不打紧，所谓万变不离其宗，任何一种复杂的结构都有其内在的客观规律。说白了，这就是一种善与恶的排列组合而已——好的东西越多，加法效应就越明显，最后呈现出的正能量就越强；反之，坏的东西越多，减法效应就越明显，最后呈现出的负能量就越强。

所以，对一个团队来说，即便做不到完美，只要能竭尽全力地增加自己的加分项，减少自己的减分项，就一定能无限接近自己心目中团队文化的终极理想状态。

"没文化"是最可怕的文化

也许有人会说：既然团队文化这么麻烦，那干脆就不讲什么劳什子文化了，一切顺其自然，该怎样就怎样，日子不还是照样过？照样不耽误团队的建设。

这种看法很有代表性，基本上九成以上的团队管理者都是这么想，也是这么做的。这就是一种典型的"靠天吃饭""随大溜"的思维方式。别看很多管理者整天把"文化"二字挂在嘴边，其实他们心里对如何打造团队文化这码事一点谱都没有，就是一种"摸着石头过河，随遇而安"的心态。

不过，也许出乎所有人的意料，文化这种东西其实无处不在，无论你是有心还是无意，你每一天都在打造着某种文化。**不夸张地说，"没文化"也是一种文化，"乱文化"也是一种文化，更要命的是，这样的文化未必不强势。一旦你的团队形成了这样的文化，往往非常顽固，极难改变。尤其是考虑到这种文化是在无意识或下意识中形成的，这样的文化便更可怕。**因为既然你没有意识，你便很难找到文化的成因，自然就对改善这种文化无从下手，一筹莫展。

举个例子。如果一家超市的员工没意识到环境卫生的重要性，那么即便你定出无数规章制度，也很有可能治标不治本；如果一家超市的货架摆放得凌乱不堪，那么无论你纠正多少回，都会很快重回原形；如果一家超市的员工缺乏协调配合精神和良好的工作效率，那么就算你把世界级的管理大师请来，也很有可能一筹莫展……

所以说，如果把团队比喻成一个人，那么文化就是这个人的个性。而个性这玩意儿既可以有意识地培养与磨炼，也可以在无意识中自然而然地形成。俗话说"江山易改，禀性难移"，如果说改变一个人的个性是一件比登天还难的事，那么改变一个团队的文化则更是难上加难。

因此，**无论你是否情愿，也无论文化这东西有多么难对付，你都必须知难而进，尽可能地在团队建设的早期便开始着手大力推进文化建设事宜，这样做才有机会达到一劳永逸的效果。**

"走心"是件一本万利的事

当然，如果因为长期疏于这项工作的推进而让你的团队沾染上了某种极难纠正的劣质文化，也没必要灰心丧气，彻底放弃。只要不再拖延，从现在开始开动脑筋想办法，事情未必没有转机。从某种意义上说，你的团队就跟你的子女一样，从孩提时代起就能得到很好的教育固然是一件无比幸运的事，即便他误入歧途，养成了一身的坏毛病，恐怕毅然决然地断绝与他的亲子关系也是一个下下策。所谓"浪子回头金不换"，只要你不抛弃、不放弃，想尽一切办法帮助他改邪归正，这一段特殊的历程一定会激励他成为一个更为出类拔萃的人才。

子女如此，团队亦如此。关键是要有爱，要走心。就像每一对父母都是从手足无措、一头雾水的状态开始履行自己为人父母的责任一样，团队管理者在文化建设过程中遇到一些迷茫也很正常，迷茫越多，挫折与苦恼越多，走出迷茫时的团队就越强大。而之所以绝大多数团队管理者对自己的团队没有信心，缺乏耐心，动辄便报以破罐破摔、听天由命的心态，还是因为他们的内心深处对自己的团队缺乏爱，做不到走心——"反正做不下去了还能跳槽"。但是，一个真正把团队视为自己子女一般的人是不会有这种心态的。没错，团队是可以常换常新，但子女能够更换吗？

所以，**既然我们可以把团队比喻成一个人，把团队文化比喻成人的个性，**

团队文化也是
"江山易改,禀性难移"的。

那么很显然，只有每一个团队成员，尤其是团队领袖拥有了正确的个性，即真正把团队当成自己的家、自己的子女，一种强大的文化才能应运而生。

必须承认，在我们这个越来越物质化、越来越快餐化、越来越急功近利的浮躁社会里，"走心"二字几乎已经成了一句死语。但是，只要团队是人的组合，只要人心是肉长的，那么任何一个成功的人、任何一个成功的团队，都不能不走心。

其实，现代人也太过死性，大大低估了走心的力量。走心这玩意儿看似呆板缓慢，不乏风险且成本高昂，其实是一件一本万利的事情。

记得小时候曾经听过一首台湾著名音乐人侯德健写的歌，叫作《三十以后才明白》，其中有句歌词非常耐人寻味："谁也赢不了和时间的比赛，谁也输不掉曾经付出过的爱。"

这句话的意思是说：**即便你用了心，也未必会在短时间内得到相应的结果；可是，只要你用了心，你付出的每一分心血一定会在某个时间点——哪怕是你已经心灰意冷、意兴阑珊的时间点——给你一个丰厚的回报。**

做人如此，管理团队亦如此。

小结：

　　对一个团队来说，即便做不到完美，只要能竭尽全力地增加自己的加分项，减少自己的减分项，也一定能无限接近自己心目中团队文化的终极理想状态。

第十章

让制度为初心服务

那些不招人待见的、似乎只有"团伙"才有的劣质要素,其实绝大部分"团队"也有,并不是"团伙"的专利。

上文提到,团队文化建设的一个要害问题是一定要有"**提前意识**"。

因为文化建设与小孩子的教育是一个道理,从小教育好,小孩子长大后就不会走歪路;从小教育不好,长大后再纠正就是一件比登天还难的事。

同理,就像家长必须为孩子提前做好人生的教育规划一样,团队领袖也要为自己的团队提前擘画好文化建设的每一个环节。这就是所谓的"**顶层设计原则**"。

那么,如何才能为自己的团队文化做好顶层设计呢?

这个问题的答案既复杂又简单。说白了,就是要处理好制度与初心的关系。

我们知道,任何一个团队都是由团伙进化而来的,就像任何一支正规军都是由杂牌军进化而来的一样。那么,**如果说团队或正规军的核心价值观是制度,那么团伙与杂牌军的核心价值观就是初心。所以,团伙向团队的进化过程,从本质上讲就是初心与制度相互对立、相互融合乃至相互升华的过程。**

所以,为了让初心与制度相得益彰、相互升华而不是相互对立、相互抵消,我们就有必要对有关概念做一次彻底剖析,彻底萃取出其中的核心要素,并对这些核心要素有效地加以利用。

解剖"初心"

下面就让我们分析一下"初心"到底有哪些核心要素。

让我们一起回忆一下，在我们所熟悉的"团伙"当中，都有哪些东西令我们印象深刻：强大的激情与工作动机；不计较个人得失，无私而忘我的工作状态；相同或相似的个性，志同道合或臭味相投的爱好；极其鲜明而具体的奋斗目标；极富个人魅力的团伙头头；各怀绝技的团伙成员；心有灵犀的默契感；有福同享、有难同当的团伙氛围；平等而和谐的人际关系……

让我们看看这要素在管理学中都意味着什么。

★强大的激情与工作动机（只要能扬眉吐气，飞上枝头变凤凰，各个都做"高富帅"，加班加点又算什么呢？！就算让哥们儿熬通宵也坚决奉陪到底！）——旺盛的士气。

★不计较个人得失，无私而忘我的工作状态（咳，都是自己的弟兄、自己的事业，吃点小亏算什么！）——强烈的主人翁责任感。

★相同或相似的个性，志同道合或臭味相投的爱好（要不是哥儿几个都喜欢这个行当，怎么能走到一起来呢？）——共同的价值观。

★极其鲜明而具体的奋斗目标（只要能当"高富帅"，跟着老大吃香的喝辣的，这辈子就算彻底押这儿了！）——强大而明确的目标。

★极富个人魅力的团伙头头（只要老大发话，哥儿几个就算上刀山下火海也在所不惜！）——卓越的领导力。

★各怀绝技的团伙成员（咱这儿的人谁身上没点儿绝活？！哪个拿出去单练都决不输人！）——高素质的员工，强大的荣誉感、优越感、自负感和团伙归属感。

★心有灵犀的默契感（信不信由你，只要弟兄们给我一个眼神，哥们儿就知道他们想要什么！）——高效率的协作配合。

★有福同享、有难同当的团伙氛围（咱这儿只要一个人碗里有肉，就决不让任何一个兄弟喝汤！）——公平给力的分配和激励机制。

★平等而和谐的人际关系（咱们这儿只有"兄弟"，没有那些高低贵贱！）——良好的人际关系和工作氛围。

……

相信看到这里，你一定会感到有点眼熟。没错，这不就是一个"团队"最完美的理想状态吗？既然如此，为什么又有这么多团队领袖对拥有这些优秀遗传基因的"团伙"讳莫如深，非要铁了心地与其划清界限呢？

想必这里面另有奥秘。

没大没小没规矩

那么，接下来就让我们一起来想一下，"团伙"的核心要素中到底有哪些是令人不待见的东西：没大没小没规矩；小富即满，缺乏进取心；不爱学习，素质低下；拉帮结伙不服管，居功自傲搞特殊……

相信只要我们肯开动脑筋好好想想，这份清单还会无限拉长。但这些要素当中，到底有哪些才是真正重要的决定性要素呢？

在做出结论之前，我们不妨先分析一下这些要素在管理学中所具有的意义。

★没大没小没规矩（哥们儿可是"开国元勋"，凭什么不能每天睡到自然醒，凭什么不能开和老板同级别的豪车？！）——没有纪律性和大局观，缺乏制度约束力。

★小富即满，缺乏进取心（哥们儿从前天天住窝棚，现如今房子、车子、娘子一个不缺，还有什么可不满的？）——工作动机与激情的丧失，奋斗目标的缺失。

★不爱学习，素质低下（哥们儿现在混得挺好，而且又不想进大学当教授，学那些劳什子有什么用？）——员工素质提升的瓶颈效应。

★拉帮结伙不服管，居功自傲搞特殊（那孙子凭什么向我发号施令？老子跟着大哥打天下的时候，那孙子还没出校门呢！）——缺乏领导权威意识，没

有纪律性。

……

也许，正是这些属于"团伙"的劣质要素让老板们动了杀心，非要铁了心地将所有"团伙要素"斩尽杀绝，一门心思地想升级换代，建立一个和"团伙"截然不同的"团队"。

不过，一路分析到这里，相信你可能已经开始觉得有什么地方不太对劲。没错，所有这些"团伙"有的劣质要素，似乎绝大部分"团队"也有，并不是"团伙"的专利。

比如，小富即满，缺乏进取心，难道团队就不会这样吗？不爱学习，素质低下，又有几个团队没有这毛病？拉帮结伙不服管，居功自傲搞特殊，这种情况在团队中少见吗？

所以，算来算去，尽管嘴上说得漂亮，但是在老板们的内心深处，他们真正想从"团伙"中竭力切割的，似乎只剩下了一样东西，那就是"没大没小没规矩"。

这个问题很有意思，让我们仔细分析一下。

从表面上看，"没大没小没规矩"涉及的似乎是一个面子问题，即做老大的会这么想：现如今我已然牛×到这种程度了，当然所有人都得给我面子。这是对个人价值以及个人成就的一种"被肯定"的欲望，本身无可厚非，但是往深里想想，问题就没这么简单了，这里面其实牵扯了一个更为本质的问题，即"如何处理公私关系"，也就是如何处理"公事操作与成员感情投入的关系"。因为从本质上来说，即便是"团伙"，也非常忌讳"没大没小没规矩"的现象，因为这种风气会极大地妨碍团伙的执行力和竞争力。可这个东西是一把双刃剑，确实很难处理。正因为团伙成员对老大没戒心，或发自内心地认为自己和老大是平等的，所以才能把老大的事（公事）当成自己的事（私事）去办，也才能在公事操作中倾注自己全部的心力。但是，也正因如此，团伙成员对老大的事（公事）所表现出来的私人感情也会有反作用，即"公私混淆"，对公事缺乏必要的严肃性和责任感，高兴时可以为你两肋插刀，不高兴了就会彻底给你撂挑子。

这是一个令老大们极为头痛的大问题，因为这种现象的存在会令老大们的事业充满不确定性和不可预期性，所以就逼得老大们不得不痛下决心，对这种"不正之风"痛下杀手。不过，这里面有一个很矛盾的现象，那就是老大们在痛下杀手的时候，往往不会意识到这样做的副作用——规矩虽然建立起来了，但成员对老大的事（公事）所投入的私人感情也被抹杀殆尽。这真是一个极其讽刺的场面：本来"规矩"这玩意儿应该成为大家的主心骨，让大家心里更踏实才对，可事实刚好相反，规矩的诞生恰恰抽掉了长期以来支撑大家的主心骨，让大家一下子失去了重心，迷失了方向，再也没有了往日的生机和活力。

这可是一件令天下老大万分郁闷的事情。

一个神奇的按钮

所以，如果可能，相信老大们每一个人都会有这样的愿望：最好的结果就是，手里能有一个神奇的按钮，可以随心所欲地支配与调整团队成员私人感情投入的方向和力度——对老大的事（公事）有利的，要大投特投；对老大的事不利的，一定要适可而止。

这听起来好像是天方夜谭，但只要操作得当、进退有据，未必不会变成现实，或至少最大限度地接近这一目标。

下面就让我们来探讨一下具体的操作方法。

显然，要想达到这个目标，就要最大限度地兴利除弊，将"团伙"的劣质要素从"团队"中清除出去，而将它的好的要素在"团队"中尽量完整地保留下来，甚至不断发扬光大。同时，即便是好的要素，也会有"可变要素"与"不可变要素"之分。比方说，"强大的工作动机与敬业精神""默契的协作""公平有效的分配与激励机制"等，这些东西都是不可变的，必须原封不动地保留；而"员工素质""人员构成""团队目标""做事方式"其至"团队性质"等都是可变的,应该也可以与时俱进。

具体操作方面有这样一些要点:

要点一:正确处理"初心"与"制度建设"的关系。

要点二:正确处理"初心"与"团队规模"的关系。

要点三:正确处理"初心"与团队成员个性多元化的关系。

从下一章开始,我们将一一针对这些要点进行详细的论述。

小结:

制度与初心未必"注定"对立,完全可以融合在一起。

第十一章

"情感"与"制度"
——从"水火不容"到"水乳交融"

对于团队管理者而言,他们需要改变的往往不是方法,而是态度。

让我们先从第一个要点说起。

毋庸置疑的一个事实是,在团伙向团队升级换代的过程中,最容易发生激烈碰撞的就是"初心"与"制度"。老板们全身心拥抱的是后者,而员工们无论如何也割舍不下的是前者。所以,只要能把这两者之间的关系彻底理顺,让它们从"水火不容"变成"水乳交融",那么老板们就能成功地打通一条贯穿团队与员工之心的通衢大道。

那么,如何才能处理好"初心"与"制度建设"的关系呢?

这里面有两个要点:

第一,制度建设必须为"不可变要素"保驾护航。

第二,制度建设必须为"可变要素"提供充足的发展空间。

具体操作要领如下。

两个基本原则:

一、组织架构原则。

建立专门负责团队文化建设的垂直领导机构。

我们的军队到底使用了什么样的魔法,能够让所有的军人发自内心地拥护,乃至一丝不苟地执行军队里的那些近乎严苛的制度呢?

原因有很多,最主要的还是部队特殊的组织架构,也就是我们耳熟能详的"政治委员制度"。

通俗点说，团长和连长是管业务、管打仗的，政委和指导员是管思想、管婆婆妈妈和吃喝拉撒的。千万不要小看这个"婆婆妈妈和吃喝拉撒"，它对军队的战斗力来说可谓无比重要，甚至在某种程度上，说它比打仗本身更重要也不为过。只要思想通了，吃喝拉撒有保障了，这仗想打不赢都难。

都说"加强纪律性，革命无不胜"，其实从某种意义上来讲，这句话也有"思想通，百事通"的意思。

相信说到军队，大家都会有这样一个有意思的直觉：连长是招人恨、让人怕的主儿，更像严父；而指导员是让人爱、招人想的主儿，更像慈母。所以，部队中才会有所谓"军中之母"的说法。

军旅剧《士兵突击》里有这么一个场面令人忍俊不禁："千年老末"白铁军终于要"被转业"了，这让他大为悲痛，在为他们这些转业军人专门举办的欢送宴会上禁不住流下了热泪。这时，七连长和指导员同时来到现场，白铁军冲着七连长深情地喊了一声"连长"，平时不苟言笑的连长面带微笑地冲他张开了双臂。白铁军立刻冲了上去，拥抱的却是连长身后的指导员。

从这么一个小桥段中可以看出来，尽管白铁军服管，也为身为钢七连的一员深感自豪，可他还是对连长的霸道、不近人情和时不时流露出来的冷酷深感不满，终于在最后关头通过这样一个小小的肢体语言"报复"了连长一把。

可见，制度严苛、冷酷没有关系，只要你有一个强大而专业的"洗脑团队"，那么就算是让你的团队成员把钉了当饭咽进肚子里，他们也会心甘情愿。

无独有偶，从前的老国企里也有这样一个强大的"洗脑团队"，这个团队由两部分构成，一曰"书记"，二曰"工会"。

记得二十世纪九十年代初我刚离开学校、踏入社会的时候，进的是一家国营工厂。那时厂里有两个头头，一个是厂长，另一个就是书记——这个职位后来因为"以政代企"的恶名以及"政企分开"的时代潮流的兴起而被淘汰掉了。但是，"书记"一职的存在确实在很大程度上缓和了尖锐对立的劳资关系，关于"书记"的这一历史功绩不能被抹杀。

同理，工会的存在也很重要。记得那时我们这些"体制内的员工"一听到

管理团队的本质就是管理团队中的人。

"工会"这两个字,脑子里一定会立时涌现出一大堆美好的字眼——公费旅游、免费电影、一场又一场的晚会和舞会,一箱又一箱免费发放的苹果、带鱼、食用油……甚至,说出来不怕你不信,我人生中交的第一个女朋友,就是当时厂里的工会主席介绍的。尽管后来我们没能喜结良缘,但那家工厂的恩情我一直没齿难忘。这么些年来,我换过无数家公司,它们中的绝大多数在我的脑海里已经没有留下什么印象了,无论是这些公司对于我,还是我对于这些公司而言,都无非是"客栈"与"过客"的关系。唯独那家国营工厂,我一直难以忘怀。现在想来,似乎只有对那家工厂,我曾经产生过朦朦胧胧的"家"的感觉,一直到今天,这种感觉都是那样令人怀念、令人神往。

只有一个遗憾:如果我再晚走两年,我就能从那家工厂分到一套房子。(多年后,我才意识到我犯了一个多么愚蠢的错误!)而这样的事情,也许再等上一万年,也不会在中国大地上发生了……

所以,在团队里构建"政委制"或"工会制"这样的制度,对为团队成员洗脑的工作而言绝对是一剂良药,基本上可以说一试就灵。当然,"分房子"就不必了。不过除了房子,员工的思想和吃喝拉撒一定要切实地管起来。**既然你想让员工以公司为家,那么就一定要为他们做一些只有"家人"才会做的事。**

其实,话又说回来,有些东西并不需要你花费很大的成本,只要你能用心,并让你的团队成员真切地感受到这一点,就一定能收到奇效。这是一件一本万利甚至是无本万利的好事,关键就看你是否能想明白个中的道理。

二、情感诉求原则。

具体地说,就是建立与团队成员情感诉求相关联的强制性内部制度。

遗憾的是,长期以来,与员工的情感诉求直接相关的制度建设是一个被绝大多数企业和团队严重轻视的管理领域。这一环节的缺失,等于从根本上抽掉了团队文化建设的筋脉,让任何一种与"文化"二字相关的管理制度与措施都显得苍白无力、形同虚设。

这是一个显而易见的逻辑:**管理团队,其本质就是管理团队中的人;而管**

理人，就是管理人性，管理人的情感。欠缺了情感管理这个环节，你的管理就会成为无本之木、无源之水。

赢不了"情感"，就不可能有真正的"双赢"

经常听到团队管理者高喊"团队与成员双赢"的口号，但真正能够实现双赢的团队，抑或真正发自内心相信双赢的团队成员又有多少呢？恐怕连喊口号的人自己心里都会发虚。连自己都不信，又如何能让自己的团队成员信服呢？

所以，狠抓情感管理，是所有团队领袖刻不容缓的使命与任务。

操作方法也很简单，就是制定细则并纳入公司的考核体系，实行真正的问责制。

举例来说，几乎所有的企业与团队都会制定"客户满意度"方面的制度与考核标准，却很少有人能做到眼光向内，真正在"员工满意度"方面下功夫。这个环节无论如何要补上。

对团队管理者进行"员工满意度"方面的考核时，一定要注意掌握几个基本原则：

第一，教育为主，惩罚为辅。

一般来说，有人气的管理者不一定会做事；与此同时，会做事的管理者却未必有人气。这样的案例屡见不鲜。所以，既然诉诸的是团队成员的"情感"，那么在具体操作过程中就一定要尽量回避"情感"以外的要素，不能随意扩大打击面。

比方说，许多铁腕管理者行事雷厉风行，甚至有时显得有点冷酷无情。这样的行事方式往往会很有效率，却未必会得人心，而长期不得人心必然会引来效率慢性下滑的风险。在这种情况下，全盘否定管理者的行事方式显然是不妥的，但全盘肯定亦有风险。真正正确的做法应该是这样的：在尽量保证管理者的行事方式不做大的调整的情况下，通过增加与团队成员的情感沟通来软化乃至化解他们心中的抵触情绪。即便做不到"化敌为友",起码也要做到"不树敌";即便做不到"赞成",起码也要做到"不反对"。只有这样,才能最大限度地降低执行成本,提升执行效率,并让这种行事方式更具可持续性。

所以,归根结底这是一个教育问题,而不是惩罚问题。**要让团队管理者知道,他们需要改变的,往往不是方法,而是态度。**

实事求是地说,许多所谓的铁腕管理者并不是没有时间与精力去和自己的团队成员进行情感方面的沟通,而是发自内心地认为没有必要这样做。他们觉得"公事公办"是一件自然而然的事情,没有那么多废话要讲。又或者,他们认为所谓"职业经理人精神"是每一个社会人最起码的自我认知与自我定位,如果连这一点都做不到,就干脆不要出来混了。

这种逻辑看似十分正确,实际上荒谬无比。道理很简单:**你不可能一方面要求你的团队成员"以公司为家""把公司的事当成自己的事",另一方面又对团队成员的私人情感不管不顾,极力切割,一厢情愿地要求他们去做一个不食人间烟火、没有七情六欲的"职业经理人"(即只为公,不为私)。**这是一种典型的逻辑混乱,连事物起码的因果关系都没有搞清楚。这种逻辑有点类似于"你的钱就是我的钱,我的钱也是我的钱",好事全让你占了,坏事都属于我一个人,天下的法律都是给我一个人定的,与你没有一毛钱关系。所谓"强盗逻辑",所谓"滑天下之大稽",估计说的就是这种事。

总之,我们可以一句话说死,**管理的最高境界一定不是"公事公办",而恰恰是"公事私办"——只要每一个团队成员都能把集体的事当成个人的事去办,都能把老板交办的事当成女朋友或未来的丈母娘交办的事去办,那这个团队一定会天下无敌。**

第二,不偏听偏信。

在对情感诉求考核的过程与结果进行监督与问责的时候,还要切记一点,就是不要偏听偏信。

这非常重要。只要做事,就一定会得罪人。而如果只要得罪人,就必然会受到惩罚,那天底下就不会再有人愿意为你做事了。

要知道，**情感与情绪是两码事。团队管理要尽量诉诸情感，尽可能地排斥情绪**。因为情绪一旦掺和进来，任何一种管理都会变成一团乱麻，很难彻底解开。归根结底，问题还是在于缺乏沟通。团队成员的许多看似情绪化的反应，其实都可以通过最基本的沟通轻松化解。所以说，这还是一个教育问题，一定要教育我们的团队管理者正视沟通的必要性与重要性，并掌握相应的沟通方法。

不过话又说回来，**许多团队管理者之所以会如此忽视与成员的情感沟通，是因为他们发自内心地认为沟通是一件很麻烦的事情，可他们恰恰忘记了一点：不沟通更麻烦。如果仔细算一算，还是沟通的麻烦最少，成本最低。**

在这方面，我本人是有深刻教训的。

我曾经在一家颇具规模的汽贸公司任管理副总。那家公司的总务室主任小曹是个85后，人很老实，工作能力也很强，上任之后帮助公司解决了许多后勤方面的老大难的问题，得到了公司领导与员工的普遍认可。可后来我发现他与自己手下的关系很僵，曾经有一段时间，整天都有人到我这里告状，投诉他独断专行，不体恤民意。由于这些人把事情描绘得合情合理，似乎没有什么明显的漏洞，所以我便照单全收，把所有的罪过算到小曹头上，没少训斥或在经济方面制裁他。这样过了一段时间，关于小曹的投诉确实减少了许多，但我也沮丧地发现，他的工作热情似乎急剧下降，基本上是抽一鞭子走一步，再也见不到从前那种跃跃欲试、生龙活虎的模样了。

我有了一些自责的感觉，便找了一个机会与他做了一次长谈。他也很爽快，似乎对这样的沟通机会已经期待许久，毫无顾忌地说出了心中的矛盾。原来，他也不想对自己的手下那么凶，那么不近人情，毕竟是自己部门的人，"人和"的重要性他还是知道的。问题是，总务室的这些员工，比如说食堂大师傅、保安大哥、保洁大姐，这些人都是一些没什么文化、"素质较低"（小曹本人的认识）的农民工，经常你说一句，他有八句在那儿等着，根本就不服管。总务室的工作往往又是那种比较脏、比较辛苦的工作，所以如果天天赔笑脸，许多工作根本无法推进，他们就得拿鞭子抽着赶着才能给你干活。而我却站在小曹的对立面，天天为这些农民工大哥和大姐撑腰，这让他觉得很委屈，也很无助，于是只好选择无为而治、明哲保身的做法，图一个"不立功，也不挨骂"的结果。

听了他的倾诉，我由衷地感到惭愧，于是便诚挚地向他道歉："非常对不起，我承认自己犯了一个错误，在处理事情的时候有些偏听偏信，没有很好地考虑你的立场和你的感受，削弱了你的威信和自信，不但没能给你帮上忙，反而给你开展工作添了乱。这是我的坏毛病，今后一定注意。"

然后我话锋一转，继续说道："不过你也不能总是戴着有色眼镜看人，你怎么就知道人家农民工的素质一定会'比较差'呢？你自己不也是农村长大的吗？难不成一跳出'农门'，成了城里人，就看不起自己的老乡了？"

小曹撇了撇嘴，不服气地说："领导，我知道您是什么意思，您是说我对农民工有偏见。坦白地说，尽管我自己也是乡下人，但我确实对乡下人有偏见，觉得他们的素质很差。比方说吧，城里人都以为乡下人纯朴，其实乡下人心眼才多呢！你给他一毛钱，他就给你干一毛钱的活，一分钱的活都不多干，甚至有时候还给你偷懒，让你防不胜防！这还不算完，只要有一丝一毫的机会，他们就会给你讲条件、要待遇，能多捞一分是一分，眼里绝对不揉沙子！我算彻底见识了，如今这乡下人也掉进钱眼里了，肚子里的花花肠子比城里人还多，算得比城里人还精！和他们打交道，你得长八百个心眼。您说，对付这些人，我能和颜悦色得起来吗？！"

我沉思了一会儿，耐心地对小曹解释："你说的这种情况我也见识过一些，但这个问题得一分为二地看。首先，你不能一竿子打翻一船人。乡下人也是普通人，和城里人没什么两样，他们既有好的一面，也有坏的一面。既然你要用人家，那最起码的尊重一定要有。问题可以指出来，不过有色眼镜必须摘掉，素质差就是素质差，素质好就是素质好，和是不是乡下人没关系。"

顿了一下，我继续说道："另外，我们也必须站在人家的立场上想想。为什么这些农民工会有这么多心眼，会表现得如此斤斤计较，甚至有时候显得有点'狡猾'呢？说白了，就是因为他们属于弱势群体，这辈子吃的亏实在是太多了，所以他们必须比城里人多长几个心眼，脑子多转几道弯，才能保住自己的利益，保护自己不被别人欺负。你如今已经是一个彻头彻尾的城里人了，基本上不会再遇到乡下人容易受到的那些歧视和欺负,当然不容易理解他们的感受,只要做一下简单的换位思考,其实他们心里的那点事并不难弄明白。"

小曹似乎有些动容,也似乎依然有些不甘心:"我承认您说的有些道理,可我们这里毕竟不是慈善机构啊!我关心的是他们能不能做事,而不是他们的出身和心里的想法。"

我笑了,略带几分调侃地说道:"谁也没让你开慈善机构啊!即便有这个想法,也得拜托给老板去做,咱们这些当差的既没这个能力,也没这个义务。咱们当然得做事,也没人不让你做事,只不过多了解一些人家的心思,既有利于感情和谐,也有利于激励他们把事情做好。这样,我提一个建议,你不妨经常性地找他们谈谈心,设身处地地站在他们的立场上,对他们多说一些贴心的话。我觉得,乡下人归根结底还是比较纯朴的,只要能遇见真正的贴心人,他们一定会为你掏肝掏肺、两肋插刀的!"

小曹叹了一口气,说:"唉,领导,我看您是太天真了。您把这些人想得太单纯了。你要当他们的贴心人,他们唯一会做的就是蹬鼻子上脸,向你诉苦,要求提高待遇。这种机会他们是绝不会轻易放过的。您以为我没找他们谈过啊?说出来不怕您不信,我都找他们谈过八百回心了!谁愿意一开始就当绷脸的啊?这不是因为给好脸实在不见效,迫不得已才把脸绷起来的嘛!"

我认真地回道:"我相信你说的是实话,可我也能想象出来你和人家谈话时的心态。如果你总是下意识地给自己戴上有色眼镜,那即便你摆出一副'和蔼'的姿态,人家也会感到某种敌意,会不由自主地和你对着干、拧着劲。所以,不妨这样,你多找找私底下的机会,比如说一起出去吃个便饭什么的,尽量不谈工作,多谈谈你小时候在村里的事,也听听他们在家乡和城里遇到的事,和他们套套近乎、拉拉感情,这样就能减少他们心中的敌意,让他们对你不设防,发自内心地把你当自己人,甚至当亲人。真要那样的话,还怕他们不会积极踊跃地给你做事?!"

小曹不作声了,两只眼睛直愣愣地盯着地面,若有所思。

我笑着问道:"如果我没猜错,你找人家谈话,地点都是在办公室吧?而且一脸的严肃，张口闭口都是公事、官腔？"

小曹嘴里嘟囔着："谁说的，我请他们吃了好几回饭呢！"

"那是一起请的，还是单独请的？"

"都是一个部门的同事，当然是一起请。"

"呵呵，你倒挺有效率！"我揶揄了一把小曹，继续说道，"我觉得一起请的效果不如单独请。你想啊，大家都在，就很难不说场面话和不伤和气的话。其实这种饭局本质上和开会无异，得不到什么真实的信息，也没人会掏心窝子说真话。毕竟那么多人在场，就算有一肚子的话也得憋回去不是？"

最终，小曹听从了我的建议，开始尝试着找机会与手下做一对一的沟通。我也积极配合，自那天之后高挂"回避牌"，再也没有单独接见过任何一个"上访者"。这样过了几个月，情况终于有了明显的改观——再也没有投诉的人，小曹也重新找回了久违的工作激情。

我和小曹都从那次的经历中受到了教育：一是，不能偏听偏信、想当然；二是，一定要重视沟通，而且是心与心的沟通；三是，**沟通不利是因为你压根儿就不相信沟通的威力，只要你发自内心地相信它，一般来说沟通的力量都绝对不可小觑，甚至在很多情况下可以说一试就灵。**

第三，不矫枉过正。

从上述案例中，我们还可以总结出一条经验，那就是不要矫枉过正。"为民做主""体恤民意"固然重要，但是切忌在具体操作过程中发力过猛，使民意过分膨胀、过于强势。要知道，**"杀官济民"的危害往往要比"杀民济官"的危害更大**，那将会导致无政府主义的局面，让所有的团队管理者在自己的员工面前威严扫地，成为过街老鼠，再也无法好好为你做事。所以，群众路线虽然是个好东西，可也是一把双刃剑，使用过头就会适得其反。这一点需要我们高度注意。

从本质上来说，这其实还是一个分寸拿捏的问题，最好的处理方法是：要确保团队管理者在团队成员面前的相对强势（注意，这里指的不是态度的强势，而是影响力与执行力的强势），而且越是基层管理者就越应该具有这样的强势。

与此同时，越需要强势的管理者，就越要重视团队内部的沟通工作，通过强有力的沟通环节来化解强势的副作用。总之，**强势与平等并不矛盾，用不着把它们对立起来。我们完全可以做到一边利用强势确保执行，一边利用沟通确保平等。**

就拿上面的那个案例来说，对于小曹手下的人遇到问题不找他本人沟通，而是直接越级找到我这里投诉这件事，我的正确反应应该是这样的：为了了解第一手资料，必须接受员工的投诉，但不能火冒三丈，过于轻率地追究小曹的责任，为他的手下出头撑腰，一定要稳住阵脚，尽量沉淀一下。一旦掌握了事情的全貌，就要立刻高挂"回避牌"，拒绝基层员工的越级投诉（千万不能让他们养成习惯，形成惯性），同时鼓励他们与自己的上司直接沟通，并在一旁监督、协助这样的沟通过程。这样反复操作几次，一般来说都会收到良好的效果。

总之，**干部可以强势，但要受监督、被控制；群众可以弱势，但要受尊重、被保护。群众是基础，干部是脊梁，要想搞好一个团队，这两个群体哪个都得罪不得。搞好干群关系就像走钢丝，一定要精通某种微妙的平衡术，要做到收放自如、进退有据，否则一旦有失偏颇，一个趔趄就能摔散整个团队。**

"海底捞"的撒手锏

在团队情感诉求管理体制建设方面，还有一个经典案例不得不提，这就是海底捞的"宿舍长制度"。

所谓"宿舍长"，说白了就是一群来自农村的大妈大姐，她们专门负责员工宿舍的管理工作。这项工作可谓无所不包：这些大妈大姐不但负责卫生清洁、拆洗缝补之类的一般家务工作，还会在你熟睡时为你掖好被角，在你生病时为你买药熬汤，在你烦恼时陪你聊天解闷，在你沮丧时为你打气加油……众所周知，海底捞的一线员工都是些来自贫困山区的孩子，他们中的绝大多数人走出大山迈向城市的第一个落脚处就是海底捞。对于这些小小年纪便背井离乡，孤身一人来到外面的世界为生计打拼的苦孩子而言,"宿舍长"这一角色几乎与"妈妈"无异,是他们心灵的依靠、干劲的源泉。据说,许多孩子在结束一整天漫长的工作回到宿舍时,总会下意识地呼唤宿舍长的名字,那种感觉就像小时候放学回家后总会第一时间高喊"妈,你在哪儿?我回来了!"一样。试想,如果一个团队里有这样一种角色安排,能够让团队成员对其的依恋程度不亚于对母亲的依恋程度,那么何愁团队成员不以团队为家呢?

关于海底捞的宿舍长,黄铁鹰老师在他的经典畅销书《海底捞你学不会》中,详细描述了这样一个感人肺腑、催人泪下的故事。

这是 2009 年 1 月,海底捞上海一店的一位员工亲口讲述的故事:

> 倪阿姨和另一位阿姨负责我们店的三套宿舍。倪阿姨的工作非常繁重,(可)她从没怨言。不论我们回来多晚,她每天总是当夜把我们换下的工作服洗干净,第二天再给我们叠得整整齐齐。每当深夜员工下班时,她总是给大家煮好热腾腾的面条;员工生病的时候,她总是亲自送饭。宿舍里喝的纯净水,她总是骑三轮车,几大桶几大桶地从店里亲自拉回。她用一个淳朴农村母亲的心,关怀着我们上海一店的员工。不管新员工还是老员工,大家都管她叫"倪娘",因为她把员工当做自己的孩子来疼爱。员工小陈永远忘不了一幕,那是个炎热的大夏天,倪娘骑着单车,车后挂着两个水桶,胸前还抱着一个。她看到小陈一个人在路上走,怕她找不到宿舍,停下来非要带她一起走。像小陈一样,很多在上海一店上过班的员工转到其他店后,一回来总会去看倪娘。大家敬她爱她,不仅因为她照顾员工的生活,还因为她会开导员工,教他们做人的道理。倪娘很苦,家里穷,唯一的女儿不在身边,丈夫跟她离异二十年。之前,倪娘身体并没有什么异常,只是近两个月开始咳嗽,大家几经劝说,她才同意去大医院检查。拍完片子,医院下了重症通知书。倪娘看周围人的眼睛都红红的,知道自己得的是重病。她以前舍不得海底捞这个家,不愿意回自己四川的老家,这次终于同意回简阳了。她唯一的遗憾是:"到明年 4 月,我就能拿到在海底捞服务

十年的金元宝奖了。"

确诊的第二天，在工会主席和女儿的陪同下，倪娘告别了上海海底捞的员工们，坐上了回四川的火车（医生不允许坐飞机）。火车到成都时，公司联系好的救护车早已在站台等候。与此同时，公司代表把一枚奖励员工工作十五年以上的金元宝送到倪娘手上。

11月3日，倪娘告别了人世。海底捞负担了倪娘的安葬费用。很多海底捞的员工听到这个消息都哭了，但同时也为倪娘感到欣慰，因为倪娘有了另一个家。她把爱给了别人，让海底捞的员工们在他乡找到了这个家。

我全文引述这个动人的故事，是为了淋漓尽致地向大家展示什么叫作"水乳交融"，什么才是最精湛、最精彩的情感诉求管理。如果管理能达到这样的境界，那么管理本身也就不再重要了。因为当一切都变成自觉自发的时候，管理本身就会变成鸡肋。也许这就是文化管人的一种极致体现吧！

不夸张地说，在海底捞，至少有一半以上的战斗力来自它的"宿舍长制度"。遗憾的是，这样一种制度在绝大多数团队领袖的眼里，恐怕呈现的是另一种完全不同的样子："宿舍长"这个职务显然是画蛇添足、可有可无，甚至不客气地说，这简直就是一种资源浪费。道理很简单，给员工提供宿舍已经是一种很好的福利了，哪还有必要专门给他们雇一个保姆啊？顶天了，每栋宿舍楼配一个管理员，达到防盗、防扰、防灾的目的就成了（就像现如今绝大多数团队正在做的那样）。至于掖被角、洗衣服、叠工装，以及买药熬汤、迎来送往、聊天解闷这些杂事，员工自己不能干吗？他们是没长手还是没长脚，凭什么那么娇气？为这些杂七杂八的闲事专门设一个职位，雇一大堆人，花一大堆钱，实在是太不值了，完全是钱多了烧的！

这样的逻辑很有代表性，但也很幼稚。

还是让我们用黄铁鹰老师的原话对这种幼稚的逻辑做一个彻底的批判吧：

海底捞像倪娘这样的宿舍长们，用行动让这群背井离乡的人懂得了，有爱才是家，有家就能坚持！尽管背井离乡、工作繁重、地位低下，海底捞的员工与他们的同类人相比仍是幸运的！在讲授海底捞的案例时，每当我提及寝室长（宿舍长）这个职位时，很多同学都会谈及富士康的"十连跳"（原文如此，实际上似乎应为"十四连跳"）。他们说，如果富士康有这个职位，可能就不会发生"连跳"了。其实，一个寝室长的月工资也就一千多元。

小结：
　　管理团队，其本质就是管理团队中的人；而管理人，就是管理人性，管理人的情感。欠缺了情感管理这个环节，你的管理就会成为无本之木、无源之水。

第十二章

规模扩张之道
——"以多打少"与"以逸待劳"

> 扩大规模唯一的前提是找到"对的人"。对的人找不到,宁可不扩张。

我们知道,任何一个团伙向团队进阶的过程当中,都会碰到一个无法回避的课题:如何面对规模的不断扩张。

对一位团队领袖来说,这是一个两难的问题:如果规模不扩大,团队便没有未来;可规模一旦扩大了,团伙的初心便很难继承下来。而没有初心的支撑,任何一种制度都难以持久,难以发挥真正的效力。

所以,这里的关键在于,如何正确处理"初心"与"团队规模"的关系,让团队在不断扩大、不断制度化的过程中尽可能完整地保留初心。

那么,如何才能做到这一点呢?

这里面有两个要点:

第一,团队规模必须与"不可变要素"相匹配。

第二,团队规模必须为"可变要素"提供充足的发展空间。

在具体操作时,需要掌握两个基本原则:

第一,"以多打少"原则——多数人影响少数人。

第二,"以逸待劳"原则——以时间换空间,桃子熟一个摘一个。

首先,让我们来看看什么是"以多打少"。

团队文化有这样一个特点,那就是少数服从多数。无论一个人的个性有多强,身上有多少顽固的毛病,一旦进入某个团队,并赫然发现团队中的所有人都与自己截然不同,那么一般来说,这个人会本能地倾向于改变(或隐藏)自己的个性与毛病，尽可能地向大多数人的个性靠近。**简言之，当人们发觉自己在某种环境中属于少数派时，就会本能地收敛自己，自觉地趋同于多数派。**

这是一个非常简单的心理学原理，形象地揭示了环境对人的强大影响力。

所以，**在团伙向团队进阶的过程中，尽量挑选那些与团伙成员脾气相投、志趣相近的"同路人"就显得格外重要。同路人越多，不同路的那些人就越会身不由己地被他们带进"沟"里，想不与他们同路都难。**

只要你能在团队规模不断扩大的过程中从头至尾坚守这个原则，那么无论你们的团队庞大到什么程度，你们都会永远保持强大的团伙本色。

那位说了：你这叫废话！谁不知道同路人越多越好？！现在的问题是，到哪儿去找这么多同路人！

别急，我知道你的意思。你无非是想说团队规模扩张太快，而"对的人"又太少，根本跟不上团队扩张的速度。

所以，这就牵扯到第二个原则，即"以逸待劳"原则。

从结论上讲，**"对的人"找不到，团队规模宁可不扩张**。"对的人"从哪里来？这样的人一半是找来的，一半是培养出来的。

事实上，只要我们有勇气，我们就必须接受一个令人尴尬的现实：其实每一个团队内部所谓的"找人高手"（即人力资源部门的干部）眼睛都很拙，基本上很难为团队找到真正"对"的人，尽管每一个人嘴上都在吹嘘着自己"阅人无数""识人如神"。不过，公平地说，这不是因为他们是废物，而是因为人性的复杂。所以，"识人"这种事情归根结底与眼力无关（即便偶尔让你看准了，十有八九也是蒙的），只与时间有关。所谓"路遥知马力，日久见人心"就是这个道理。

因此，从某种程度上来说，"找"人是不靠谱的，恐怕更多的时候，对的人要靠你自己"培养"出来。

"以逸待劳"原则说的就是这件事。通俗点说，**无论你找来的人是对的还是错的，抑或半对半错，这些都不打紧。人都是有可塑性的，只要你肯付出心血去培养，就一定能够亲手创造出自己的同路人**。当然，这个过程中一定会有团队的扩张要"因人而动"。

淘汰，但这绝不意味着你的心血付诸东流。恰恰相反，一种痴迷于培养同路人的团队文化，本身就会成为一种巨大的磁性，吸引更多的同路人或潜在同路人投入你们的怀抱。

当然，培养同路人需要时间，大量的时间。因此，团队的扩张急不得，必须按照一定的节奏来。一定要尽量做到"因人而动"，而不能仅仅是"因事而动"。

心急吃不了热豆腐

那位说了：你这样说不靠谱。如今这世界变化如此之快，机会转瞬即逝，哪有那么多时间留给你去慢慢培养对的人，慢慢扩张你的规模！等你把对的人培养出来，恐怕机会早就丢掉八百年了，连后悔药都没地儿买去！

这个说法很靠谱，但也得一分为二地看。

没错，如果你的团队刚刚成立，依然十分弱小，对你们而言，几乎所有的机会都是极其珍贵的资源，绝对不容有失，那么过分拘泥于"水滴石穿"的做法就显得太学究、太保守了。在团队过于单薄弱小、机会过于难得的时候，适当的粗放式发展有时是不可或缺的。一旦团队发展到一定程度，具备了一些资源、体力与抗压力的时候，必要的原地踏步甚至放弃就显得格外重要。否则，后遗症会过于严重，最终会拖垮整个团队，让你多年的心血一夜间付诸东流。

海底捞的掌门人张勇就曾经说过：我开分店的原则是看人。培养出一个合适的店长，我就开一家新店；如果培养不出这样的人，那无论我有多充裕的现金储备，也决不多开一家店。即便因此失掉再多赚钱的机会，我也不在乎、不心疼。

没错，张勇的这番话是有一些"站着说话不腰疼""饱汉不知饿汉饥"的意味——因为他今天有钱了，所以才敢这么说。不过，至少对于张勇以及他的海底捞而言，这句话也可以反过来理解：正因为他敢这么说，更敢这么做，所以他才会如此有钱。

总之，管理与挣钱不矛盾，搞好管理，恰恰是为了挣更多的钱。正因如此，我们有时恰恰要有意识地放慢挣钱的脚步，好好地抓抓管理，以便让我们在挣钱这条路上走得更稳健、更扎实、更长久。

一个台湾人的烦恼

说到这里，我想起了一个亲身经历过的案例。

由于工作关系，我认识了一些经营管理咨询公司和企业内训公司的老板。其中一位来自台湾的年轻老板的故事很有代表性。这位老板姓陈，三十出头，精明干练，尽管年纪轻轻，却已经在大陆闯荡了近十年，已然是一位不折不扣的"大陆通"，平时和大陆人说话时操一口相当标准的京片子，基本上听不到我们熟悉的那种特殊的台湾腔。

陈先生大学毕业后便来到大陆东南沿海一带打拼，基本上各行各业都不同程度地接触过，时间一长，便动了投身管理咨询行业的念头，于是只身北上，来到北京的一家有台资背景的管理咨询公司，干起了企业内训师的工作。

几年后，自觉羽翼丰满并已掌握一定人脉和业务关系资源的陈先生离职单干，成立了自己的企业内训公司。可以想象，离开乘凉多年的大树，独自挑起一桩买卖绝不是那么轻松的事情。公司成立初期，陈先生的日子过得相当艰难，一度到了需要负债维持的程度。好在一同创业的几个大陆哥们儿相当给力，关键时刻对他不离不弃，总算一起熬过了那段最艰苦的日子。

公司成立的第二年，他们赚到了人生的第一桶金——一百三十万元人民币。别说对大陆人，即便是对陈先生这样的普通台湾人而言，这笔钱也绝对称得上是一个天文数字。这个数字极大地振奋了几个小伙伴，他们拼命地招人，拼命地扩大业务，又用了两年多的时间，将这个数字翻了一番。

正在事业看似蒸蒸日上的时候，陈先生突然犯起犹豫，不敢再继续扩大规模了。原来，由于规模扩张的速度太快、势头太猛，越来越多的管理问题呈现出来:许多业务员为了提高业绩,多挣奖金,开始不同程度地忽悠他们的客户,向客户做出许多几乎完全无法兑现的承诺,极大地影响了客户满意度;由于业务扩展太快,许多从社会上仓促招来或请来的培训师个人素质不高,不尽如人意,也极大地败坏了客户的胃口……总之,他们的客户开始流失。尤为要命的是,骨干员工也开始流失,而且他们走的时候还会一并带走更多的骨干员工和客户资源。

陈先生想要停下来,好好地整顿一下公司,却遭到几位大陆创业元老的坚决反对。他们的理由是:第一,这些管理问题并非自己的公司所独有,许多同类型公司,包括那些干得很好的公司,照样存在类似的问题,既然人家可以活得很滋润,我们又有什么必要杞人忧天呢?第二,现在正是公司走上坡路的好时机,只要肯开拓,各种机会便会纷至沓来,放着好好的钱不赚,岂不是有病?第三,确实有的客户流失了,与此同时,新开拓的客户资源更多;同样的道理,确实有员工走掉了,但进来的新员工更多。所谓"旧的不去新的不来",既然要搞企业,就得接受新陈代谢的现实,一路畏首畏尾、故步自封是不可能有大出息的。

总之,这些人振振有词、咄咄逼人,几乎让陈先生只有招架之功,没有还手之力。整顿公司的事情就只好这样搁置下来了。

过了一段时间,意外发生了。陈先生最好的一位朋友,也是最铁的一位创业伙伴居然不告而别,带着几个骨干业务员和一些相对优质的培训师资源另立门户,成立了一家同业公司,与陈先生的公司打擂台。这一突发事件让陈先生吃惊不小,也在很大程度上动摇了公司的军心。由于担心其他几个元老群起效仿,陈先生整天茶不思饭不想,用他本人的话说,"几乎得上了抑郁症"。

一次聊天时,我得知陈先生的情况,便好奇地问道:"那么,那几位元老后来'叛变'了吗?"

"没有。"这是一个令人意外的回答。

"为什么?"我感到很好奇,继续追问。

"因为那个'叛变'的哥们儿后来混得并不好,所以估计把他们几个吓到了吧！"这个回答不算太令人意外。

"那么，为什么那个'叛变'的哥们儿会混得不好呢？他的公司出了什么问题？"尽管是明知故问，我还是想听听陈先生本人的说法。

"咳！还不是那些老问题，和我们公司一样的问题！"陈先生无奈地说，语气中并没有幸灾乐祸的意思。

"呵呵，这我就明白了。所以说，你当初的感觉是对的。扩张太快确实有风险，得不偿失。早该停下来好好整顿一下了！"

"可他们不听我的话啊，老说这么做会影响赚钱！"陈先生的语气里不但有无奈，还多了几分无辜。

"没错，"我耐心地解释，"我们有一种说法，叫作'没见过钱'。许多人穷了一辈子，不知道有钱是啥滋味，所以一旦遇到赚钱的机会，就会表现得特别饥渴，不顾一切。坦率地说，这种心理很正常，不应该被鄙视。但这种心理确实也有弊端，最大的问题就是容易在金钱面前把持不住自己，导致发力过猛，造成丢西瓜捡芝麻的后果。"

"你说得也对，"陈先生沉思了一会儿，点点头附和道，"台湾其实也曾经是这样，大家见了钱都不要命。"

停了一下，似乎觉得有些不妥，他又赶紧补充道："其实现在见了钱也不要命，只不过那股不要命的劲和你们大陆人相比可能就要甘拜下风了。"

话音未落，我们俩全乐了。我大度地说道："没关系，你说得不错，用不着内疚。我们大陆现在就处在这个当口，所以确实有些铜臭气。不过话又说回来，正因为有铜臭气，我们大陆才能发展得这么快，连你们台湾人都要跑到我们这里捞金，难道不是这样吗？"

"是，是，这话没错。"陈先生心服口服地点点头。

"好了，话扯远了，还是回过头来说你们公司的事。"我继续刚才的话题，"所以说'物极必反''欲速则不达'，捞钱的念头太盛，反而捞不到钱。那个'叛变'的哥们儿用自己的实际行动证明了这一点，也教育了你们公司的另外那几位元老。所以，你现在推出那个整顿方案，应该正是时候。

"可是,这意味着他们几个人的收入会降低。吃进嘴里的肉,人家能吐出来吗?"陈先生还是有些将信将疑。

我乐了:"看来你们台湾人是有点死心眼。谁让你从人家嘴里往外抠肉了?不但不能抠,相反还要狠狠地塞,彻底堵住他们的嘴,这样你就可以随心所欲地干你想干的事了。当然,这意味着你个人的利益会受到一些损失。不过,既然你已经参透了'千金散尽还复来'的道理,放这点血应该不在话下吧?"

陈先生依然将信将疑,不过还是答应我试一试。

他大幅度调涨了公司元老以及一些核心员工的待遇,然后大刀阔斧地砍掉了所有不称职的业务员和培训师。与此同时,他还彻底清理了公司的客户资源,将一些无力维持的客户大胆放弃。这样一番折腾之后,公司的经营终于厘清了头绪,开始慢慢步入良性发展的轨道。陈先生也终于摆脱了抑郁的困扰,找回了久违的安眠。

陈先生的经历告诉我们:贪吃是个坏毛病。再好吃的东西,如果吃得过快、过猛、过多,也会导致消化不良,迟早还得给人家原封不动地吐出来。搞坏了胃口不说,还白白给自己添了一大堆恶心。《西游记》中猴哥和八戒偷吃人参果的故事想必大家已然耳熟能详,所以,要想真正品尝到美味的果实,就一定要学猴子,千万不能学猪。

小结:

"识人"这种事情归根结底与眼力无关,只与时间有关。所谓"路遥知马力,日久见人心"就是这个道理。因此,从某种程度上来说,"找"人是不靠谱的,恐怕更多的时候,对的人要靠你自己"培养"出来。

第十三章

个性与共性
——从"物以类聚"到"海纳百川"

共同的价值观固然重要，一定程度上的"异数"也是不可或缺的。

现在，我们再来探讨一下团队成员个性多元化的问题。

注意，我这里所说的"个性"，与一般人所理解的个性的概念有所不同，在很大程度上并不是单指一个人的性格，而是指一个人的价值观。

显然，对一个经典的团伙而言，成员的性格可能各有不同，但价值观绝对是铁板一块，针扎不进，水泼不进，任何一个新成员都只能被它改变，而不可能改变它。这是一个团伙之所以强大的最关键因素。与此同时，这种铁板一块的价值观发展到一定程度后，也很有可能会反过来限制团伙的成长空间，从而使团伙内部的氛围变得压抑沉闷、腐朽不堪。久而久之，团伙便会活力尽失，从内部开始瓦解，终致分崩离析。

团伙尚且如此，团队就更不用说了。

可见，共同的价值观固然重要，但一定程度上的"异数"也是不可或缺的。**不同价值观的适当融入，有时会成为一个团队的活性剂或催化剂，刺激团队发生某种神奇的化学反应，引发一系列革命性的变化，从而促使团队不断地脱胎换骨、升级进阶，不断地获取持续性更强的强大生命力。**

当年毛主席决定扩大发行《参考消息》时说过类似的话：我们的报纸不能只说好的，不说坏的。让老百姓知道一些外国人骂我们的话是非常必要的。这就像种牛痘，把病毒注射到身体里，身体也就有了免疫力。不要怕病毒，只要我们拥有健康强壮的体魄，病毒这种东西就伤害不了我们，它就像牛痘一样，只能让我们的身体更健康、更强壮。

当然，不同的价值观未必就是"病毒"，但它能够像病毒一样，在一个健康的团队中起到活性剂的作用。所以说，毛主席的这番话在今天，在团队管理领域，依然有着极大的借鉴意义。

"同路人"未必同路，反之亦然

下面，我们针对如何处理团队发展壮大过程中的成员个性多元化问题，做一次系统的论述。

两个要点：

要点一：成员个性多元化必须与"不可变要素"相匹配。

要点二：成员个性多元化必须为"可变要素"提供充足的发展空间。

两个基本原则：

一、"海纳百川"原则。

只有真正实现成员个性多元化，才能为团队发展提供无限的想象力与发展空间。

二、"物以类聚"（或称"坚壁清野"）原则。

对于无论如何也不能很好地融入团队文化抑或对团队文化的稳定性造成重大破坏的成员，不论其多么有才，都要坚决剔除，否则后果不堪设想。

这里面主要有两个层次。

首先，成员个性多元化（即价值观的多元化）一定要在成员个性单一化（即价值观的单一化）已经基本定型的基础上才能涉及。

这个道理不难想明白。就拿种牛痘来说，首先这个人的身体得基本健康，你才能给他种牛痘。如果这个人已经浑身都是病毒，处于奄奄一息的状态了，你还愣要给他种牛痘，那只能促使他更早归西，而不可能让他重拾健康。

但是，当一个团队的成员个性单一化已经基本定型之后，一定要审时度势，及早为团队引进多元化的个性，为团队注入崭新的发展和变革基因，以防止团队走向故步自封、腐朽没落。

必须承认，这里面的分寸是极难把握的，稍有不慎就会偏离轨道，乃至走火入魔。

最常见的失败案例有两种：

一、团队成立初期就大力标榜、鼓吹个性多元化。

这种例子屡见不鲜，尤其是近些年，更是达到登峰造极、近乎迷信的程度。现如今许多团队领袖喜欢赶时髦，凡事必提"多元化"，恨不得把自己的公司搞成一个"联合国"才善罢甘休。对他们而言，似乎不这样做就会落后于时代，会丧失无数也许原本并不存在的所谓"战略性机遇"。

我就见过这样一个奇葩老板，他的团队里有中国人、日本人、韩国人、英国人、美国人、爱尔兰人、荷兰人、意大利人……甚至还有来自非洲的黑人。总之，近些年热衷于到中国大陆捞金的"地球村"人士，你基本上都能在他的公司里见到。按照他老人家的说法，这就叫"撷取五大洲之精华，共图大陆土豪之霸业"。

那位说了：这哥们儿是不是一搞外贸公司的主儿啊？

坦白地说，如果是，我也就没有异议了。但这哥们儿还真不是一搞"外向型经济"的主儿，他的公司是不折不扣的本土公司，和国际贸易之类的领域完全不搭界。

后来我慢慢地对他的用心有了一点感觉，对他而言，这种做法最主要的目的似乎并不是"撷取五大洲之精华"，更加不是"图土豪之霸业"，而是"使土豪更有面子"。因为他的"联合国"里完全是一群乌合之众，人员和国籍像走马灯似的换，能干够三五个月的都算是老员工了。可这位老板似乎丝毫不以为意，整天以"联合国总司令"自居，走到哪儿都不忘带上几个金发碧眼的手下，好彰显自己是多么与众不同。

对于这样的老板，我只能双手合十，为他祈祷，真诚地祝福他的"土豪梦"永远别惊醒了。

这个案例尽管有些极端，却也不乏代表性：**在很多情况下，价值观的多元化未必意味着价值观的叠加与累积。恰恰相反，过于多元的价值观往往会使作用互相抵消，最终成为一个硕大的"零"，甚至出现副作用。** 所以，单一而强大的价值观往往才是真正靠谱的价值观，任何多元化的尝试都应该在单一价值观足够强大之后，作为一种有益的营养补充进团队的价值结构里才行。

二、团队已经呈现出一派暮气，却依然对个性多元化讳莫如深。

这又是另外一个极端，而这样的案例在我们身边也并不鲜见，最典型的例子就是大家所熟知的"存在就是合理"。

我曾经见过这样一个老板，尽管他拥有十余家分公司和上千名员工，但是员工的年平均流失率超过了六成，这意味着每一年半这家公司就要来一次彻底的大换血。这还不算完，这十余家分公司的总经理和各部门经理也像走马灯似的换来换去，"在一个上司手下工作满一年"这样的事情对这家公司的员工来说几乎成为一种奢侈。记得前一阵，由于神州大地雾霾严重，有网友发文调侃：地球上最远的距离不是从北极到南极，而是我握着你的手，却看不见你的脸。那家公司的员工从这个桥段中得到灵感，也编了一个段子：世界上最郁闷的事不是缺钱花，而是你圆满完成了上司交办的任务，却挨了上司一顿臭骂——因为此上司已非彼上司。

我不止一次地造访过这家公司。公司给人的总体感觉是死气沉沉、毫无生机，每个员工的眼神都很晦暗，脸上难见笑容。即便公司的气氛已经沉闷到这种地步，老板也丝毫没有改弦更张、为公司注入新鲜血液的念头。他有两句经典的口头禅，其中一句是"道不同不相为谋——我们只找同路人，不同路的尽可以走开"，另一句是"存在就是合理——我们已经存活了这么多年，经历了那么多风浪都没有死掉，这不就说明我们的模式很有生命力吗？"

坦白地说，他的话有一定道理。尽管气氛如此晦暗，员工流失率如此之高，他的公司依然在高速扩张，盈利水平也是屡创新高，至少从表面上看颇有一番蒸蒸日上的气象，丝毫看不出衰落的迹象，也难怪老板会有如此强大的自信了。

不过往深里想想，这位老板的"存在就是合理"的论调就颇有几分危险了。因为这位老板能有今天，完全是大环境使然——行业的整体发展可谓一日千里，几乎所有同类型企业都不愁饭吃；竞争对手的水平也是半斤八两，谁也高不到哪里去。因此，这位老板之所以认为"合理"，完全是因为老天爷赏饭吃，和他的经营管理方法基本上没有什么直接关系。换句话说，一旦有朝一日大环境发生变化——不论是行业发展遇阻，还是真正有实力的竞争对手突然涌现——像这位老板的公司这样的企业其实是最不堪一击的。尤其是考虑到这家公司迅猛的扩张速度，它的前景便更加令人忧心。

不争气的"空降兵"

除了上述两种案例之外，还有一种相当典型的失败案例也不得不提一下，这就是所谓的**"空降兵综合征"**。

说起"空降兵"，相信大家都不会陌生。

一般来说，这件事总摆脱不了虎头蛇尾的结局。为什么会这样呢？这还得先从空降兵的性质说起。所谓"空降兵"，顾名思义就是指"体制外"的人，也就是我所说的"新鲜血液""个性多元化"。

那位说了：这么说来，"空降兵"不错啊。按照你的说法，他能成为团队进化的催化剂，怎么老是以虎头蛇尾收场呢？

不错，至少从理论上来说，"空降兵"是不错。那些青睐"空降兵"的老板，都是具有危机意识的老板。正是因为他们深刻地意识到从铁板一块的团队内部引发变革实在太困难，所以才希望利用"空降兵"这种外部的活性剂给团队带来新的生机。坦白地说，这样的动机无可厚非，甚至值得表扬。

既然如此，为什么"空降"的结果却往往不尽如人意呢？就是因为这些"空降兵"患有急躁病，常常弄错"革命"与"改良"的关系。

简单点儿说，"空降兵"最大的问题就是往往发力过猛、动作过大，从而导致局面的混乱，终致一事无成。

其实，用这样的结论形容"空降兵"，对这一群体而言也确实有些冤枉——

既然老板花这么大代价费劲巴拉地从外面把我请进来,当然是希望我能力挽狂澜,建立功勋,取得立竿见影的效果,所以,大刀阔斧地干,回报老板的知遇之恩本来就是我的本分,这么做又有什么错呢?

坦白地说,这种想法没有错,错就错在具体的做法。

没错,老板是希望你能力挽狂澜,带来某种颠覆性的结果,但一定要注意:这种"颠覆"只能体现在结果上,而不能体现在过程上。如果你把一切过程都颠覆了,却没能带来颠覆性的结果,那么显然老板能做的就只能是"颠覆"你自己了。

所以,**为了最终能够取得革命性的成果,"空降兵"一定不能太心急,不能贸然采取"革命"的手段,而必须使用"改良"的手段。**

那位说了:你这不是自相矛盾吗?既然要改,为什么不一鼓作气、彻头彻尾地改,而要畏畏缩缩、拖泥带水、稀稀拉拉地改呢?另外,"只要革命性的结果,不要革命性的过程"这一点也说不通。过程与结果是互为因果的东西,只要过程是革命性的,结果当然也应该是革命性的。怎么可能好的过程会导致一个坏的结果呢?这样说不符合逻辑啊!

呵呵,别着急,我能理解你的意思,这个事还得从头说起。

一般来说,什么样的东西适合用革命性的方式去颠覆呢?

简单,一个从根上烂掉的、完全不合理的、自始至终就没有任何建设性的坏东西,就需要用革命性的方式去颠覆。

那么,什么样的东西又适合用改良的手段去改进呢?

答:一个相对合理且曾经有过巨大的建设性,但随着时间的推移已经逐渐老化的东西,则需要用改良的手段去改进。

拿中国近现代史举个例子:推翻腐朽透顶的三座大山,中国人民需要在毛主席的带领下闹革命;而改变僵化的经济体制,中国人民则需要在小平同志的领导下搞改革。

这就是区别。同样的道理,用改革的方法去推翻三座大山,抑或用革命的手段去搞改革开放,则中国的事业便不可能获得今天这样的成功,历史将呈现出另外一种完全不同的面貌。

我以前在网络上看过台湾的一个政论性节目，其中两个岛内著名经济学家在谈到中国共产党的十八届三中全会和2014年的经济展望时，都把大陆的经济形容成一个"烂摊子"，主持人听了之后显露出一种很爽的样子。说实话，台湾经济低迷，民众心情郁闷，对祖国大陆多少产生一点"酸葡萄心理"是可以理解的。但是，"烂摊子"这种说法令我很不以为然。什么叫"烂摊子"？从根儿上就腐坏透顶，压根儿就不该存在的东西才叫"烂摊子"。而中国大陆的经济是"烂摊子"吗？显然不是。无论是地产泡沫还是影子银行，无论是国企垄断还是地方债务，这些都不是天生的坏东西，而是不折不扣的好东西。比方说，没有地产泡沫、影子银行、地方债务这些东西，中国这十余年来能发生如此翻天覆地的变化吗？能有如此多的高楼大厦、公路桥梁、高铁飞机吗？同理，没有垄断的国企，中国的高铁修得起来吗？中国的石油企业在非洲的抢油大战中能拼得过欧美的石油大鳄吗？中国的银行在世界金融圈中能有今天这样的发言权吗？

所以说，归根结底，所有这些"烂摊子"曾经都是不折不扣的"好摊子"，是中国经济能有今天这番面貌的大功臣。只不过时过境迁，它们随着时间的推移和大环境的变化渐渐变得不合时宜，所以才有了"改"的必要。这也是为什么十八届三中全会有必要召开的一个根本理由。总之，所有的问题都是发展中的问题，都是发展必然会带来的"副产品"。我们既不能因噎废食，因为有"副产品"便仰天长叹"发展是一个天大的错误，当初不发展就好了"，也不能贪得无厌、异想天开，记吃不记打，只想要发展，却拒不接受发展带来的"副产品"。

国家如此，企业和团队亦如此。

任何一个团队能够发展到今天，它固有的一些要素，比如文化、体制、结构、行事方式与人员素质等，都一定有其可取之处，一定在团队发展的不同阶段对团队起到过巨大的建设性作用。因此，所谓的"既得利益者"就会变得十分强大，这里面不但有团队领袖，也必然会有团队成员。也就是说，尽管所有人都隐隐约约地意识到了"改"的必要，但所有人都不愿意彻底放弃曾经造福过自己的那些老东西。换句话说，对他们而言，"改"这件事是需要冒风险的，如果改不好，还不如维持现状。而且他们的这种诉求也是合理的——兴利除弊是人类的本能，没有人会去做没有好处的事情。这种心理状态实在是天经地义的。所以，**对一个曾经有过巨大的建设性作用，并为团队中的所有人（或至少大多数人）带来过巨大利益的老东西而言，彻底的颠覆是不可取的，只有水滴石穿式的改良才是唯一的王道。**

许多"空降兵"恰恰是在这一点上栽了跟头。他们的心态过于急躁，手法也过于毛糙，所以往往适得其反，让局面变得不可收拾，最终只能逼着老板上演"挥泪斩马谡"的戏码，不断地重复铩羽而归、功败垂成的悲剧。

在"败走麦城"之后，这些"空降兵"往往喜欢抱怨老板"没决心、不配合，朝令夕改、喜怒无常"，殊不知老板也有他们的苦衷——人家只不过手上磨破了一点皮，想让你给伤口上抹点云南白药，而你愣头愣脑地从厨房里拿出一把菜刀，试图剁掉人家的整只手。试问，这样的二愣子郎中谁敢请？

所以说，今天的许多有瑕疵的东西都是昨天的制胜法宝，不容你彻底否定。即便你彻底否定了，拿出了一套全新的东西，几年以后，这些东西依然会变得有瑕疵。如果那时你还是采取彻底否定、从零开始的态度，总是让一切努力从终点回到起点，不断地闹革命、搞颠覆，那你的团队不被你活活折腾死才怪！

总之，**想要真正得到革命性的结果，一定不能推倒重来，而要有破有立，在继承中改进，在改进中继承。只有这样，你的团队才会有真实的积累，才会不断地由量变引发质变，最终获得每一个团队都梦寐以求的持续性发展。**

"改良"的技巧

也许有人会提出这样的疑问：你的理论都对，不过实行起来有难度。你这里强调了三个重点：**一是无论如何要首先确保团队个性单一化的形成；二是在单一化成型的基础上再引进多元化；三是这个过程还要尽量遵循水滴石穿的原则，即通过改良的手法慢慢推进，而不能用革命的手段一步到位。**联系你前面提到过的所谓"以多打少""以逸待劳"的原则，按照你的这些主张去操作的话，这团队个性多元化，也就是你鼓吹的"海纳百川"原则根本就不可能实现！你想啊，你的团队都已经单一化了，而且你还不停地强调"以多打少"，强调"慢慢来"，好不容易引进来充当活性剂的少数"异端分子"还不得被在团队中占据绝对优势的多数派彻底湮没，根本就没有发声或对团队施加任何影响力的机会啊！所以说，这些人即便被引进来了，也迟早会变成炮灰，像那些"空降兵"一样卷铺盖走人！这还算好的，恐怕更悲摧的事情是：这些"异端分子"如果是聪明人，一定会主动随大溜，慢慢地被你的团队同化，彻底混同于一般老百姓，让你从头到尾白忙活一场！

总而言之，你一方面想为团队引进诱发质变的"催化剂"和"活性剂"，可另一方面又制定了一大堆扼杀这些"催化剂"和"活性剂"的所谓的"原则"，这不是自相矛盾吗？

必须承认，这些质疑符合事实，非常靠谱。所以，我必须在这里做一些补充说明。为了避免过快地被排挤或被同化，在为一个相对僵化的团队引进多元化的"异端分子"的时候，一定要注意下面几个操作要领。

第一，"异端分子"的性质一定要明确，特点一定要突出。

你引进的东西与你固有的东西差别越大，就越不容易被同化。《参考消息》这份薄薄的报纸在那些信息封闭的岁月里畅销显然可以理解，但为什么在现如今这种媒体环境空前自由、信息量空前爆发的年代里依然能够鹤立鸡群、屹立不倒呢？

甭管有多少个理由，"**足够与众不同**"这一点的威力与贡献恐怕没有人能够否认。

第二，要尽量在团队领导岗位引进"异端分子"。

还是那句话，在文化建设方面，头头的力量是无穷的。所以，换一个"异端"的头头，比起换一个"异端"的员工，其综合影响力不知道要高出多少倍。当然，不能否认的是，蚂蚁雄兵的力量也往往不能小觑，头头被手下同化也不无可能。总的来说，换一只漂亮的大公鸡比换几个小小的蚁兵更给力，这一点应该是毋庸置疑的。

第三，允许团队内部出现一个或几个"异端分子"特区。

当一个团队的文化足够强大的时候，在团队内部设置一个或几个文化特区完全是可行的。这样的做法既可以确保这些文化特区持续地向团队整体投射影响力，又能够有效地避免自身被团队整体的文化特质同化，是一个一举两得的好办法。

小平同志当年在香港搞"一国两制"，就是这样一个用意。看港回归之后，香港人还能做到"马照跑，舞照跳"，即所谓保持香港的社会制度和生活方式五十年不变，这不仅仅是为了照顾香港人的感受，也有"给内地种牛痘""利用香港影响内地"的意思——在内地的社会制度和生活方式基本保持稳定的前提下，利用香港这个"异端分子"潜移默化地影响内地，以期为内地带来更多的活力，以及更多的量变的积累和改变的机会。这样一路走下来，十几年过去，内地就有一个翻天覆地的大变化。

这步棋，老人家早就看得一清二楚了。

这就是典型的改良，从某种意义上讲，其实也是一种革命，只不过不是惊天动地的革命，而是润物细无声的革命。

说到这里，还想起了一个我亲身经历过的例子。

有这样一位老板，他拥有一家规模相当可观的汽车销售集团公司，旗下代理了十余个国内外的著名汽车品牌。

这位老板是一个不折不扣的"土豪"，他在近二十年前，也就是中国汽车市场真正发力狂飙并震惊世界的前夜就开始涉足这个行业，因此得以最大限度地享受大环境的巨变所带来的时代红利，成功跻身中国第一批汽车大亨的行列。

俗话说"江山易改，禀性难移"，这位老板尽管已经功成名就，确立了自己的江湖地位，可毕竟水平有限，公司的管理混乱不堪。再加上中国的汽车市场已经逐渐成熟，增长率逐年下降，与此同时，竞争者越来越多，大家的日子都不太好过，因此这位老板乱中求变，从外部高薪请来一位"空降兵"，希望能够达到"向管理要效益"的目的，彻底扭转不利的局面。

他将旗下一家代理某德国著名品牌汽车的4S店交给这位"空降兵"打理。之所以这么做，有两个原因：第一，这家店由于经营不善，已经到了被收购的边缘。"空降兵"能干出一点成绩固然好，即便干不出成绩也无所谓，反正这店迟早都要卖掉，不会有什么额外的损失。第二，围绕这家店的并购谈判已经时断时续地进行了一年多，之所以没能最后敲定这笔买卖，主要是因为价格谈不拢，对方嫌要价太高，迟迟不愿出手。所以，如果这位"空降兵"多少能派上一点用场，哪怕将这家店的财务报表弄得稍微好看一点，也会大大有利于这笔生意的谈成。因此，可以说老板对这位"空降兵"还是寄予了一定期望的。

而这位"空降兵"也没有辜负老板的期望，不对，更准确地说应该是远远超出了老板的期望。甫一上任，这位"空降兵"便展露了他犀利的手腕：一举裁掉这家店四分之一的员工，其中包括两个整编部门的所有员工以及这两个部门本身；撤换了几乎所有部门的部门经理，全部换成了自己的人；将九成试驾车和公务用车一律卖掉变现，只保留两辆试驾车兼公务用车供日常使用……这还不算完，他最厉害的一手是将公司制度及企业文化建设和母公司做了最彻底的切割，说得夸张点，就是"母公司有的东西绝对不能有，母公司没有的东西必须有"。总之，这家店成了集团公司中不折不扣的奇葩，每一个来店的顾客都不会相信这家店居然是那家集团公司的分店！

"空降兵"的努力没有白费。不出一年时间，这家店便彻底迎来柳暗花明的局面，不但解决了亏损问题，而且还几乎凭借一己之力完成了集团公司全部盈利的三分之一！

结果可想而知：吃惊不小的老板断然放弃了卖掉这家店的想法，尽管对方爽利地答应了他曾给出的价码，甚至愿意进一步加码。

总之，这是一个非常罕见的"革命成功"的例子。

自那以后，这位老板对那个"空降兵"钟爱有加，几乎有求必应。"空降兵"也巩固了自己的地位，使这家店成为母公司中一个不折不扣的特区。

老板和"空降兵"开始了一段蜜月期：在很长一段时间里，集团公司几乎所有的人员培训都要拉到这位"空降兵"的店里进行；"空降兵"手底下的部门经理任职不满一年，就会被老板挖走去做其他分店的总经理；只要外边来了重要访客，老板总会第一时间亲自开车把贵宾送到"空降兵"的店里观摩学习……尤为重要的是，由于"空降兵"的店属于特区，不归集团公司的财务部门管理，所以这家店的员工待遇出奇得好，平均收入比其他分店的员工高出好几倍。这就带来一个现象：除非有高升的机会，比如说到其他分店任总经理，否则如果是分店间的"平调"，这位员工就会彻底辞职不干；与此同时，这家店成了集团公司所有人眼里的香饽饽，有朝一日能够成为其中的一员，几乎是所有人梦寐以求的理想和职场生涯中唯一的奋斗目标。

这样一幅"理想之邦"的图景，应该是老板做梦都想看到的吧？

如果你这么想，那你就太天真了。

这个故事的结局依然没有脱离俗套：一段时间的蜜月期后，这位"空降兵"以及他的"理想之邦"在集团内部受到越来越多的猜忌、毁谤和打击，按照"空降兵"本人的说法，他"已经被各种明枪暗箭戳成了马蜂窝"。而带头向他"开枪射箭"的，不是别人，正是老板本人。这令他大惑不解——我只不过想为老板保留一片净土和一个可以依靠的根据地，让他无论遇到多大的挫折都可以保有东山再起的机会。我所做的一切都是为了他好，他为什么要这么对我？

可惜，"空降兵"发自内心的呐喊尽管传进了老板的耳朵，却没有传进老板的心。这位"空降兵"在进入公司三年后，终于卷铺盖走人，被踢出了那家公司——当然，老板给了他一点面子，让他事先递交了一份辞呈。

这个结局令人唏嘘不已，却并不让人感到意外。

其实，这位"空降兵"也是钻了牛角尖，居然忘掉了"出头的椽子先烂"这句流传已久的谚语。

坦白地说，我也为这位老板感到可惜，好好的一个特区，就这样毁于一旦。想起来，人有的时候真是一种奇怪的动物，见不得一个东西坏，更见不得一个东西好。当一个东西好到让自己感到不舒服的时候，便非要亲手毁了它，方才善罢甘休。

对了，忘了告诉大家这个故事另一个没能脱俗的结尾：这家店后来还是卖掉了，而且重点在于是按照原来谈好的那个价格卖掉的，在这笔买卖中，这位老板一分钱都没能多挣。

第四，抓反复，反复抓。

不管你做出多少努力，其实从长远来看，"同化"这件事情最终是一定会

发生的。因为无论两样东西有多么不同，也无论这种不同有多么强大和顽固，只要这两样东西朝夕共处，就势必会给彼此带来重大影响，最终走向彼此同化之路。但这没关系，**我们怕的不是同化本身，而是没有任何价值、任何建设性的同化**。反过来说，只要这种同化的过程是有价值的，团队整体在这一同化的过程中充分吸收了"异端分子"的营养，充分展示出了应有的活力，取得了应有的进步，这种同化就是受欢迎的。何况，一个"异端分子"结束了使命，更多新的"异端分子"还会持续不断地冒出来。只要团队领袖和他的成员们有智慧、有眼光、有强大的行动力，就完全能够让这种有益的互动循环永远持续下去，让团队越长越大、越长越高、越长越健壮。

还举香港的例子。近些年，地球人都看到了一个现实：香港和内地越来越同化了。尽管传统优越感的挫伤所带来的反作用力致使现在的香港还有许多抵制同化的杂音，但没有人敢否认这样一个事实与趋势：无论是内地越来越香港化，还是香港越来越内地化，香港与内地同化的脚步只能越来越快，程度只能越来越深。

除非选择移民，否则没有人能够拥有足够的力气和历史潮流掰手腕。

这一点，那位历史老人也早就胸有成竹了。还是在二十世纪八十年代，有人问邓小平："您说对香港的政策五十年不变，那五十年以后呢？五十年以后变不变？"

邓小平乐了："五十年以后更没有变的必要。"

其实，向邓小平提这个问题的人不是对香港没信心，而是对内地没信心。这个人肯定对中国内地抱有极大的成见，认为中国内地一定会继续穷下去，即便过一百年也赶不上香港。所以，"区区"五十年的时间对于他而言不是太长，而是太短了。

相信他的看法一定代表了那个年代香港人的心声。

邓小平的回答也很巧妙，他的潜台词是：我对内地的发展绝对有信心。所以，这个"五十年"不是说给你们香港人听的，而是说给我们内地人听的。这也就意味着，顶多再过五十年，我们就能赶上甚至超过你们香港的发展水平。那个时候，"对香港的政策变抑或不变"这点事对我们内地而言已经不是一个问题了。

甚至不夸张地说，如果那个时候中国内地的生活方式比你们香港还棒，生活水平比你们香港还高的话，估计不让你们变你们都会有意见，会主动自觉地要求变也说不定呢！

今天的内地和香港的关系已经初步呈现出这样一种特点与趋势，老人家的远见卓识实在是令人佩服。

举个最简单的例子，全体国人不妨和我一起等待一件事情的发生，那就是深圳的人均GDP超过香港。按照现时深圳人均GDP两万多美元，香港人均GDP三万多美元来看，快则两年，慢则三年，这一天一定会到来。而且，考虑到深圳和香港在经济发展速度方面的巨大落差，再考虑到人民币和港币的汇率落差，这一天的到来也许会更快。不仅如此，按照目前的趋势发展下去，也许2020年之前，深圳的人均GDP将反超香港一倍。想一想那时的情景，一定会十分有趣。也许那个时候，历史会发生一次决定性的大逆转——深圳与香港之间的关卡将不再是针对内地人而设，而是针对香港人而设。因为"人往高处走"毕竟是人类的本能，这一点一万年都不会改变。

让我们一起期待这一历史性时刻的到来，看看未来到底有什么不一样。无论如何，至少有一点已经是板上钉钉的事了，即中国内地对香港这个"异端分子"的利用过程及效果简直堪称完美：经过十几年的互通有无，双方都被对方所同化，与此同时，并没有在彼此内部引发任何颠覆性的破坏效应，一切都在潜移默化、耳濡目染中发生。香港与内地都给予了对方许多有益的营养，也都给对方带来了更多的刺激与更多的成长，可谓典型的完美风暴、典型的双赢。

这个故事，相信一定会给许多团队带来一些真正有价值的启示。

小 结：

真正完美的改良其实也是一种革命，只不过不是惊天动地的革命，而是润物细无声的革命。

第十四章

江山易改，禀性难移？

> 劣质文化未必不强大，不夸张地说，在很多时候，它们甚至比优质文化更顽强、更可持续、更具再生力。

那位说了：没有人不想建立健康而强大的团队文化，问题是如果运气不佳或方法不当，团队的文化从一开始就很烂，而且是越来越烂，是否还能弥补，抑或干脆就回天乏术了？

这是一个很靠谱的问题。受劣质文化困扰的团队还真不少，而且鲜有能真正回天成功的。因为团队文化这个东西很有意思，它在某种程度上与一个人的个性相似，一旦形成便很难改变。尤其要命的是，劣质文化未必不强大，不夸张地说，在很多时候，它们甚至比优质文化更顽强、更可持续、更具再生力。就像某种传染病菌，即便表面上被消灭，它们也会偷偷地隐身别处，在条件适宜的时候重新跳出来兴风作浪，令你防不胜防，不胜其扰。

当然，这并不意味着我们就真拿劣质文化没办法，只要思路正确，方法得当，改变或至少在很大程度上改进劣质文化还是大有机会的。

那位又说了：按照你前面的说法，对于那些从一开始就腐朽透顶的东西，适宜用革命的方法予以彻底颠覆。这是不是说，对于这种天生的、没有任何建设性的劣质文化而言，还是革命的方法最有效？

这个问题得一分为二地看。不错，对于先天性的劣质文化而言，大刀阔斧的革命性手段确实比较有效。但是，为了避免昙花一现的结果，彻底巩固革命的果实，在某些关键环节上，改良的思路依然不可或缺。一句话，只有革命和改良的组合拳，才是最好的选择。

具体操作程序与方法如下:

一、重归初心。

甭管你的团队拥有多糟糕的文化,你们能走到今天,一定有你们的理由,这个糟糕的文化在形成的初期,也一定有许多闪光点,不要怕麻烦,把它们找出来。

二、完善制度。

用制度框架为"初心"的核心要素保鲜。

三、情感诉求。

以极大的诚意与耐心进行广泛的团队内部沟通。

以上三点的细节部分请参考前面的章节,这里就一笔带过了。

四、率先垂范。

从头头做起,才能具有真正的说服力。

我一直固执地认为,"企业文化是老板文化","团队文化是头头文化"。所以,如果想改变你的团队,首先必须改变你自己。

我们有许多老板和团队领袖就是不明白这个道理。一方面,他们对团队文化的劣质性深恶痛绝,立誓要彻底改变现状;另一方面,他们又往往将自己置身事外,将改变现状视为别人的事,而与自己无关。他们习惯于把改革重任交给一个自己信赖的下属抑或从体制外请来的"空降兵",然后悠然自得地坐在办公室的躺椅上吐着烟圈,等待改革成功的捷报自己飞到他们的办公桌上。

有这样的头头,改革的难度可想而知。

我就遇见过一位这样的汽车4S店老板,他认为自己公司的企业文化简直糟糕透顶、无可救药,于是专门向我求教。我了解了一下这位老板的心病,他最痛恨的是这样几种现象:第一,环境卫生脏、乱、差;第二,员工待人接物作风粗野,一点儿绅士淑女的风度也看不到;第三,企业中弥漫着浓厚的政治氛围,员工彼此间钩心斗角、争权夺利,内耗严重。

他说,只要有人能帮他找到病根,开出药方,彻底改变企业面貌,他愿意不计代价地予以酬谢。

其实，在他跟我说这番话时，我认为自己就已经找到病根了。这位老板虽然看起来很热情，很有想法和追求，也似乎很执著，但穿着邋遢，举止猥琐，说话的语气咄咄逼人，且时不时地爆粗口。这样的一位老板能够建成什么样的团队文化，几乎从见面的第一分钟起，就能看出一个大概了。

后来的一系列实地调查更加证实了我的观点。

这位老板为公司的环境卫生订立了一系列严格甚至严苛的考核制度，自己的办公室也要求员工务必打扫得一尘不染，收拾得井井有条。可是他自己并不爱惜，基本上只要他来到公司待上十分钟以上，他的办公室就会变成一个大垃圾场，几乎找不到落脚之地，让为他打扫的员工叫苦不迭。无论是和公司干部还是和普通员工说话，这位老板都习惯了出言不逊，几乎一张口就伤人，类似于"你们这群浑蛋玩意儿""一看你那猥琐的表情，就让我想起汉奸""见过比你更笨的猪，没见过比你更笨的人"这样的调调，基本上就是他的口头禅。尤为要命的是，这位老板还极其热衷于搞各种各样的政治斗争。他不来公司则已，一来公司便四处煽风点火、惹是生非，并自得其乐，浑然不觉。在他心目中，几乎所有的部门经理和基层员工都图谋不轨，一肚子坏水，稍有不慎就会对他不利，而且他并不隐瞒自己的这种心态，总是试图在公司里拉帮结派，培养一批忠诚的心腹，以便帮助他监视所有的人和事。

总之，在这样的老板手底下做事，想不步入歧途都难。真不理解这位老板是怎么对自己的这些"功绩"浑然不觉，但对与这些"功绩"相似的企业文化深恶痛绝的。

这家 4S 店位于河北省一个偏僻的三线城市。老板家住北京，每周坐高铁或亲自长途驱车来公司视察一次，每次待上两三天。大家可以轻易地想象出来：对员工们而言，老板离开的日子简直像待在天堂一般快乐，而老板莅临的日子则像待在地狱中一般郁闷。

所以，很快我就有了帮助这位老板实现改革愿望的锦囊妙计。我向他提出一个建议：多享受享受京城的繁华生活，尽量少来这个偏远的穷乡僻壤吃苦受累。您来得太勤，会把他们惯坏的。真正高明的管理，在于远距离遥控。

刚开始，我的建议遭到这位老板的坚决抵制："不行，我来得这么频繁，这帮孙子还表现成这样，要是真放了鸭子，他们还不得反到天上去啊！"

在我的一再坚持下，这位老板才勉强答应试一试，不过不是一下子就彻底不来，而是逐渐减少来的次数和天数。奇迹发生了：他不来的时间越长，公司的情况就越好。这让他既纳闷又惊喜，慢慢地，他还真就彻底不来了，把这家店完全交给他的总经理去打理。

当然，最后他并没有给我任何报酬，我也懒得提醒他这件事。既然我只是略施小计，并没费什么力气，也就没有什么不公平的。

显然，这是一种改变头头的极端做法——如果改变不了他，就干脆把他彻底支开。

不过，如果可能，最好还是不要寄希望于这种极端做法。还是那句话，榜样的力量是无穷的，头头的示范作用实在是太强大了，至少在团队文化方面是这样。所以，有一个榜样树在那里，就一定会事半功倍。

五、治病救人。

但是，光靠榜样显然是不够的。在某些团队文化超级顽固、超级麻木的情况下，头头就算再洗心革面、再身先士卒，也无法打动某些超级冷漠的心。这些人会把头头的改变、头头的率先垂范当热闹看，甚至认为头头做这样的事情天经地义，与自己无关。

这个时候，团队管理者就需要对这些团队成员采取某种手段了。

即便如此，在痛下杀手以前还是需要先尝试一下治病救人的方法。

道理很简单，开除一批人只能起到震慑的作用，基本上就是杀鸡吓猴的意思，通过让其他人产生畏惧感来迫使他们就范。这种做法不能说无效，但绝不可滥用。团队文化与别的事物不同，文化的改变一定是发自内心的，而杀一儆百的手段只能服人，却无法服心，难免形成人在心不在的局面，这样的一种文化即便勉强建立起来也不可能扎实、长久，一遇风吹草动便会立马被打回原形。

与之相反，如果你有本事让一些老顽固彻底被你改变，自此洗心革面、脱胎换骨，那么这样的一种结果将具有极大的示范效应，能够起到"一点突破，全盘皆活"的作用：**一来人都有随大溜的心理，别人变而自己不变就会显得自己很突兀，从而导致不适感，于是只好跟进；二来往往越顽固的人物，就越是某种核心人物、标志性人物，一旦这样的人物倒戈，就如同推翻第一张多米诺骨牌，会立刻带来连锁反应，让局面在瞬间改观。**

话说到这儿，我不由得想起了铁哥们儿老柴。

老柴是我所有朋友中比较罕见的那种能够让我发自内心地称为"老师"的管理高手。我之所以佩服老柴，除了因为他和我一样，有着非常"独"的一面（我们俩都以重复别人为耻，以标新立异为荣。我对这一点的偏执已然达到病态的程度）之外，还因为他身上存在着一个对我而言绝对是望尘莫及的特质，那就是超强的实践精神。这哥们儿可是个人物，和许多管理高手的初衷是功利不同，他将管理完全视为一种爱好，整个身心沉迷其中无法自拔。怎么说呢，对他而言，"管理"这玩意儿就像是打电玩，令他欲罢不能，疯魔不已。他只对"管理"本身感兴趣，任何与"管理"二字有关的功与利他几乎都不放在眼里，堪称一位不折不扣的"管理"发烧友。

所以，甭管这哥们儿在哪个行业已经做到了什么程度，也甭管是否搞定了每年数十万元的丰厚年薪，只要这个行业让他彻底熟悉了、玩腻了，他便会毫不犹豫地跳槽，将自己重新归零，投身于一个完全陌生的世界，去享受探险与征服的快感。总之，此君就像一个长臂猿界的"猴侠"，在茂密的行业森林中蹿来跳去，一路上留下无数佳话。

这一点绝对是我望尘莫及的。我这个人是典型的宅男性格，一身的懒筋，极其缺乏行动力和冒险精神。对我而言，能坐着就决不站着，能躺着就决不坐着。稳定压倒一切，从一而终是我的本性，让我这种人换个新环境绝对跟让我死一回似的。所以，我对这位铁哥们儿的特殊生态只有瞠目结舌、啧啧称奇的份儿了。

在一次饭局上，老柴曾经给我讲过这样一个故事。

彼时，老柴刚到一家几乎落难的国企谋职。地球人都知道国企是怎么回事，尤其是那些经营不善、濒临破产的国企。那必然意味着僵化的体制、复杂的人际关系、遍地的沟坎、无数的明枪暗箭……久经沙场的老柴绝不可能对所有的这一切都毫无概念，可是他居然明知山有虎，偏向虎山行，毅然拒绝了前任老板几十万年薪的强力挽留，一头扎进这个鸟不拉屎的不毛之地。

当然，老柴有自己的道理。按照他的说法，私企和民企已经让他玩腻了，没有新鲜感了，但是国企，尤其是已然衰败的国企他还没有玩过，这令他很兴奋，无法遏制自己尝鲜的冲动。他表示也想和海尔奇迹叫叫板，看看自己有没有机会成为第二个张瑞敏。

不过，老柴毕竟是一个凡人，一迈进这家企业的门，就栽了一个大跟头。

事情是这样的：几个老员工趁老柴立足未稳，还没能充分适应环境，联手给老柴下了一个套儿，诓老柴在一纸问题合同上签了字。幸亏老板发现得早，这份合同没有执行，才避免了一场大祸。

老板大为光火，将老柴一顿痛斥，责怪他太自信、太恋权，羽翼未丰便想指手画脚，把老柴弄得非常被动。

不过，这一记当头闷棍也把老柴打清醒了，让他充分地意识到国企与私企的不同。到底是老江湖，老柴很快便调整好心情，不动声色地出招了。

经过周密的观察与思考，他发现，这家企业尽管老员工居多，但山头林立，企业内部并非铁板一块——希望维持现状的势力固然强大，但渴望改变现状的力量也绝对不可小觑。他将企业内部的山头分为"守旧派""改革派"与"中间派"三类，并很快地制定出行动方针，即利用改革派,拉拢中间派,铲除守旧派。

老柴不愧是高手。他决定在一段时间内无为而治，不做任何表面的动作，而是彻底放下身段，走群众路线，采用挖墙脚、掺沙子的战术一点一点地改变现状。首先，他利用自己的三寸不烂之舌，进一步煽动改革派对现状的不满，很快就将这些人笼络到自己身边；然后，他采取借力打力的方法，利用改革派去说服中间派，又成功地拉拢了一批自己的支持者。

成功拿下两城之后，他终于要面对最关键的一役：铲除守旧派。

他把目标锁定在一个叫大刘的人身上。

大刘四十多岁，是这家国企的元老之一，论资历甚至比老板还老（因为这家企业曾经换过两个老板）。大刘尽管没有任何社会背景，但由于资历老，为人讲义气，在新老员工中颇有威信，连许多改革派员工都服他，甭管对企业有多少不满，唯独不敢对大刘有任何造次。最关键的是，大刘还对现任老板有恩，他曾经在企业最落魄，连工资都发不出来，员工群情激愤地跑到老板办公室闹事的时候挺身而出，力挺老板，协助老板渡过了一劫，因此深受老板器重，在企业内部的地位稳如磐石，无人敢动。正因如此，老柴认为此人非除不可，否则自己不但根本无法施展拳脚，甚至连小命都难保全。因为经过一段时间的沉淀与摸底，老柴掌握了两则重要的情报：第一，令自己差点折戟沉沙的那次"合同门"事件，幕后的主谋正是大刘；第二，在他之前，已经有两位前任掉进类似的沟里，最终被扫地出门，而每一次的幕后主导者也都是大刘。这些前车之鉴以及老柴自己的遭遇意味着，除了老板和他自己的亲信，大刘容不下任何有实权的人。老柴明白：这是一场典型的零和游戏，要想继续玩下去，就必须除掉大刘。

但是，要除掉大刘，就必须过老板这一关。这不是一件容易的事，身经百战的老柴也犯了难。

最后，老柴决定以其人之道还治其人之身，给大刘也下一个套儿，诱使他犯下大错，而且错误的严重程度连老板也极难网开一面，那样的话应该就可以顺利搬开这块令人头痛的绊脚石了。

尽管这么做看起来似乎有些卑鄙，但老柴觉得量小非君子，无毒不丈夫，既然大刘对自己不仁，就不能怪自己对他不义。更何况，这么做是为了大家好、公司好、老板好，甚至从某种意义上讲也是为了大刘本人好。所以，他是铁了心地要将这个"除刘"计划付诸实施，完全没留回头的余地。

那位问了：那老柴的这个计划最后到底实施了没有？

很遗憾，没有。不但没有，而且在这一次与大刘的较量中，老柴不但完败，还平生第一次心甘情愿地认输，在大刘面前举起了白旗。

那位可能要问：那大刘到底使了什么高招，能够把老柴这位武林高手打得一败涂地，而且还心服口服呢？

答案也许出乎所有人的意料：大刘没使任何招数，或者更客观地说，大刘也没法使任何招数，因为老柴压根儿就没出招。

没错，老柴还没来得及发力便已败下阵来，而且还丧失了所有战斗力，再也无力发起新的冲锋。

听到这里，大家可能会觉得有些不合逻辑、匪夷所思。

其实，事情的经过完全符合逻辑，换了任何一个人，都会接受这样一种结果。

事情是这样的，一切都从一次饭局开始。

有一次，公司组织聚餐，几乎所有员工都到了场。老柴恰巧和大刘一桌。当然，由于彼此没有好感，饭桌上二人极少交流，偶尔对上几句话也是不咸不淡、心照不宣。

在饭局行将结束时，老柴目睹了一个在他看来有些不可思议的场面：大刘居然将饭桌上所有的剩菜打包带走了。

当然，老柴对"光盘行动"这种崭新的社会风气并无异议，至少在他看来，大刘的这个举动还是有些怪异。因为所有在场的人中，只有他一个人这样做，尤为怪异的是，所有人都似乎无视了这个场面，表现出一副不以为意的样子！

不仅如此，后来老柴刻意观察了一下大刘的日常举止，还发现了大刘其他一些不同寻常的举动。比如说，大刘每天中午必到公司食堂用餐，可谓风雨无阻，哪怕病休在家也耽误不了他在公司的这顿饭，而且每次的饭都打得很多，将吃不完的打包带走。这还不算完，据老柴所知，只要公司有剩饭剩菜，他也是大包小包地往家拿。那架势，估计连早饭和晚饭都得靠公司食堂解决了。

对大刘的这种行为，老柴发自内心地鄙夷与厌恶。在他心目中，大刘这样做是一种典型的揩油行为。而四周的同事对大刘的这种行为居然不闻不问，更加证明了这家企业到底烂到了什么程度——很显然，在这里，揩油已经无需偷偷摸摸，而是完全可以做到光明正大。这种行为已经变成一种常态甚至是常识，没有人会对此大惊小怪，而这一常识，迟早将断送这家企业的前途。

意识到这一点，老柴更觉肩上担子的沉重，也更进一步坚定了他除掉大刘，杀鸡吓猴，彻底扭转企业内部根深蒂固的不正之风的决心。大刘的这些小动作恰好也给老柴提供了一个绝佳的灵感——没错，就从他喜欢揩油这一点入手，给大刘下一个套儿，让他犯一个不可饶恕的大错误，然后抓他个现行，彻底拔掉这根"生锈"的钉子！

就当老柴暗中准备材料，设计陷阱并伺机而动的时候，他又得到一个令人震惊的情报，彻底推翻了他的一切打算。

原来，大刘往家里拿剩饭剩菜是有原因的，他不是为了自己吃，而是为了填饱家人的肚子。

大刘有两个孩子，都是女孩。大女儿已经上了小学，小女儿才三岁，待在家里由妈妈带。大刘的媳妇是个农村人，大字不识几个，在城里不好找工作，只能留在家里带孩子。尽管大刘一个月能有三四千人民币的收入，但其中的一半要寄给老家已经丧失劳动能力的年迈的父母。剩下的钱还要交房租、供女儿上学、养活一家老小……地球人都知道，现如今，这点钱在城市里谋生简直就像打水漂儿，基本上还没听到响声就已经消失不见了。孩子们吃不饱饭，父母也着急。大刘的媳妇不是不想工作，可拖着一个年幼的孩子实在是抽不开身。她曾经想每天带着孩子到附近的居民小区去翻翻垃圾，找点值钱的东西卖掉补贴家用，却被大刘坚决制止了——对这个视面子如命的男人而言，让自己的媳妇干这种事还不如杀了他。

不过，幸亏大刘有个好靠山——公司。只要是公司组织的饭局和公司食堂的饭，大刘的食量绝对是一个顶俩，而回到家后则是能不吃就不吃，把有限的食物尽可能地让给家人。不仅如此，为了减轻家里的经济负担，当然，也为了给老婆孩子改善一下伙食，大刘没少"揩油"。

同事们都知道这一点，所以才会对他的行为熟视无睹。而且为了顾及大刘的面子，大家都心照不宣地选择了缄默，从来不会有人主动提及此事，捅破这层窗户纸。

这也是为什么老柴会一直处于状况外的重要原因。要不是他动了"杀心"，想彻底除掉大刘，动用了一切资源搜集大刘的"黑材料"，恐怕还挖不到这样的"绝密信息"。

不过,也正是因为挖掘到如此绝密的情报,老柴反倒犯难了——这个大刘还有必要除掉吗?或者说,自己真的能够承担除掉大刘的后果吗?要知道,这已经不是毁掉一个人的问题,而是毁掉一个家庭的问题!

虽然老柴是个老江湖,明白"无毒不丈夫"的道理,但是一想到大刘身后那个可怜的农村女人,以及两个天真无邪的幼小的孩子,他还是迟疑了。

最后,老柴做了一个决定:趁大刘不在家的时候找机会登门拜访一次,看看他们家的真实情况是不是像外界传得那么邪乎,然后再考虑下一步该怎么做。要知道,如今这年头,"煽情"已经成为一种时髦,而老柴最不屑的就是这个。

一个周日的中午,老柴瞅准了大刘在公司加班的空当,偷偷地摸到了大刘家——其实,与其说这是一个家,不如说这是一个仓库。为了省钱,大刘租下了一个老乡在菜市场里的一间库房作为临时住处。说是"临时",其实自打把老婆孩子接到城里以后,大刘一家就一直住在这里,从来没有挪过窝,在这个窝棚里已然度过了五年以上的光阴。

穿过一大堆摆放得凌乱不堪的纸箱、麻袋和编织袋,大刘的媳妇把老柴领进了内间——他们的居室。这是一间典型的陋室——破败的墙壁、破败的桌椅、破败的床、破败的地、破败的窗户……破败的一切。尤为醒目的是,在这个破败的家里,居然有一件勉强称得上"现代"的家用电器——一台破旧的电冰箱!

尽管家里如此破败,这个家却和千百万个家一样,洋溢着一种温馨的气氛。因为这个狭小的空间里还站着一位穿着朴素,有着一张农村妇女特有的粗糙、黑红但看起来很善良的脸庞的女人,以及两个穿着脏兮兮的衣服,有着同样脏兮兮的小脸蛋,却无比纯真可爱的小姑娘。

老柴没有表明身份,而是谎称自己是大刘的同学,绕了一百二十个弯才打听到他的住处,费尽九牛二虎之力才摸到这里。由于老柴去的时候正是中午的饭点,大刘的媳妇热情地从冰箱里拿出几样"高档食物"招待老柴。她的这一举动立刻引起两个小女孩的欢呼,老柴却感到鼻子一酸,眼泪差点掉了下来——没错,那些明显过期的"高档食物",老柴并不眼生,知道它们来自哪里。

这个世界上没有绝对的敌人和绝对的朋友。

最后,老柴以"既然老同学不在,那就下次再来拜访"为由婉拒了大刘媳妇的好意,告辞离去。

回到公司后,他下定决心,要和大刘好好谈谈。

老柴开始想方设法地和大刘搞好关系,再也不和他针锋相对。这样的转变令大刘很吃惊,不知道老柴的葫芦里到底卖的什么药。时间一长,老柴的诚意终于逐渐打动了大刘。他们之间没有了那种明显的火药味,可以偶尔聊上几句天,说上几句废话了。

老柴认为时机已到,可以和大刘打开天窗说亮话了。于是,在一个周末的晚上,老柴主动邀请大刘吃烤肉。选择烤肉店,老柴是有预谋的,因为他估计大刘无法拒绝这个邀请,一定会同意赴约。而大刘也确实是这么做的。

虽然他们只有两个人,老柴却点了至少五人份的烤肉。老柴准备让大刘将剩下的烤肉打包带走,当然,前提是他们能谈得愉快。

他们确实谈得很愉快。几瓶啤酒下肚,大家都打开了话匣子。

原来,大刘也并不反对改革。毕竟企业这种不死不活的样子对他而言没有任何好处,尤其是考虑到他是家里唯一的经济来源,如果企业能好一些,自己能挣得多一些,又何乐而不为呢?

但是,老柴的两位前任在大刘看来完全不靠谱,一上来就号称要对企业动"大手术",动不动就要大规模减薪裁员。这让大刘很愤怒:你以为减薪裁员是那么轻巧的事吗?你只知道抡棒子容易,可是否知道这一棒子砸下去,将砸毁多少个家庭的生活啊!

老柴深深地理解了大刘。他发现此人不但不是个阴险小人,反而颇有一种义薄云天的大将风范。他终于明白了大刘为什么要下套儿害他。在他眼里,这是大刘的阴谋诡计,可是在对方眼里,这种行为完全是正义的,甚至说是一种"锄奸"行为也不为过。

想到这里,老柴不禁自嘲地笑了一下,觉得人真是一种有趣的动物。他和大刘都曾经想设计除掉对方,而且居然都认为自己是正义的,都在做"为民除害"的事!

可见，没有沟通是一件多么可怕的事情，双方都险些误伤好人。

知道了大刘的顾虑，老柴心中也就有底了，他郑重地向大刘保证：起码在他本人任期内，他决不会轻易辞退任何一个员工。退一万步讲，就算迫不得已需要辞退员工，他也会先给这个员工找到下家，找不到下家决不贸然出手。

在给大刘吃了一粒定心丸之后，老柴又详细地向他介绍了一遍自己的改革思路，凭借自己缜密的思维和三寸不烂之舌，成功地说服了他，将他变成了改革的拥护者。

说服了大刘，后面的事情便畅通无阻了。不到一个月，改革便在公司内部获得了广泛的共识。

人心齐，泰山移。获得认同之后的老柴如鱼得水，将自身的管理经验与管理才华发挥得淋漓尽致，终于在这家公司站稳了脚，正式开始了自己"玩转国企"的圆梦之旅。

听完老柴的故事，我笑着揶揄道："没想到，您老人家也相信苦肉计这一套了，居然也玩起了煽情！到底是国企，透着一股仙气，这进去的人档次就是不一样啊！"

不承想，老柴一脸严肃地反驳我道："不是煽情，而是人情。人情这玩意儿是人的一种本能，根本用不着煽。其实说起来，我们自己有时也是太死板，总觉得职场中只有理性存在的空间，没有感性存在的可能。通过大刘这件事，我算彻底明白了一个道理，**如果你想带好一个团队，感性才是真正强大的利器**。只要你能成功地发动人情攻势，最大限度地激发出团队成员的感性来，那这个团队的发展就可以用势不可当来形容！"

对老柴的这番话，我绝对是深以为然的。我立马附和道："没错，我特赞成这个说法。这几乎是我的一个座右铭，这辈子我就指着这句话活着了！"

老柴乐了，反将了我一军："恐怕你这辈子不只指着这一句话活着吧？您老人家的座右铭，仅我听到过的就不下两百个！"

我也乐了，干脆顺水推舟，玩起了无厘头："没错，所以正确的说法应该是，这辈子我就指着'这辈子我就指着这句话活着了'这句话活着了！"

大家一通爆笑。

乐了一会儿，老柴又继续发他的感慨："大刘这个事给我的启发还有两个。第一，这个世界上没有绝对的敌人和绝对的朋友，所谓敌和友都是相对的。只站在自己的立场上看问题，那大家都是敌人；如果能站在对方的立场上看问题，那大家马上就能变成朋友。而这种立场和角色的转换，全靠沟通。只要大家能见面，打开天窗说亮话，一般来说就没有过不去的坎儿，更别说天大的仇了。第二，'公私分明'这个理没错，但也绝对不能太迷信，否则很容易走火入魔。你就拿揩油这件事来说，一般人总认为这是一种恶习，必须坚决打击，却鲜有人真正关心这种行为背后的动机。当然，也许大家都认为这种关心本身就是无用功，因为有'公私分明'这条红线管着，任何理由和动机都是站不住脚的。话都对，真做起来就会出问题。你不关心某些不良行为背后的动机，一味拿大棒子打压，其实是治标不治本，这种行为你根本就根治不了，它甚至会愈演愈烈。所以，**适当淡化一下'公私分明'的色彩，主动找一找这'公'后面的'私'到底是什么、为什么，然后再对症下药、因势利导，反而能异常轻松地做到标本兼治，甚至是变废为宝。**总而言之，这区区一个'私'字，区区一个'情'字，还真不是说着玩的，对于咱们这种吃管理饭的人来说，这里面的学问绝对大了去了！"

那天晚上我们聊了很久，彼此都贡献出了许多"金句"。一直到今天，我几乎还能完整地将那一夜的对话背诵出来。

总之，人非草木，孰能无情。只要你肯最大限度地拿出真诚去与人打交道，那么无论多顽固的"石头"，都能被你的真情彻底融化。只要你能成功地降服第一块"顽石"，你就能亲手推开一扇沉重的铁门，瞬间迎来一条通往强大团队的通衢大道。

六、清理门户。

对于某些过于冥顽不灵，并已给团队的健康发展带来严重损害的成员，必须坚决清除。

没错，治病救人一定要做到前头，但善良不等于愚蠢，更不等于迂腐。当你认为自己已经尽了全力，做到了仁至义尽的时候，该出手时一定要出手，否则后患无穷。

再举一个我亲身经历过的案例。

我曾经服务过的一家汽车销售公司，刚成立时只有一两个有过汽车销售经验的业务员，其余的都是没有任何行业经验的新人。但我们并不以为意，秉持着"人才还是自己培养的好"的理念，将"重用新人"这个原则坚持了下来。

总的来说，这个用人原则取得了不错的效果。经过我们的耐心点拨，许多毫无行业经验的新人都脱颖而出，成了部门乃至整个公司的台柱子。

只有一个小伙子例外，自始至终都让我伤透了脑筋。

这个人叫赵硕，是个85后，初中没毕业就跑到社会上厮混，到我们公司应聘时已然换过十来个行业，算是一个老资格的江湖人士了。

此君有一个优点，就是长了一张天真无邪、讨人喜欢的娃娃脸，尤其是笑的时候非常可爱，让人有一种忍不住想亲近的感觉，而这一点对于服务行业来说是至关重要的。我几乎从见到他的第一眼开始就看上了这个小伙子，忍不住想立即把他拿下，但是稍微往深里一接触，我又犹疑了。原来，这个小伙子看似实诚敦厚，却有一个致命的毛病：喜欢撒谎。在我和他做深度沟通的时候，他的谎话几乎张口就来，连腹稿都不用打。经过再三考虑，我还是决定录用他。之所以这样做，有两个原因：一来我认为他的谎言似乎可以被原谅。他很想得到这个工作，因此编一些瞎话来忽悠考官，以求尽量给对方留下好印象，这样的动机也不是不可以理解。二来由于他的瞎话张口就来，几乎不过大脑，所以撒谎的水平非常拙劣，可以说一分钟就能让人识破。这样的人，至少说明他的城府还不够深，只要遇到对的人和对的环境，应该还有救。

不过，之后的事实证明我是错的。

无论大家如何包容，如何苦口婆心地规劝，赵硕还是将他撒谎不过大脑、张口就来的毛病顽固地坚持了下来。他不但对同事说瞎话，对领导说瞎话，甚至对客户也说瞎话，不仅令周遭的同事颇有微词，还时不常地遭到顾客的投诉。

可以想见，公司对这一问题是不会无动于衷的。但是，对于公司对他的惩罚，他的表现又是极为"出色"的：他总是会第一时间接受公司的处理意见，从不提出半点异议，而且每一次都十分真诚，立誓痛改前非，决不再犯。关键在于，至少在最初的几周里，他居然真的做到了！

尽管他总是能用自己的实际表现让所有人都对金不换的"浪子回头"充满信心，却又总是难以长久，在最后关头破功，让所有人大跌眼镜。

后来我发现，赵硕之所以会这样，并不是因为年轻人"没常性"即缺乏耐久力，而是因为他一开始就居心不正，总是试图用表演的手段来掩盖过失，蒙混过关。他抱持着一种类似"躲风头"的侥幸心理——只要一犯错，立刻做出一副诚心接受批评、痛改前非的样子，但是只要这阵风吹过去了，一切便会恢复原样。

如此周而复始了许多次，公司终于对他失去了耐心——半年之后，赵硕被开除了。

从这个案例中我们可以看出来，**同样是顽固，极有可能具有不同的性质。有些人看似顽固，这种顽固却是显性的，或者说刚性的。这就意味着这些人虽然顽固，本性却不坏，而且极具可塑性。这样的人一旦被感化，一定会成为新团队文化的坚定拥护者甚至是坚定捍卫者。所以说，这样的顽固分子其实是良性的、可造的，可以保留。而另外一些人则不同，他们的顽固是隐性的，甚至是弹性的。也就是说，他们可以视情况而变，时而顽固，时而顺从，但骨子里依然充满了顽固，对你的企业文化不屑一顾。这样的顽固分子就是恶性的、不可造的，必须坚决清除。**

当然，哪种人可造，哪种人不可造，这些事情不可能一朝一夕就看穿。每一个人都习惯戴上一个假面具，不可能主动地将真面目示人。所以，有些事情绝对需要充足的时间去观察。只要你时刻保持警惕，不放松那根绷紧的弦就行。

七、抓反复，反复抓。

不急于求成，以时间换空间。改造团队文化是一个漫长的过程，需要你有足够的耐心。

有些事情一定会出现反复，"进两步，退一步"也是家常便饭。只要你不放弃一点一滴的积累，"滴水成河，粒米成箩"这样的事情就绝不会仅仅是一个传说。

对于管理，我最喜欢的一句名言出自日本汽车销售行业的大亨——丰田株式会社的老板之口。他是这么说的：许多人都问我有什么秘诀，但我真的什么秘诀也没有。我所做的，就是让我的员工每天进步一点点，然后积少成多，十年后就是一个翻天覆地的变化。如果一定要说有秘诀，也许这就是我的秘诀吧！

小结：

　　是否需要清理门户，要视顽固分子的性质而定：显性的、刚性的顽固分子可以保留、改造；隐性的、善变而狡猾的顽固分子必须尽快清除，不留后患。

第十五章

团队文化建设的"五星级音乐厅"理论

环境真的很重要，它就像一根红线，能将一家公司所有的核心竞争力穿起来。

在团队文化建设中，许多管理者都会有这样一种心声：我也希望引进先进文化，但先进文化得靠先进的人撑起来。人的素质不行，再先进的文化也得走样！乞丐穿西装，再怎么打扮也还是乞丐！土豪开奔驰，再怎么嘚瑟也还是土豪！所以说，就凭咱中国人的素质，要想在短时间内建设一种先进的团队文化并让这种文化彻底扎下根来，根本就是对牛弹琴，瞎耽误工夫！

坦白地说，这一观点不能完全说是错的，但也未免太悲观了一些。

不错，文化的先进性确实和人，尤其是人的素质有不小的关联，但也不能把这种关联性过于绝对化。比方说，"对牛弹琴"这个事在许多人眼里也许完全不靠谱，却未必毫无意义。现如今，地球人都知道对牛弹琴能够有效地让牛放松神经，获得一个好心情，从而显著提高肉和奶的产量和质量。牛尚且如此，何况人乎？所以说，"人的素质不行，玩先进文化压根儿没戏"的看法本身也许就是一种迷信，是一种妄自菲薄的心理表现。只要我们能拿出智慧和勇气打破这种坑爹的心理桎梏，把乞丐、土豪变成货真价实的绅士淑女未必是一件多难的事。

那位说了：你说得轻巧，人的劣根性哪那么容易改变啊！如果一个乞丐随地大小便，那么你给他穿上西装容易，但即便穿上西装，他也会随地大小便；你让土豪开上奔驰容易，可即便开上奔驰，他也照样会往农贸市场钻。冰冻三尺，非一日之寒。人性这东西是顽固的，怎么可能凭你的三言两语就给扳过来？

呵呵，真不是和你抬杠，**人性这东西真的不难改变，关键要看环境变化的**

强度。**强度不够，改变人性确实比登天还难；强度够，改变人性就易如反掌**。

问你一个问题。我们假设一个人有随地吐痰的坏毛病，那么，如果他现在身处一个自由市场，你觉得他会有所收敛吗？

相信你的答案是：不会。自由市场这种地方，三教九流什么人都有，谁也管不着谁，谁也碍不着谁，他怎么可能会收敛？

好的，下一个问题。假设此君有一天突发奇想，想附庸风雅一把，于是对着镜子将自己好好拾掇一番，来到一座新开张的五星级音乐厅欣赏小泽征尔的音乐会，你觉得他还有可能随地吐痰吗？

你这回可要好好想一想。不出意外的话，恐怕你的答案会是这样的：我觉得应该不会了。好家伙，这次可是五星级音乐厅，来的都是达官显贵、各界名流啊！再说了，你也不看看这是谁的音乐会——小泽征尔！开玩笑，你以为小泽征尔是谁？世界级的音乐大师啊！在这种地方待着他还敢随地吐痰，想什么呢！

没错，就是这个道理。就算"江山易改，禀性难移"是一个真理，这个真理能否灵验也得看地方。只要地方够特殊，再牛的真理也照样有可能失灵。所以我们说，**短时间内让人性改变完全是有可能的，只要环境变化的强度够大就行**。我把这种现象称为**团队文化建设的"五星级音乐厅"理论**。**打个形象的比方，这就像一种建设团队文化的"傻瓜技法"，只要处理得当，可谓一试就灵**。

就拿前面那个乞丐和土豪的例子来说，假设你给乞丐穿的是一两百块钱一套的西装，那么虽然这种装扮上的改变也算得上鸟枪换炮，但基本上不可能改得了他随地大小便的毛病。如果你肯狠狠心，多花点钱，给这个乞丐换上一套十万块钱的西装，你再看看他会怎么做。不是我危言耸听，要真是那样的话，恐怕他即便憋得尿裤子，也不会在众目睽睽之下随地大小便了。

同样的道理，如果那位土豪的座驾是奔驰，他当然不可能介意开车去农贸市场。如果我们给他换一辆座驾，比如说换成宾利或劳斯莱斯，你再看看他会怎么做。开车去农贸市场？想什么呢！要是让一辆卖菜的三轮把车给剐了，他还不得拿脑袋撞墙，狠狠地抽自己几个嘴巴？！

事情就这么简单。

举一个我亲身经历过的例子。

从日本回国后,我曾经在一家乡镇企业工作过一段时间。2006年夏天,我陪这家企业的老板和几位高管去日本考察市场。名为"考察",其实说白了就是游山玩水,我之所以能同行,仅仅是因为这一行人需要一个免费的翻译加导游而已。

这位老板是一个标准的土豪,年轻时杀过猪,养过兔,倒腾过家用电器……可谓"各行各业都干过,城里乡下都混过",最后靠开食品出口公司发了大财。由于他自小在乡下长大,没受过什么教育,又长期厮混于三教九流当中,再加上发财后难免自我膨胀,所以他的做派只能用一个词来形容:不拘小节。这一点不仅体现在他大大咧咧乃至有几分痞气的外形装扮上(此君身高一米九几,体重至少有两百五十斤,而且常年剃一个光头,总喜欢穿一身类似于睡衣的服装出现在公共场合),还体现在他的言行举止上(此君言语粗俗,举止猥琐,赴日游玩期间居然还带了一个情人,而且经常公开亲热,毫不避嫌)。就是这样一个不拘小节的土豪,来到日本后却鬼使神差般地开始注意自己的言行,下意识地向绅士做派靠拢。

我永远忘不了这样一个细节。

赴日的第三天,我们来到东京迪士尼乐园游玩。去过日本的朋友都知道,这里有一个面积大得惊人的停车场,那架势看上去停一万辆车都绰绰有余。就是这样一个超级大的停车场里,却看不见一片纸屑或一个烟头,这不能不说是一个奇迹。一行人见此情景,无不啧啧称奇。曾经留日八年的我对这样的环境早已习以为常,并没有什么特别的感觉,反倒是老板的一个小举动给我留下了深刻的印象。

彼时老板正好左手拿着一罐饮料,右手捏着一根刚抽完的烟。只见他熟练地用拇指和食指将烟头弹出好远,然后低下头继续喝饮料。本来,这一幕再正常不过了,完全没人注意,也根本不值一提,不过这一次有了极大的不同。几秒钟后,老板喝完了饮料,我以为他会像平时一样,用那只粗壮的大手将易拉罐轻易地捏扁,然后随手扔到地上,但他一反常态,没有这样做。只见他往前走了几步，弯腰将刚才扔掉的烟头捡起来塞进易拉罐，然后将易拉罐放进车里。

这个举动一行人都看到了，尽管没有人在嘴上说什么，大家却表现出一种明显的趋同行为——纷纷将手上的烟头塞进这个易拉罐，没有一个人扔到地上。

必须强调的一点是，这些人并没有从这次环境震撼教育中真正学到什么有益的东西，这一罕见的"爱护"环境的举动也仅限于这次日本之行，尤其是迪士尼乐园之行——无论是那之前还是那之后，他们的言行举止、生活做派都和以前高度一致，没有丝毫改变。也就是说，那之后他们依然把烟头扔到地上，只不过不是日本的地上，而是中国的地上。从这个意义上讲，与其说是这几个人自觉自发地起了"爱护"环境之心，不如说是东京迪士尼乐园停车场超乎寻常的环境水准成功地"逼"他们这样做。

所以，"五星级音乐厅"理论的核心就是：通过营造极端的外部环境，强迫"误上贼船"（发现自己一不留神已然身处其中而无法脱身）的"低素质分子"就范。

当然，必须承认，这种情况下的人性改变是相对的，不是绝对的。在很大程度上，这仅仅是一种形式上的改变。不过没关系，只要这种形式上的改变能够积少成多，一直持续下去，迟早会由量变引起质变，这绝对是一个大概率事件。

"环境"的威力

环境真的很重要，它就像一根红线，能将一家公司所有的核心竞争力穿起来。任何一家搞定环境的公司，都会一通百通，成为一家全面优秀的公司——环境好的公司，员工素质不可能不好；员工素质好的公司，工作效率不可能不高；工作效率高的公司，赚的人民币不可能不多。这是一个良性循环，而启动这个良性循环的钥匙，就是环境。

公司如此，国家亦如此。你见过哪个国家是环境差、国民素质低的发达国家？又见过哪个国家是环境好、国民素质高的赤贫国家？

那么，这个决定团队文化质量的、要命的"环境"到底是个什么东西呢？在具体操作过程中，我们又应该从何发力、如何发力呢？

简单。从大的方面说，无非是两样：**公共环境与公共财物**。

最大限度地尊重与爱护公共环境与公共财物，让这种尊重在你的团队成员心目中变得充满神圣感和敬畏感，这样你就能成功地营造一座只属于自己团队的"五星级音乐厅"，让所有身处其中的人身不由己，在不知不觉中变成一个"高素质"的人。

这种"环境"的要素，随着团队所处的发展阶段不同而不同，不能简单地用一刀切的方法处理。各个团队领袖可根据自己团队的实际情况做出灵活判断。在这里，我只针对那些层次相对较低的团队，介绍一些个人的经验。

这里主要有这么几个重要要素：卫生间、办公区地面以及电灯、空调和复印机等公共资源。

一、卫生间。

先来说说卫生间。许多人都认为这是一个无关痛痒的所在，其实不然，卫生间环境的优劣是一件天大的事情。**对于一个团队来说，是否拥有一个环境宜人的卫生间，几乎能够从根本上决定这个团队拥有什么档次的团队文化，以及何种程度的竞争力。**

我们可以做这样一系列想象：一家拥有环境超级棒的卫生间的公司，会是一家"土鳖"扎堆的公司吗？当然不会，这一定会是一家高素质人才济济一堂的公司。那么，一家高素质人才扎堆的公司，会是一家没有竞争力的菜鸟公司吗？当然不会，这一定是一家拥有超强竞争力的、所向无敌的公司。

道理就这么简单。

每到一个地方讲课，我总会大谈特谈卫生间的话题，可开始时总是得不到听讲者的理解。他们觉得很郁闷："我们花大价钱请你来，是想听听国外那些高水平的管理知识，谁要听这个臭烘烘的卫生间的话题！"

在他们的心目中，我的行为显然与欺诈无异。殊不知，我正是充满诚意地、苦口婆心地在向他们推介一种世界顶尖的管理理念！

说句不夸张的话，外国人那些匪夷所思、天马行空的所谓"高水平管理"知识，在很大程度上都是忽悠人的，根本就不好使，甚至有许多东西连他们自己都不信，更别说使用了。只不过中国人哭着、喊着、求着、逼着人家讲这些东西，他们才把这些垃圾拿到中国圈钱。从这个意义上讲，真正骗人的东西恰恰是这些外国人的糟粕，而我一门心思想灌输给大家的，反而是货真价实、接地气的外国人的精华。

这些听讲者瞅着眼前伸手就能够得着的东西无动于衷，非要挖空心思跳着脚地去够那些远在天边的幻影，这是一种什么心态？真正费解的人恰恰是我。

毫无疑问，卫生间环境是所有世界顶级企业在企业文化建设和日常管理工作中最重视的环节之一。

对这些企业而言，让老板在卫生间闻到异味，其罪过不亚于让老板损失一百万美元。

当然，也许这个说法略微有些夸张，但是卫生间环境对于那些企业的重要性绝对是不容小觑的。

一个世人皆知的典型案例是：据说日本松下公司的创始人松下幸之助曾经当着自己员工的面喝下冲便器里的水，以这种极端行为来告诫员工，一个干净的卫生间对于一家成功的公司而言具有多么重大的意义。

在这方面，我本人也有着深刻的体会。

回国后，我曾经在一家专营某日系品牌汽车的汽贸公司主抓管理工作。我上任后的第一件事就是"狠抓卫生间环境"。我的方针很明确，一言以蔽之，就是"全盘日化"，我发誓要将公司的卫生间鼓捣得和日本水准有一拼。可说起来容易做起来难。那家公司的所在地是中国的一个四线城市，在那里，卫生间的肮脏早已成为一种常态，没有人会大惊小怪。在这样一种环境中，"和卫生间死磕"本身就是一种很怪异的行为，几乎无人会理解，更何况还要让卫生间的洁净程度达到日本的水准，简直就是天方夜谭！

所以，可以很容易地想象出来，我的工作几乎从一开始就遇到了巨大的阻碍。

我的设计简单明确：将公司保洁员的人数定为四人（一般公司只有两个人，甚至是一个人），其中两人专门负责卫生间的保洁工作（一般公司都是大包大揽，绝少有专人专用的情况）。

尽管预料到在这一过程中我们可能会遇到抵制，于是将公司保洁员的薪资提升到比普通公司高一倍的水平，但当我们亮出自己的底牌（对卫生间环境的高标准要求）时，还是吓跑了几乎所有应聘保洁员的应聘者。在我的记忆中，为了找到两名专门负责卫生间保洁工作的保洁人员，我们至少面试过五十多名应聘者，其中四十多名在听了公司的具体要求后立刻表示放弃应聘，剩下的十名左右的应聘者在试用期开始后的三天内也全部跑光，有的甚至是不告而别，连试用期的薪水都没有领。不得已，我们只好进一步调升基本工资，然后利用员工的私人关系在附近的乡下找到几位生活极度困难的大姐，才勉强解决了这一问题。

虽然人员问题暂告解决，思想问题的大山却依然矗立。两位大姐对于我们的要求还是提出了强烈质疑，她们认为，对"厕所"这样一个场所做如此严苛的要求实在是不可理喻，坚决要求降低标准，否则她们很难胜任这项工作。我深深理解她们口中的所谓"胜任"是个什么概念：显然，这不是一个"辛苦程度"的问题，而是一个"思想意识"或者说"心理障碍"的问题。以这些农村大姐的出身和坎坷经历来说，"吃苦"绝对不会是一个问题，因为她们这辈子就是吃苦过来的，无论我们的要求多么严苛，一个小小的"厕所"对她们而言都绝对不可能构成"苦"。更何况和其他公司"大包大揽"的方式比起来，我们是"专人专用"，她们每个人只需负责卫生间这样一个小小的方寸之地即可，单从劳动强度来讲，这简直称得上是一个美差。所以，她们的问题一定是出在心理上，而不是体力上。

于是，我决定率先垂范，身体力行地解决她们的心理问题。首先，我向她们承诺，至少在最初的一个月里，我会尽量抽时间和她们并肩战斗，而且只要我上场，她们可以只观摩、不动手，工资、奖金一分钱不少发。紧接着，我花了足足两个小时的时间，当着她们的面将卫生间彻底清洁了一遍，边操作边讲解，让她们明白，一个城里书生都能搞定的工作，对她们这些辛苦劳作了半辈子的乡下大姐而言，实在是小菜一碟。

但是，我非常清楚，仅是清洁流程的演示还不足以消除她们心理上的障碍，要想彻底改变她们对于"厕所"这一特殊场所的固有观念，还得整点"邪"的才成。于是，在全部清理完毕，洁白的瓷砖熠熠发光、所有洁具焕然一新的卫生间里，我做了一个"惊人"（其实，这也是"山寨"别人的做法，所谓"惊人"只是针对不同的人群而言）的举动：用一个纸杯在冲便器里舀了一杯水，当着两位保洁大姐的面漱了漱口。不出所料，她们被我的这一举动惊得目瞪口呆，半晌说不出话来。

我半开玩笑地说："不好意思，这要是在国外，这杯水我就喝下去了。咱这儿的自来水漂白粉太多，不能生喝，我就只好漱漱口了！"

两位大姐慌忙应承："差不多，差不多，用这个水漱口和喝进去没什么两样！"

就这样，我基本上打消了两位大姐的顾虑，让她们初步弄明白一件事：卫生间不应该是一个藏污纳垢、臭气熏天的场所，相反，应该是一个一尘不染甚至香气四溢（我们卫生间里摆放了不少鲜花绿草，并且定期喷洒香水）的地方。日本人管卫生间叫"化妆室"，这是完全有道理的。

环境优美，工作不累，还能拿到高工资，这等好事到哪里去找？

两位大姐高高兴兴地上岗了。为了防止她们的思想意识出现反复，我也忠实地履行了自己的诺言，在最初的一个月里隔三岔五就过去帮帮忙，一干就是一两个小时，既给两位大姐减轻了工作负担，也让她们在耳濡目染中进一步接受了先进的理念。思想问题过了关，其他的事情也就水到渠成了。区区两三个星期，两位大姐的工作就彻底上了轨道，一切驾轻就熟，不再需要我费心了。

"和卫生间死磕"的效果是明显的，我的努力没有白费。

我在前面提到，在那样一座相对偏僻落后的四线城市里，卫生间"肮脏"乃至"极度肮脏"没有人会大惊小怪，但是卫生间"干净"乃至"极端干净"则不同，人们会对此大惊小怪，甚至会让这一点成为新闻。

没过多久，我们公司的"卫生间"就在那座城市的同行业中成为一则新闻。很长一段时间里，几乎每天都有同行或明或暗地造访我们公司，而且几乎毫无例外地要到我们的卫生间去看看"西洋镜"。

同行如此，客户也如此。一般来说，对于卫生间的干净和美观程度，客户都不会有什么特殊的感觉，既不会特别注意，也不会留下什么具体印象。正因如此，当我们的卫生间过于与众不同的时候，客户想不留下深刻印象都难。大家知道，**服务业说白了就是一个"拼印象"的行业——因为客户对公司普遍"没印象"，所以大家都有机会而且机会均等，但是如果有哪家公司能够脱颖而出，至少在一个方面能够给人留下极其鲜明、极其深刻的印象，那么这种"人人有饭吃"的均势就会被瞬间打破，从而形成一枝独秀的局面。**这就是所谓的"蝴蝶效应"。而我们公司就成功地促成了这种局面的形成，在很短时间内便迅速建立起相对于同城竞争对手而言的绝对优势。当然，不能说这种优势的形成原因全部都来自卫生间的洁净如新，但是很显然，如果把一家公司的竞争优势形容为一张巨大的拼图，那么，"卫生间环境优雅"绝对是这张拼图里极其重要的一块。

不仅如此，在我狠抓卫生间环境的工作实施之前，别说客户，即便是公司员工，也有随地吐痰、随地擤鼻涕、乱扔纸屑之类的毛病。自从接受了颇具革命性的"卫生间震撼教育"之后，这些不良习惯都得到了很大程度的改善。这一不乏戏剧性的变化，恐怕也可以算得上"五星级音乐厅"理论成功实践的一个范例吧！

二、办公区地面。

与"卫生间革命"同时进行的，还有"地面革命"。

这一革命有两个核心，每一个核心都涉及人体的一个部位。

第一个部位是脚，我要求公司的地面，无论是办公区地面、展厅地面还是车间地面，必须确保"零脚印"；第二个部位是手，我要求保洁人员在清洁地面时不能过分依赖工具，必须增加手拿抹布擦拭地面这个环节。

显然，对公司员工甚至客户来说，这又是一次震撼教育。

先说"零脚印"。很不幸，我们公司所在地位于偏僻的市郊，四周不是荒地就是排污工厂和建筑工地，再加上公司门口那条宽阔的准高速公路上长年川流不息的大型货运卡车，各种尘土、烟霾、排放物一年四季包围着我们，十分钟不清洁，公司地面就会踩上无数脚印，脏得一塌糊涂。

改变人性是一场马拉松竞赛，比拼的不是体力，而是毅力和耐力——谁扛的时间长，谁就胜出。

在这种情况下，我喊出的"零脚印"口号遭到公司员工极大的反对。大家一致认为，这根本就是一个"不可能完成的任务"。我坚信这一目标一定能达成，只要能够做到一件事——每分每秒都有人在清洁地面。

为了做到这一点，我们雇用了两位保洁大姐专门负责地面的清洁工作。显然，仅凭这两个人的力量，做到"每分每秒都有人在清洁地面"还有一定的难度，尤其是考虑到两位大姐也需要有休息和替班的时间，保洁员的局限性就更为突出。所以，唯一可行的办法就是"发动群众，全民皆兵"——公司的每一个人都有兼任保洁员的义务，在任何闲暇的时候主动自发地投入地面保洁工作中。唯有如此，才能真正落实"每分每秒都有人在清洁地面"和"零脚印"的要求。

可以想象出来，强烈的抵制一定会如约而至。

我知道，与卫生间的问题一样，大家之所以对"兼任保洁员"一事反应如此剧烈，不是由于"辛苦"，而是由于思想意识上的桎梏。有许多人甚至当面质问我："现代企业的管理精髓就是分工。我们每一个人都有自己的工作，完成自己的工作是应尽的职责和义务。如果让我们去干保洁员的事情，那公司还聘用专业保洁员干什么？这不是职责不清、浪费资源吗？"而我的回答也很简单："没错，分工是现代企业的一个重要特征，但是别忘了，除了分工之外，还有合作。在很多情况下，也许合作要比分工更重要。因为企业就是一个团队，而一个团队要想做成任何一件事情，没有合作是不可想象的。就拿你们自己来说，你们自己想想看，你们每天完成的所有工作中，有哪一项离得开合作？不是和自己部门同事的合作，就是和兄弟部门同事的合作。总之，离开了合作，你们没有一件事情能玩得转。所以，既然你们可以和自己部门乃至兄弟部门的同事合作，为什么和公司保洁大姐合作就这么困难、这么抵制呢？难不成你们歧视保洁大姐、歧视保洁这项工作？"

一席话噎得他们没词了，只得悻然勉强接受了我的要求。不过，思想通不了，行动是不可能跟得上的。我明白这一点，于是又祭出"率先垂范"的保留项目。我身先士卒，只要稍有空闲就主动充当保洁员，一遍又一遍、一圈又一圈地擦拭着公司的地板。刚开始时效果并不明显，员工似乎并没有被我打动，很少有人施以援手，甚至有些员工远远见到正在清洁地面的我还会刻意地绕道而行，避免尴尬。看得出来，他们从骨子里认为我的这些行为都是我自己的事情，与他们无关。

我没有泄气，而是凭借着一股近乎偏执的执着咬牙坚持了下来。我始终觉得，人非草木，孰能无情。无论多么强大的惰性、多么麻木的感知，只要你是人，就一定会有被打动的那一刻，关键是坚持，一定要坚持下去。我深深地知道，**改变人性是一场马拉松竞赛，比拼的不是体力，而是毅力和耐力——谁扛的时间长，谁就胜出；谁最先扛不住，谁就失败。**

精诚所至，金石为开。两个月后，终于有几个心软的女孩子被我打动，静静地加入我的行列。一旦成功地打开一个豁口，事情就顺利得多了。不久，加入我们行列的员工越来越多，我不再是一个人孤军奋战，终于见到了期待已久的场面——我们的员工基本做到了"每分每秒都在清洁地面"和"零脚印"。哪怕是上厕所，也会主动抹去自己留在地上的脚印。

再说"手的用场"。

毫无疑问，保洁专用地拖和墩布是清洁地面的主要工具。但有些关键区域，比如展车台以及一些边边角角的地方，光靠这些工具是不可能做到彻底清洁的。所以，即便是地面清洁工作，手的用场也绝对不可小觑。

我们中国人有一个特点，那就是认为地面只需要用工具清洁，不可能用上手。所以，你常常可以见到这样的场面：哪怕是一个犄角旮旯，我们也会想方设法把地拖或墩布的一角硬塞进去，鼓捣半天——是否达到清洁的目的无所谓，关键是我做了这个清洁的动作，这就足够了，已经可以向自己和他人交差了。想一想，这个场面是多么讽刺！

看过日本影视剧或卡通片的朋友都知道，在日本，地面主要是用双手来擦拭的——日本人撅着屁股，跪在地上用抹布擦拭地板的画面，相信大家一定不会陌生。

手拿抹布擦拭地面有两个好处：第一，可以关照到无数小细节，把地面擦得和桌子一样干净；第二，可以让人进一步意识到美好环境的可贵，更懂得珍惜。

当然，我们公司所处的环境条件没办法跟日本比，完全做到用抹布擦地面不太现实。即便如此，我也下定决心要让这种清洁理念在公司扎下根。

我的招数依然是"率先垂范"。

我自告奋勇地承包了展车台的清洁工作，每天都要亲自用抹布擦拭地面两到三遍。每次擦拭的时候，整个人几乎都趴在地上，连展车底部的展台都擦得一尘不染，几乎达到镜面的效果。

这一举动显然也起到了震撼教育的作用，让大家真正领教了什么才叫专业的保洁，所谓"爱护环境"到底意味着什么，以及到底可以做到什么程度。

顺便说一句，我一直认为环境卫生不是"打扫"出来的，而是"维护"出来的。"打扫"本身不是目的，"在干净的环境里工作和生活"才是最终目的。所以，在环境卫生这个问题上，与"行为"相比，"习惯"更重要。我们都知道，日本是一个干净的国度，不只他们的企业如此，他们的街道、他们的公共场所乃至他们的家庭也是如此。我们在日剧中经常能看到这样的场面：一个家庭主妇手里随时拿着一块抹布，不停地擦拭着表面看上去已然一尘不染的家具，哪怕是在和家人、朋友聊天，甚至是在接打电话的时候也是如此。显然，这是一种习惯，而且是一种全民习惯，当这种习惯已经成为下意识的时候，这个国家想不干净都难。这样的习惯也在无形中感染了我，一直到今天，我都会产生一种强烈的冲动——哪怕是逛商场，见到一扇布满灰尘和肮脏手印的玻璃门，我也会忍不住想要过去擦拭一下。

三、电灯、空调、复印机等公共资源。

对于一般的民营企业来说，员工对待公共资源的态度也能充分体现出这些企业在团队文化建设的质量方面到底处于一种什么样的水平。

显然，对于许多企业而言，这方面的事情也绝对缺不了震撼教育。

就拿我所在的这家四线城市的汽贸公司而言，员工对于公共资源的不爱惜简直可以说已经到了"令人发指"的程度。

举几个例子。

先说说电灯。作为一种常识，在一个办公空间里，最后离开的那个人应该随手关掉电灯。这简直是连小学生都懂的道理，在我们公司却成了一个大难题。空空荡荡的办公区里，始终亮着一盏"长明灯"——这样的场景对我们而言实在是屡见不鲜，无人见怪。尽管我磨破了嘴皮子，苦口婆心地批评教育，但还是丝毫不见成效。员工的理由很简单：就算我是最后一个离开的，谁敢保证一会儿不会有人进屋？言外之意就是：既然早晚还会有人进来，那还有什么必要关灯呢？

这实在是一个奇怪的逻辑，令我百思不得其解：你把灯关了，别人就没长手，不会再把灯打开吗？难不成仅仅是为了给后来者带来所谓的"方便"，你就甘愿让公司的资源这样白白地浪费吗？

这完全是一种狡辩。事情的真相很清楚：因为这里是公司，不是你们家。既然你自己无须为电费负责，那么当然不会在乎"随手关灯"这一简单的常识。

不只是"长明灯"的问题，空调的问题更严重。

你可以在我们公司看到这样一种奇观：夏天时，无论室外多么炎热，室内温度都和冬天有一拼，许多员工宁可冻得手冰凉，身上直哆嗦，也不愿站起身来将空调温度适当调高；同样，冬天时，无论室外多么寒冷，室内温度都和夏天有一拼，许多员工宁可脱掉毛衣，不停地用手帕拭汗，也决不会将空调温度适当调低。

我曾经想破脑袋也想不明白这件事的原因，后来还是基本上想通了。看来，这里面不仅仅有"公家的钱不花白不花"的占便宜心理，还有"事不关己，高高挂起"的局外人心理。至少在这一点上，所谓的"爱（公）司如家"，所谓的"主人翁责任感"，显然都是天边的月亮，完全可望而不可即。

此风不刹，谈何团队文化？！我下定决心，一定要给员工洗脑，让他们再接受一次终生难忘的震撼教育！

我找人将配电室做了一些调整，让公司所有的电灯和空调都置于电表的监控之下，然后推出了一个"能源利用考核体系"，让公司员工的收入与能源使用效率挂钩。我自认为这是一个治标也治本的妙招，没想道高一尺，魔高一丈，这个新政还是遇到了顽强的抵制。这一回员工的抵制更为极端，他们干脆放弃使用电灯和空调,宁可摸黑办公,忍受没有空调的痛苦。他们的这种举动令我十分感慨,我不由得感叹国人的智慧与韧性,只不过这是一种畸形的韧性和智慧,它们完全用错了地方,必须得纠正。

显然,这依然是一场耐力与毅力的竞争,谁先扛不住,谁就会先败下阵来。

对于员工的这种做法,我采取了坚决的无视态度。我倒要看看,到底是"道"厉害,还是"魔"厉害。

果然不出我所料,经过一个多月的拉锯战,他们终于扛不住了,彻底缴械投降。我的震撼教育最终胜出。有员工私下抱怨:"其实让我们受到震撼教育的,不是这个能源利用效率考核,而是领导的偏劲。我们算是明白了,领导只要认准了一件事,就绝对是一根筋,八匹马都拉不回来!和领导的偏劲叫板,绝对是自讨苦吃!"

这样的评价基本上我还是乐于听到的,只不过想补充一句:说我偏没错,但也得看什么事。有些事我还是很灵活的,一点儿都不固执。"随心所欲,顺其自然"就是我的座右铭,一条路走到黑的蠢事我是不会干的。但是,有些事则不然,这些事涉及原则,必须一条路走到黑,将固执进行到底。否则,一旦有所松懈,事态将一发不可收拾,后果不堪设想。毕竟不是所有事情都会有事后弥补的空间,有些事情一旦没有开好头,事后弥补将极其困难,甚至几乎完全无法弥补。

最后,再来说说复印机等办公设备。

一个令我极为头痛的问题是,员工们对于公司的办公设备真是连一丁点爱护之心都没有。你经常可以看到这样一种场面:只要复印时出了一点儿小问题,他们便会用手掌猛烈拍打,甚至是用脚狠踹复印机。似乎设备故障的排除不是通过调试和修理,而是通过拳打脚踢实现的。

为了彻底纠正这一恶习,我可谓煞费苦心。批评教育自然不在话下,钱更是没少罚。无论我如何出招,都愣是无法撼动这些顽固的员工。无奈之下,我只好变招,祭出最后的撒手锏:对于有此恶习的员工,我不再批评一句,也不再罚他们一分钱,而是将印有他们大头照的上岗证复印件贴到复印机上"示众",

直到下一个"示众者"上榜,才能将前面的"示众者"替换下来。

此招果然灵验,不到一个月,这种现象便基本上销声匿迹了。

看来,"面子"这个东西在人性中有时比金钱要重要,尤其是对我们中国人而言更是如此。如何巧妙地利用"面子",对所有团队管理者而言都不啻一门大学问。

制造"习惯"

经过这一系列整顿,我总结出一些落实"五星级音乐厅"理论的要点。

一、吹毛求疵、小题大做。

既然"五星级音乐厅"理论的核心是通过营造"极端环境"来影响乃至改变人性,那么,实现这一理论的唯一途径就是吹毛求疵、小题大做。任何一个小细节都不能放过,只有对细节近乎偏执的执着才能真正起到震撼教育的作用,也才能从根本上撼动顽固的人性。

就拿我个人的实践经验来说,我感觉自始至终我都在与一句话做斗争,这句话就是"至于吗?"我理解这句话的内在含义。说白了,"是否至于"就是一个人对待事物最基本的判断标准。具体地说,"是否至于"与"能否做到"无关,也与"是否辛苦"无关,只和"是否值得"有关。所以,我的尝试是一种价值观的颠覆,而这样的颠覆只能通过"矫枉过正"来实现。小题大做,而且是不间断的、近乎偏执的小题大做,就是为了达到"矫枉过正"的目的。

二、切忌眉毛胡子一把抓。

但是,正因为极端环境的营造以及震撼教育的实施强度实在是太大,所以不宜面面俱到、密不透风。因为太心急,摊子铺得过大,会让员工有透不过气来的感觉,感到应接不暇、无所适从,这样反而会让他们的感性变得迟钝,甚至产生破罐破摔的消极心理。**正所谓"心急吃不了热豆腐",文化建设这个东西不是一日之功,必须拿出足够的耐心,一点一滴地积累成果,直到量变产生**

质变方才大功告成。否则，如果你发力过猛，吓跑了你的员工，那么无论你再怎么折腾都白搭。

在这方面，我是有教训的。

我曾经想将"环境卫生"和"公共资源"这两个要素一举搞定，同时推出许多新政策，但后来发现效果不佳，于是便想祭出拿手的"硬碰硬"绝技与员工死磕。后来幸得高人指点，及时终止了这个愚蠢的念头，彻底改变战略，将两个要素分开抓，这才取得了比较理想的效果。

通过这件事，我明白了一个道理：**有时候人必须学会放弃。放弃是为了更好地获得，而不放弃也许反倒会让你一无所有。**

现在想来，如果当初我的员工接受能力实在有限，不能同时消化如此多的震撼教育，那么我宁愿放弃"公共资源"这个方面，在"环境卫生"方面倾尽全力。两利相形，则取其重，既然不能二者兼得，那么不如把有限的资源全部投入最值得的地方，无论如何都要干出一点样子来，总比什么都想干却什么都干不好强。

三、抓反复，反复抓。

文化建设的目标是影响和改变人性，而人性又是复杂多变的。有时候你觉得它变了，它却没变；有时候你觉得它没变，它却变了。所以，**对于人性的不变与善变，我们一定要有充分的心理准备，要从一开始便下定打持久战的决心。**

说句大白话，管理这门学问的基本逻辑就是：抓反复，反复抓。"毕其功于一役"的念头要不得。如果你不幸抱有这样的理念，那么你将反复地受挫于人性的复杂和多变。

在这方面，我个人也有很深的体会。

我发现团队文化建设工作就像是手捧一个装着沙子却满是漏洞的塑料袋，经常是堵了上面下面漏，堵了下面上面漏，有时真的令人很沮丧，心中充满挫败感。后来我终于想明白了：也许对我而言，真正的敌人不是人性的反复与善变，恰恰是我自己的挫败感。

既然人性的反复与善变是不可更改的，我为什么要产生挫败感呢？归根结底，还是因为我自己无法接受这个铁一般的事实，总爱幻想一些不切实际的场景或结果能奇迹般地出现在我面前。也就是说，在我自己身上产生了"是否至于"的问题，对于人性的复杂与多变，我自己产生了"不至于"的认知，而且固执己见，拒绝面对现实。看来，在给别人做震撼教育之前，真正需要这种教育的是我自己。

于是，我豁然开朗了。如果我手中真的捧着一个装着沙子却布满漏洞的塑料袋，更为重要的是，如果更换这个塑料袋几乎是完全没有可能的，那么，"不停地补漏洞"不就是我的使命吗？

既然如此，何不彻底放下身段，做一个快乐的"补漏工"呢？

我想明白了这一点，一切都变了。我不再惧怕人性的反复无常，又恢复了从前的倔劲——就算你是只上蹿下跳的淘气的兔子，我也要在你的屁股后边猛追，一直追你到天涯海角；就算你是只会七十二变的猴子，我也要死缠着你不放，让你无处遁形。

我要充分享受"抓反复，反复抓"的过程，和人性的复杂多变斗争到底。

事实证明，只要我自己肯改变，一切都会随我而变。

还是那句话，这是一场毅力和耐力的斗争，关键要看谁能扛到最后。**人是因习惯而生的动物，甭管多么不情愿做的事，只要重复做上一千遍，就会变成习惯，而只要变成习惯，这样的习惯想改都改不掉。**

所以，**你需要做的，就是不断累积"做"的次数，然后鼓足一股丹田之气，耐心地静待"习惯"的到来。**

小 结：

"五星级音乐厅"理论的核心就是：通过营造极端的外部环境，强迫"误上贼船"（发现自己一不留神已然身处其中而无法脱身）的"低素质分子"就范。

第十六章

强大团队的永恒课题
——"机器性"与"人性"的 PK

如何在不牺牲或尽量少牺牲"小我"的情况下达到顾全"大我"的目的,是所有团队管理者不得不共同面对的课题。

团队管理的核心问题,说白了就是如何看待"人"的问题,即到底应该把团队成员当"人"看还是当"机器"看的问题。

不夸张地说,"人"和"机器"的对立是团队管理的一大命门,长久以来一直折磨着无数团队领袖的神经。

尽管我个人自始至终都在推崇某种"人性化管理"的思维,但坦白地说,要想建设一个强大的团队,人的"机器属性"是不能被忽略的。道理很简单,如果把团队比喻成一台机床,那么要想让这台机床高效运转,所有的零部件必须具备"无缝衔接"的特质,也就是说,每一个团队成员必须在一定程度上舍弃"小我",顾全"大我",要像机器零部件一样精确配合,不出差错,才能达到目的。但是,人终归不是机器,无论你是否愿意承认与接受,人性的复杂都是客观存在的。所以,**如何在不牺牲或尽量少牺牲"小我"的情况下达到顾全"大我"的目的,就成为所有团队管理者不得不共同面对的课题。**

总之,**"小我"意味着对"人性"的尊重,"大我"则往往意味着对"机器性"的妥协,个中分寸如何把握,决定着一个团队的现在和未来。**

毋庸置疑,对团队领袖来说,与无比麻烦的"人性"相比,简单明了的"机器性"更受欢迎——如果可能,团队里的"机器性"越强越好,最好所有团队成员都是机器人,只要一按下某个按钮,团队的所有零部件就能自行运转。那样的话，自己只要躺在家里的床上，手里拿个遥控器，就能搞定一个强大的团队，怎一个"爽"字了得？！

当然，这只是一句玩笑话罢了。不过，团队领袖对"机器性"的强烈渴望是众所周知的。

那么，在什么样的情况下，团队成员才能表现出较强的"机器性"呢？

让我们来分析一下。

显然，**团队成员"机器性"的强弱与他们的职业素养和开化程度有关，也与团队氛围和价值观有关。**

让我们逐一分析一下这四个要素。

一、价值观。

强大的信念与意志的力量不是说着玩的，当一个人真的拥有了这些东西，别说当机器人，就算让他们做牛做马，他们也会甘之如饴。

一个最简单的例子就是军队。众所周知，职业军人的"机器属性"是最强的，这种强大完全来自保家卫国这一崇高目的的使命感和神圣感，而这一点是绝大多数行业的团队极难复制的。**对一般人而言，信念这个东西不是靠教育（更不要提口号式的教育了）得来的，而是靠个人的经验或者说历练获得的。它是一种心灵的洗礼与升华，是一个极端复杂的心理学过程。**因此，与许多人通常理解的相反，**信念往往不是一个社会化的概念，而是一个极端个人化的概念，与一个人独特的心理体验过程（什么样的体验、什么程度的体验、什么质量的体验）密切相关，因此极难被复制。**尽管许多团队领袖都习惯将"信念"二字挂在嘴边，希望给自己的团队成员洗脑，却往往收效甚微，甚至会引起团队成员的反感和抵制，就是因为他们没有弄明白这个道理。

当然，例外总是会有。华为就是一个典型的例子。中国第一、亚洲第一、世界第一，所有这些一度看似高不可攀的门槛都已经或即将被华为跨越，这种来自特殊历史背景下的使命感与神圣感让华为这家企业在某种程度上具有了军队的特性，也促使它的团队成员最大限度地体现出了军人的特质，尤其是在人的"机器属性"方面。不过，与军队一样，华为的这种特质依然属于极难复制之列，绝不是靠单纯的教育和洗脑就能轻易获得的。许多团队领袖对华为的成功做了片面的解读，天真地以为只要像军队一样实行军事化管理，就能复制华为的成功。这种误解直接导致了社会上那些不问青红皂白，一律"向军队学管理"的风潮的兴起与风靡，但是时至今日，还拿刻板的"机器人思维"炒作军事化管理的人已经大为减少，这足以证明这种理论的浅薄与无知。

二、团队氛围。

人是随环境而生的动物。当一个团队整体弥漫着一种浓厚的机器人氛围的时候，如果你是一个后来者，那么无论你是否情愿，你都不得不屈服、委身于这样的氛围。但是，俗话说"强扭的瓜不甜"，氛围与环境这些东西并不是解决一切问题的万灵丹。**除非新晋的团队成员能在这种氛围中得到真正的个人历练，从而被彻底洗脑，否则很难在团队中站稳脚跟，因为强势氛围的排异性往往会远远超过它的包容性**。一般来说，"机器性"越强的团队，成员的流失率就越高。尽管这样的团队往往极具效率，拥有强大的竞争力，但人员构成的不稳定性始终是它们的软肋。遗憾的是，许多团队领袖常常会被自己团队表面的强大迷惑，对这种人员不稳定（实际上也是人心不稳定）的现象不屑一顾，甚至一厢情愿地认为这种现象的发生是优胜劣汰的"丛林法则"发威的证明，因而是自己的团队之所以如此强大的一个重要理由。他们对这种情况不以为忧，反以为荣。**殊不知，人心向背自古以来便是一个团队能否蒸蒸日上的决定性要素，忽视了这一点，再强大的团队也只能昙花一现。如果不信，就去问问死不瞑目的曹操。**

三、开化程度。

一个极为吊诡也极为讽刺的事实是，许多团队之所以强大，不是因为团队成员个人素养高，恰恰是因为团队成员个人素养低，甚至是低到几近愚昧的程度。

人因为愚昧，所以容易盲从，容易被洗脑，因而也就容易体现出一种极强的机器人属性，任由别人摆布而浑然不觉。

这样的例子古今中外比比皆是，不胜枚举。

其实整个中国的产业史就是一段活生生的"人性开化史"。每个老板都会哀叹现在的员工与十几年、几十年前的父兄辈员工相比是大大地"堕落"了、"不好管"了。殊不知，老一辈员工之所以"好管"，并不是因为他们"素质高"，而是因为他们"不开化"。同理，现在的员工之所以"不好管"，也并不是因为他们"堕落"，而是因为与自己的前辈相比，他们极大地"开化"了。**识时务者为俊杰。"不开化"是偶然的、暂时的，而"开化"则是必然的、永恒的，总想着依靠人类的愚昧来牟利的人，才是真正愚昧的人。公平地说，人类的愚昧不是不可以利用，有便宜不占是愚蠢的，但是占便宜没够更愚蠢。只有那些从一开始就做好"迟早有一天这些人会开化"的心理准备，并为之做足预案的人，才能真正笑到最后。**

四、职业素养。

职业素养说白了也是一种信念，就像DNA一样深深地埋在职场人士的细胞里、身体里，指导着他们所有的思维和行为。它可以不受团队的环境和氛围的影响独立存在，可以伴随一个人的整个职场生涯。所以，**源于职业素养的"机器属性"，才是最靠谱、最可持续，也最受团队领袖青睐的。**"职业素养"这个东西就像宝石一样稀有，可遇而不可求。不夸张地说，现实生活中的绝大多数人都滥用了"职业素养"这个概念。在绝大多数情况下，团队领袖们自以为的所谓"高素质"员工，其实恰恰是"愚昧"员工。也就是说，团队领袖会一厢情愿地认为是自己卓越的洗脑工作使团队成员拥有了极高的职业素养。其实不然，团队成员之所以体现出高效率，往往不是因为他们素养的提高，恰恰是因为他们的愚昧。

有人可能不解：甭管是出于什么原因，只要团队成员的效率高不就行了吗，追究那些成因有什么意义呢？

有意义，这个意义体现在可持续性上面。**一言以蔽之，来自愚昧的效率是不可持续的，而来自职业素养的效率则是可持续的。**

道理前面已经说过了，这里不再赘述。

那么，如何才能使团队成员获得较高的职业素养呢？

把团队成员当"人"看还是当"机器"看的问题,是团队管理的核心问题。

与信念一样，它不太可能来自教育，只能来自个人的体验与历练。当然，这不是说教育不重要，只是说与教育相比，历练更重要。而且，这样的历练必须充满正能量。简言之，**如果你想让自己的团队成员拥有较高的职业素养，你就必须创造条件，让他们在你的团队中尝到成功（源于较高职业素养的成功）的滋味。只有让他们实实在在地尝到"高素质"的甜头，他们才会心甘情愿地做一个"高素质"的人。**否则，如果你仅仅是想利用他们的"高素质"为自己谋利，而忽视对方的成功体验和心路历程，那么你越强调"高素质"，越想给团队成员洗脑，他们的反感与反抗就会越强，令你得不偿失。

需要指出的是，绝大多数团队领袖都容易犯一个错误。他们往往倾向于宣传一种所谓的"共赢理论"，即"团队好了，成员自然会好"，总是试图通过画饼充饥的办法来稳定军心。在具体实践上，则体现为"第一桶金归团队（实际上是归自己），第 N 桶金归成员（实际上是遥遥无期）"。其实，这是一种极其愚蠢的自欺欺人的把戏，如今这年头还吃这套的主儿已经可以进博物馆了。所以，不妨另辟蹊径，彻底换一个思路：**将团队的第一桶金回馈成员，第二桶金再拿来扩大团队的事业，这样做说不定能收到奇效。**

长期以来，我都十分感慨于一种社会现象：为什么连小学生都能自觉遵守交通规则，大人们却做不到？是因为大人的素质比小孩子还要低吗？尽管嘴上确实在这么说，可心里其实颇有一些不服气。

如果我够胆量，我愿意说出一个事实：小孩子之所以能自觉遵守交通规则，不是因为他们有着远超大人的高素质，而是因为他们不开化。因为小，不懂事，所以大人让他们怎么做，他们就会乖乖地照办。而大人们之所以不能自觉遵守交通规则，也不是因为他们的素质低，而是因为他们的个人历练告诉他们"遵守交规的人都是傻子，不遵守的才是人精"——明摆着不遵守交规的人能更快地穿过马路，而且不会受到任何责罚，我为什么要当那个遵守交规的倒霉蛋呢？

所以说，无论你喜欢与否、相信与否，一个事实是不容否认的，那就是：素质的高低往往更多地来源于个人的经验与历练，而这些东西事关人性的形成；而教育起到的作用常常只能是隔靴搔痒，很难从根本上影响人性。因此，如果你想让自己的团队成员拥有高素质，与其用嘴说教，不如拿出行动。

总之，为团队成员注入"机器属性"不是不可以做到，但难度不小，且常常具有偶发性和不可持续性。因此，要想让团队蒸蒸日上，拥有可持续的高效率，还得将注意力放到人性化管理上来。

话又说回来，即便是那些成员个体表现出极强"机器属性"的团队，卓越的人性化管理也依然是它们的一大制胜法宝。比如说军队，许多人都觉得军人铁血无情，只知"服从"，殊不知"无情未必真豪杰"，军队里的人情味要远胜于民间。相信每个人都听说过"军队是一个大熔炉"的说法，这个熔炉，绝不是"机器人"的熔炉，而是"人性"甚至是"感性"的熔炉。就连那些只参加了几个月军训的娇生惯养的女大学生在离开军营时都会哭成泪人一样，显然"铁血无情"绝不是军队唯一的标签。海底捞也一样。张勇并没有因为海底捞的一线员工"不开化"便一味地虐待他们，恰恰相反，张勇用父兄般的胸怀与情感无微不至地关怀着自己的员工，让他们将自己视为家人，心甘情愿地为自己赴汤蹈火、冲锋陷阵。从这个意义上讲，即便有一天张勇的员工"开化"了，也未必会弃他而去。除了所谓的"报恩情结"之外，员工通过自身历练尝到了甜头，真正具备了极高的职业素养也是一个决定性因素。

所以，如果你想复制海底捞的成功，与其挖空心思跑到四川的小山沟里"寻人"，不如扎扎实实地跟着张老板学点人性化管理的绝招。

小结：

"小我"意味着对"人性"的尊重，"大我"则往往意味着对"机器性"的妥协，个中分寸如何把握，决定着一个团队的现在和未来。

第十七章

没有"私生活"的团队不是好团队

任何一种规矩都是为人服务的,不能以对人的冷漠与麻木不仁作为制定的前提。

经典谍战剧《潜伏》里的特务头子——保密局天津站的吴站长有一句话颇具启发性,他对自己的爱将余则成说:没有人情味的政治是短命的。

吴站长说这句话是基于这样一个背景:余则成进入天津站没多久,就遇到了一个天大的难题——站长要求所有同人都必须将家眷迁往天津。他的理由是,"抗战期间诸君的家眷受苦了,现在打垮了日本人,终于天下太平了,也应该把家眷接到身边,让她们过过好日子,好好享受一下抗战胜利后的美好生活"。

这个要求彻底难倒了余则成,也最终促成了翠平的登场,铺就了其后所有的剧情脉络。抛开这些不谈,单从吴站长认为"人情味大于(至少不小于)政治",即"生活大于(至少不小于)工作"这一点而言,此人的见识便绝非一般人所能比。

这个细节至少说明两个问题:

第一,要想搞好工作,就必须重视人情味,必须尊重生活。

第二,没有人情味、不尊重生活的人难堪大用。

请务必记住这个细节。对团队建设而言,它真的十分重要。

团队领袖的 N 宗罪

看过《潜伏》的人都知道,与其说它是一部谍战剧,不如说它是一部职场剧，而且这部剧的精彩度以及对职场生态把握的准确度丝毫不亚于《杜拉拉升职记》，甚至比后者有过之而无不及。有不少职场中的朋友痴迷此剧，几乎达到电视台播一遍就看一遍的程度。我本人也是此剧的骨灰级粉丝，迄今为止已经完整观剧几十遍。此剧推出之后，不但在影视界引发山寨狂潮，且热度至今未减，甚至连出版界都来凑热闹，不失时机地鼓捣出一大堆和"潜伏"二字有关的职场指南书籍。这些书籍居然本本畅销，深受广大职场中人的青睐。事情到了这种地步，就已经可以用"社会现象"来形容了，可见此剧的魅力与威力之大。

这部剧的风靡，无疑与其淋漓尽致地揭示了中国职场的本质规律有关。因此，真正看熟乃至看透这部剧，对团队的建设者和领导者们来说，可谓深具现实指导意义。

我们知道，一般的团队领袖最容易犯的一个错误就是"老板本位"，不尊重团队成员的立场，而这一错误尤以侵犯团队成员的私生活为最。

这种对私生活的侵犯主要体现在如下几个方面：

一、干涉团队成员的感情生活。

典型案例：

（一）禁止团队成员在职期间谈恋爱。

虽然这样的团队现如今已经比较少了，但绝非销声匿迹。尤其是在一些经营西方高档品牌产品的服务性公司当中，至今仍然可见"确保绝对单身"这样苛刻的用工条件。

（二）禁止同一团队成员之间存在恋爱关系。

这样的团队较为常见。现如今的中国，"办公室恋情"对许多公司而言依然是一个禁区，至少是一个颇为敏感的地带。不夸张地说，如果你爱上同公司的某位美女帅哥，并铁了心地想让这份爱开花结果，那么这将意味着十有八九你们两人中的一个会在不久的将来离开这家公司。

（三）禁止夫妻在同一团队内任职。

尽管这一禁令十分荒谬可笑，却绝不令人感到陌生。相信许多人都曾亲身经历过具有同样或类似规定的职场，包括我本人。我甚至曾经遇到过这样一个极端的案例：一对夫妻到某家公司任职，却隐瞒了两人之间的夫妻关系。直到这对夫妻由于某些私人原因双双离职半年之后，公司同人才从另一个知情人口中得知他们之间的特殊关系。这一"意外发现"令大家啧啧称奇，不胜感慨。当然，并不是所有案例都这么极端，在很多情况下，这种对"夫妻关系"的歧视表现得相当隐蔽。举一个例子。在我曾经任职的一家公司，有一对工作表现非常出色的夫妻。也许是这家公司格外宽容，也许因为两人自己争气，总之这对夫妻并没有受到明显的排斥，顺利地在职场中生存了下来。老公由于表现亮眼，很快便得到提拔，升任为部门经理。一年多以后，又一个部门经理职位出现空缺，而老婆则是这一空缺最有力的替补人选，所有人都认为她的当选几乎是板上钉钉、毫无悬念的。最后，当上这个部门经理的却是另外一个能力远逊于她的人。对于这样一个不合常理的人事安排，老板列举了种种理由为自己开脱，唯独没有涉及"夫妻"这层微妙的关系。不过，即便老板不说，所有人也都心知肚明，知道他心里的那点心思到底是什么。真正令人跌破眼镜的还不是这个荒唐的人事安排，而是那对夫妻的表现。尽管受此不公平待遇，那对夫妻却似乎不以为意，竟然欣然接受，表现出一种难得的大度。可见他们早已做好心理准备，从一开始就不认为女方能够当选。或者换句话说，他们从一开始便接受了"夫妻不能同时担当大任"的理念，从心底里理解甚至支持老板的决策。明明有一身本事，却不能或不愿施展，这真是一出典型的职场悲剧。

二、剥夺团队成员经营私生活的时间

典型案例：

（一）不合理、无节操的加班

如果你问天下职场中人最痛恨的字眼是什么，估计十有八九非"加班"二字莫属。在当今中国，这两个字已经变成一个硕大的毒瘤，不但疯狂地侵蚀着员工的身心健康，也侵蚀着老板和员工之间的关系。

诚然，必要的加班在世界上的任何一个角落都是被允许的，但不合理、无节操的加班绝对是一种社会道德的败坏。

那么，何谓"不合理、无节操"呢？有以下几个判断标准。

1. 是否有必要。

不夸张地说，现在的许多老板都患上了"加班强迫症"。甭管有无必要、有无效率，只要尽可能长时间地把所有员工"锁"在办公室里，他们就会有一种莫名的满足感和成就感，觉得自己"赚到了"，或至少"没吃亏"。

我就见到过这样一位老板，他对"加班"的痴迷已经到了病态的程度。他评价员工是否优秀、是否堪当重任往往只有一个标准：这个员工是否下班比他早。这还不算完，他规定所有员工每月只有一天的休息时间，为了平息民怨，每逢周日员工可以不穿工作服上班，而且可以打牌、搓麻将、玩游戏自娱自乐，公司管理层决不干涉。这一神一般的加班规定至今让我深感困惑，不知老板所图为何。道理明摆着，虽然他表现得如此宽容，可毕竟是剥夺了员工的私人时间，因此绝无可能彻底化解员工心中的怨愤。不仅如此，给员工大开方便之门，让他们为所欲为，还会纵容他们的报复心理，让他们肆意破坏团队文化，浪费公司资源，真可谓"一举两失"的笨招。难不成在老板心里，只要把员工诓到公司里上班便万事大吉，哪怕后者上房揭瓦也不以为意？

2. 是否过度。

凡事皆有度。即便是有必要、有效率的加班，超过一定限度，也会产生极大的副作用。**因为人的身体和精力往往是脱节的，有时候身体尚且挺得住，却耗尽了精力；有时候身体已经挺不住了，却依然精力旺盛。**一般来说，后者的危害要远远大于前者。过于长时间地专注于一件事，往往会让人"灵魂出窍"，彻底忘记"身体"这码事的存在，而这种程度的专注是致命的，"过劳死"往往就是由这样的专注导致的。

可悲的是，这种无条件、无限度、无节操的专注，恰恰是老板们的最爱。说句不夸张的话，在许多老板的心目中，也许专注到"濒死"状态的员工，才是真正的好员工。

举个简单的例子。许多老板经常会说这样一句话："凭什么我可以加班到深夜，而我的员工们不行？"

这句话乍听之下似乎挺有道理，但是细细想来便会破绽百出。甚至不客气地说，这根本就是一种典型的混账加强盗逻辑——因为你干什么，所以我就必须干什么。按照这个逻辑，是不是你吃素我也必须吃素，你吃荤我也必须吃荤？

所以说，你干什么和我干什么根本就是两码事。大家都有本职工作，也必须干好各自的本职工作，我到你这儿来就是为了这个，而不是为了一切向老板看齐。

3. 是否有报酬。

这一点也是"天下员工心中永远的痛，天下老板头上永远的耻"。

一般来说，老板之所以不给员工的加班行为支付酬金，无非是出于以下两种考虑：

第一，财迷，舍不得钱——让我出钱不如要我的命！

第二，考验员工的职业素质——我倒要看看你算不算一个合格的职业经理人，是不是没钱就不肯干活！

总体而言，以"考验员工的职业素质"为名、行"财迷"之实的老板居大多数。说这种行为猥琐，相信不会有人发表异议。遗憾的是，对于这种猥琐的行为，极少有员工会做出反抗的举动。他们或者敢怒不敢言，将愤懑与郁闷深深地藏在心底；或者被洗脑，天真地认为无偿为老板奉献真的是一种"职业素质高"的表现。不管怎么说，劳动是有价值的，必须用相应的报酬去置换。这是一个社会能够正常运转所必须遵守的游戏规则。

说起来，天下老板经常爱把"你以为我是开慈善公司的啊？要想挣钱，就必须给我干活"这句话挂在嘴边，反过来，员工又何尝没有资格说"你以为我是做义工的啊？要想让我干活，就必须给钱"呢？

拿了人家的钱却不给人家干活与让人家干活却不给人家钱一样，都是一种小偷行为。切记！偷窃可耻——这是我们从小就接受的教育。

（二）肆意占用团队成员八小时工作以外的时间，且毫无歉疚之意。

照理说，无节操地强制加班已经够不人道的了，即便这样，贪心的老板还是不愿意放过员工，依然执拗而无所不用其极地侵占着员工那已然少得可怜的私人时间。

这种行为主要体现在以下几个方面：

1. 坑爹的"二十四小时开机"。

相信许多职场中人都领教过老板"二十四小时开机"政策的厉害。这是一个臭名昭著的坑爹政策，几乎没有哪个职场中人不对其恨之入骨。这一做法最卑劣的地方，就在于对员工拥有私生活权利的彻底无视。**"二十四小时开机"意味着对员工私人时间的无缝覆盖和无条件掠夺，它的潜台词是"你要随时做好心理准备，没准儿什么时候就得出门"。**这就意味着，即便劳累了一天的你带着一身的尘土和满身的倦怠回到家里，神经也得不到片刻放松，因为哪怕你正在吃饭、洗澡或睡觉，也有可能随时接到一个要命的电话，你不得不挣扎着穿上衣服，一头扎进漫无边际的黑夜……这种几乎无穷尽的精神折磨，不仅极大地损害了员工私生活的质量，而且也严重地侵蚀了员工的身心健康，令他们的战斗力大打折扣，真是损人不利己。

2. 肆无忌惮的临时性使役。

这一政策与"二十四小时开机"类似，也是一种对员工私人时间无条件掠夺的卑劣行为。举一个我亲身经历过的案例。有这样一个老板，因为在喝咖啡时为一个数据和朋友打赌，竟然在半夜十二点给一位下属打电话，让他火速打车赶往公司办公室取一个U盘送到咖啡店。那位下属的家距离公司至少有四十分钟的车程，而且时值深夜，他和媳妇早已入睡。即便这样，老板下了命令，他也只能照办。由于路上耽误了一点时间，赶到咖啡厅时已接近凌晨两点，这位下属还遭到老板的一顿痛斥。带着一身的疲倦和一肚子的闷气回到家，时间已过凌晨三点。整整一个晚上，媳妇没睡好，自己也无心入眠，这位下属的心境简直糟糕到了极点。而他这晚的境遇绝非特例，公司许多同人都"享受"过同样的待遇。顺便说一句，那位老板的公司有着极高的人才流失率，所有员工的平均在职时间不超过半年。

3. 不受欢迎的"亲民"表现。

也许是为了收买人心，也许是为了缓和一下平素里留给下属的过于僵硬刻板的印象，许多老板在日常生活中都喜欢做一些"亲民"的事情，比如说送下属礼物，请员工吃饭，让员工参与自己的家庭生活，等等。但是，除了少许特例之外，一般情况下，员工对老板的这种"亲民"表现并不买账。

我就曾经见过这样一位老板，他极其热衷于各种各样的"亲民"行为，却始终无法得到员工的理解与认同。这令他百思不得其解，心中十分郁闷，不明白为什么他的好心总会被员工当成驴肝肺。"不识庐山真面目，只缘身在此山中"。其实对于局外人而言，个中缘由显而易见。举几个例子。比如说，他十分喜欢送员工礼物，而且还是相当昂贵的礼物，可员工稍微表露出一些婉拒之意，他便会十分生气，号称对方如果不接受的话，他就会将礼物扔掉，员工无奈之下只好收下。这还不算完，此公记忆力惊人，一般情况下随时都能说出何时何地自己曾送给何人何物，而且能清楚地记得礼物的款式、档次、价格等细节，然后露骨地暗示接受馈赠的一方要知恩图报，对自己加倍效忠。想想看，这样的礼物，甭管贵重不贵重，有谁敢接？换句话说，这样的礼物，越贵重就越危险，就好像是一枚不知什么时候会爆炸的定时炸弹，落到谁手里谁倒霉。再比如说，他十分喜欢请员工吃饭，而且绝少使用公款，基本上都是自己埋单。不过，也许正因为觉得自己诚意十足，他绝对禁止员工的"翘局"行为，哪怕天上下刀子，所有人也必须全数到齐，否则以"团队活动的消极分子"甚至"破坏团队团结"罪论处。这样一来，"老板的饭局"在员工那里便成了一块心病，只要听到"老板又要请客了"的消息，所有人都会表现得惊慌失措，如丧考妣。这些还都是小儿科，更极端的是，这位老板为了表现自己的"亲民"，还会积极地让员工参与自己的家庭生活，比如说派下属接孩子放学，让下属陪夫人美发，请下属陪他们全家逛街，等等。当然，即便是这样的行为，如果适量适度也未尝不可，但在这位老板心里，显然"下属"已与"家属"无异，已经到了连家庭隐私都不避嫌的程度，这就令下属十分尴尬、难受，恨不得拥有哈利·波特的隐形斗篷，或干脆找个地缝钻进去。更要命的是，这位老板的行为大量占用了员工的私人时间，严重破坏了员工自己的家庭生活。因此，尽管他本人自我感觉良好，员工们却对其深恶痛绝。

这位老板的案例十分典型，相信许多职场中人都能从他身上或多或少地找到一些自己老板的影子。

其实，老板们做出这种"亲民"的举动，看似出自一片好意，其实骨子里依然是一种居高临下的优越感和予取予夺的支配欲在起作用。不客气地说，**这是一种强制性亲民，其性质已经是"扰民"了**。因为对老板的"好意"和"平易近人"，员工只能无条件接受，否则也许会遭遇不测，至少会给自己的职场生活乃至职场前途带来许多不必要的麻烦。所以说，这种形式的亲民从本质上讲是"黄鼠狼给鸡拜年"，归根结底还是"老板本位"的思维在作祟，完全无视员工的人格与尊严，难怪会遭到员工的痛恨。

三、不尊重团队成员的家属。

这一点往往容易被人忽视，但它是"老板本位"思维最极端、最恶劣的表现方式。因为这种行为已经明显过界，将侵犯的对象从团队成员本人延伸到了团队成员的家属。

典型案例：

（一）以"家长"的名义肆意干涉团队成员的私生活。

有这样一些老板，他们总是喜欢以"员工的衣食父母"自居，动辄粗暴干涉下属的家庭生活。小到家庭收入的分配，大到夫妻相处的方式，几乎下属家庭生活的所有方面，他们都要插一脚。当然，如果真是同事间真挚的关心，这种举动本也无可厚非，甚至值得鼓励。但是，这些老板对员工私生活的介入则明显有着越界之嫌。主要体现在如下三个方面：**第一，横生枝节**。如果员工的家庭生活确实出了问题，作为领导的老板自然要关心一下。但是，在许多情况下，老板对员工私生活的介入都与这一点无关，他们仅仅是根据自己的好恶决定介入与否以及介入的时间与方式。也就是说，人家员工的小日子过得好好的，没有任何家庭问题，只是因为自己看不惯人家的生活方式，许多老板就会断然出手，横加干涉。**第二，不请自来**。即便员工的私生活确实出现了问题，人家是否愿意别人介入抑或介入到什么程度，这些都是人家的权利和自由，外人无权干涉。坦白地说，对我们所有人而言，即便是和"闺密级"密友，也会有想说的话和不想说的话、能说的话和不能说的话之分，更何况是自己的老板！一般来讲，"老板"这层身份的存在，就决定了员工的许多过于隐秘的心事根本不会向其坦露，更别提向其求助了。遗憾的是，许多老板偏偏不信这个邪，总是喜欢不请自来，强行闯入员工的私人领域，并且试图大展拳脚，令员工不胜困扰，郁闷至极。**第三，居高临下**。没错，我们每一个人在遇到家庭烦恼时都会本能地向亲友求助，希望对方能开导自己并协助自己走出困境。但这种求助与施助行为必须建立在当事双方完全平等的前提下，否则就会极大地变味，变成一种乞求与施舍的关系。而许多老板对员工私生活的介入，就极易发生这种变质的情况。具体地说，老板在面对下属员工私生活的时候，往往不是在"支招"，而是在"下命令"；不是在和员工"商量"，而是在要求员工"执行"。这样一来，当事双方的平等关系便被打破了——老板居高临下、颐指气使，员工却进退失据、尴尬至极。

想想看，如果是你，面对这样的老板，又怎能不头痛？

（二）对团队成员的家属做出不礼貌的行为。

也许是在下属面前颐指气使、作威作福惯了，许多老板往往还会混淆对象，将自己的老板脾气发泄到下属的家属身上。我就见到过这样一位老板，也许是小时候历史故事看得太多被洗了脑，打小就有着非常强烈的大男人主义思想和英雄情结。在他心目中，女人只能是男人的附庸和点缀，其命运必须由男人来主宰。所以，他选人、用人的一个基本原则就是"要有十足的男人气概"。极为讽刺的是，他最得力的一位助手便是个典型的"妻管严"，对老婆几乎言听计从。这令他十分郁闷，动辄拿自己的信仰和价值观给这位助手洗脑，试图让他在自己媳妇面前强势起来。无论老板如何努力，这位心腹爱将都不领情，依旧享受着"妻管严"的快乐。老板大失所望之下居然迁怒于助手的媳妇，私自打电话将其叫到公司办公室，并当而训斥了一顿。助手闻讯后勃然大怒，当即和老板翻脸，愤然离开了公司。要知道，这位助手是个不折不扣的闷葫芦、老实人，要搁在平时，别说和老板，就算和普通同事之间也极少红脸。就是这样一个老好人，却以如此极端而轻率的方式与老板决裂，这令所有人大为震惊，包括老板本人。可见，在员工的心目中，家人的地位永远是特殊的，自己受多少委屈没关系，如果有人想欺负自己的家人，那绝对是"是可忍，孰不可忍"，任你是谁都不可能平息他们心中的愤怒。

话又说回来，这位老板也是太死性，犯了"狗拿耗子"的错误。你管人家是不是"妻管严"呢？人家自己过得幸福不就完了吗？再说了，你为什么找人家当自己的得力助手，不就是因为人家性格敦厚，对你百依百顺吗？怎么人家对你顺从没任何问题，对老婆顺从就成了问题呢？退一万步讲，要是人家真的被你洗脑，变成了一个棱角分明、性格强悍的主儿，"妻管严"的"毛病"固然能彻底治愈，但恐怕你自己也会落下一块心病，再也找不回从前那个温良恭顺的助手了吧？

世上本无事，庸人自扰之。好端端的一个心腹爱将，居然被这样一个荒唐至极的理由活活气走，这位老板真是比窦娥还冤！

所以，做老板的一定要明白一个道理：**即便是出自一片好心，在下属的家属面前也一定要悠着点，切不可任性胡来。总之，"管下属的权力"与"管下属家属的权力"绝对是两码事，万万不可混淆，否则一定会自食其果。**

四、吝于为团队成员创造更好地经营私生活的有利条件。

讽刺的是，尽管在许多不必要的事情上，老板们往往会表现得极其"亲民"、热心，可在另一些真正有必要的事情上，他们常常会表现出一种不近人情的冷漠甚至是冷酷。这种冷酷，主要体现在对员工恶劣的生活条件的漠视上面。

举几个例子。

员工没房子住？这事和公司有什么关系？

员工的孩子没人接？这难道不是他们自己应该处理的事情吗，为什么要拿到公司里来说？

单位离家太远，员工上班不方便？这是他们自己的问题。怕迟到就早点儿

任何一种规矩都是为人服务的。

出门，嫌离家远就住在近点儿的地方，不满房租太高就换个便宜点儿的房子。总之，这都是他们的私事，他们自己有义务搞定一切！

一句话，"我又不是员工的保姆，这些事情关我屁事"是老板们普遍的心声，绝大多数职场中人对此也早已有了免疫力，基本上不会有人大惊小怪。

我认识这样一对年轻夫妻，小两口都是乡下人，同在某三线省会城市的一家商贸公司打工。由于两人诚实肯干，吃苦耐劳，很快便得到同事的肯定和老板的赏识，成了这家公司不可或缺的台柱子。可对于这对看似顺风顺水的小夫妻来说，有一块严重的心病长期困扰着他们，那就是孩子。他们的孩子才两岁多，被寄放在一家条件简陋的民办托儿所里。小夫妻属于典型的双职工，单位又是一家民营公司，上下班时间基本"没点儿"，所以接送孩子便成为一个大问题。他俩曾试图和老板沟通，希望他能网开一面灵活处理，允许夫妻俩适度地"轮流迟到早退"，以便解决这个难题，但被老板以"公司纪律绝非儿戏""家事与公事无关"为由断然拒绝。无奈之下，他们只好将孩子拜托给一位同城打工的老乡，请她代为接送，才算暂时解决了这个问题。可是好景不长，一年后，那位老乡去了另外一座城市谋生，让这对夫妻再度陷入困境。在又一次与老板沟通无效的情况下，老公选择了放弃，跳槽到另一家收入较低但上下班时间较为自由的公司，自此独自承担起接送孩子的任务。俗话说"福无双至，祸不单行"，不承想半年之后，孩子的奶奶病了，老公需要回乡照顾母亲，这下孩子的接送问题又没有了着落。由于收入不错，又身负养家糊口的重责，老婆实在是不舍得离开那家公司，于是她鼓足勇气再一次找到老板，几乎是眼含热泪地恳求老板在上下班时间方面给予自己一点宽容。而她的处境也激起同事们的广泛同情，大家纷纷声援这位可怜的妈妈，希望老板能高抬贵手破一回例，给她开一次绿灯。为了说服老板，公司许多同人甚至主动要求为这位妈妈"补漏"，在她迟到早退期间替她处理一些业务。即便如此，老板依然如吃了秤砣一般心硬如铁，毅然决然地再次拒绝了这个合情合理的小小要求，彻底浇灭了这位得力员工心中最后的期盼。终于，为了孩子，老婆也不得不离开了那家公司。前后算起来，小两口在那家公司服务的年数加起来还不到两年。

其实，公平地讲，那家公司的老板还是比较开明的，有着比较先进的管理思维，起码对于这两位员工的夫妻身份完全没有介意，而是真正做到了任人唯贤、量才适用。不过，也许正是因为这种管理思维的"先进"，他才显得异常固执，完全不知通融为何物，过分执着于冰冷、僵硬的制度与规矩而无法自拔。甭管怎么说，规矩是死的，人是活的。**任何一种规矩都是为人服务的，不能以对人的冷漠与麻木不仁为制定的前提。反之，如果某种规矩不能为人服务，在人面前表现得过于麻木不仁，那一定是这个规矩本身出了问题，需要得到及时的改正与扬弃。**

总之，以上种种不尊重甚至侵犯员工私生活的行为都是反人性的行为，是对团队成员人格和尊严的严重侮辱与践踏，应该受到坚决的抨击。与这种行为相比，那位保密局天津站的吴站长能够悟到"没有人情味的政治是短命的"这一点，实在是技高一筹，令人钦佩。尽管此人在剧中是一个大反派，但大多数观众在观剧过程中不但不会对其心生反感，反而会对其感到一种莫名的亲切，这一点就很耐人寻味——想必在他们心中，已经下意识地将剧中的虚拟人物与现实生活中自己的老板相比较，并且得出了一个显而易见的结论。这就是这部剧接地气的地方，也是值得天下老板和团队领袖深刻反思的地方。

团队领袖的"赎罪"之道

那么，下面的问题就是，我们的老板与团队领袖到底应该如何反思，如何纠正这些违背人性的思维与行为方式呢？

让我们逐一分析一下。

一、如何对待团队成员的感情生活。

人是理性动物，更是感性动物。没有人不懂得理性的重要，但是也没有人能逃脱感性的羁绊。从根本上来说，感性与理性是一枚硬币的两面，彼此互为因果。就好像人类之所以愿意暂时失去自由,就是为了最终获得更大的自由,之所以愿意暂时失去欢乐,就是为了最后得到更多的欢乐一样,**人们之所以会认可理性,就是为了换取最大限度的感性。同样的道理,如果能最大限度地活用人们的感性,就必然能极大地激发出他们的理性。**

就像我在书中反复强调的那样,**"人治"是管理的最高境界,任何一个能让人性大爆发的团队都必然是令人生畏的强大团队**。而在所有人性当中,显然"感情"是最伟大、最根本的一个载体,承载着巨大的能量。作为一个团队领袖,你不可能无视它的存在,更没有理由不充分利用它的威力。

其实,团队领袖们之所以会对自己团队成员的感情生活横加干涉,原因很简单,无非是担心过分沉溺于感情中的团队成员会在实际工作中掉链子,影响团队的整体战斗力。坦白地说,这种担忧不无道理。就好像家长严禁高考前的孩子谈恋爱一样,注意力的分散确实会极大地影响人的竞争力。但这种负面影响绝非必然,因为"爱"的能量具有鲜明的两面性,既有正能量也有负能量,关键看你怎么看待和对待它:你把它想成天使,处处与它为友,它就会成为天使;你将它视为恶魔,处处与它为敌,它就会变成恶魔。事实上,如果团队领袖能对这一点持比较开明的态度,一般情况下,真正因为感情问题而在工作中掉链子的团队成员是极少数。反过来说,即便在某些团队里真的发生了令人遗憾的负面案例,恐怕最大的原因也不是团队领袖对"爱"的宽容,而是他们对"爱"的苛刻:成员明明想爱,却不让爱,那就只能偷偷摸摸、提心吊胆地爱。**而这种做贼一般的自我暗示以及随之而来的巨大的不安全感和不确定性不可能不分散人的注意力,降低人的竞争力。**所以,对于这剪不断理还乱的"爱"而言,团队领袖与其自欺欺人地禁止,不如大开方便之门,放任自己的团队成员尽情地去爱。要知道,你的团队成员毕竟是成年人,早已过了"早恋"的年纪,所以完全可以相信他们的自我管理、自我控制能力。更何况,美好的爱情需要雄厚的物质基础做保证,而工作则是他们获得这一保证的唯一途径,个中的利害关系他们不会不明白。

不过,如果你想做一个顶级的团队管理者,仅仅对团队成员的感情生活持相对开明的态度还远远不够。你需要更积极主动一些，对于团队成员的恋情，尤其是团队内部的恋情，不能仅仅止步于允许或放任，而是要大胆鼓励，尽力协助，创造更有利的条件，让更多的团队内部的恋情发芽、长大乃至开花结果。之所以这样做，道理很简单：**如果一个小家庭的生活与命运全部寄托在某个特定的团队身上，那么这个家庭里的两位成员又怎会不以团队为家，不为团队披肝沥胆，誓死效忠团队呢？绑住了团队成员的家，就等于绑住了他们的心，彻底买断了他们所有的生产力和创造力。如此天大的好事，团队管理者又怎能无动于衷呢？**

二、如何对待团队成员的私人时间与空间。

从本质上来讲，现如今，令无数老板头痛的员工"个人素质差"的问题，根本就是个伪命题。之所以劳资双方会在"个人素质"方面发生这么大的摩擦，归根结底是由于双方在游戏规则的认知方式上产生了决定性的差异。一方面，员工认为"该我做的事情我自然会做，不该我做的事情我绝对不做"；而另一方面，老板则固执地认为"该你做的事情你要做，不该你做的事情你也必须做"。总而言之，一句话，在老板这里没有该做与不该做之分，只有老板高不高兴之分。只要是能让老板高兴的事情，员工就没有拒绝的资格，必须无条件照做。

这是一个很有意思的现象。按照一般的常识理解，"是否遵守游戏规则"应该是评价个人素质高低的一个重要依据，但在老板心目中，显然"是否按游戏规则行事"不重要，基本上与一个人的素质无关，而"是否有眼力"才真正重要，绝对事关一个人的素质。极为讽刺的是，所有游戏规则恰恰是老板自己炮制的，并天天在嘴上鼓吹，急不可耐地要求员工无条件执行。这就奇了怪了：老板一方面无视游戏规则，一方面又强迫员工贯彻游戏规则，你到底要闹哪样？让你的员工如何取舍、怎样进退？

这种自相矛盾的心理在如何对待员工的私人时间方面体现得尤为鲜明：照理说，员工按时上下班是老板本人定下的制度，遵守公司制度本应是一种职业素养高的表现，为什么现在反而成了大逆不道、职业素质低下的一个罪证呢？显然，这种理解方式是说不过去的，根本就无法服众。

从另一个角度来说，既然员工接受了某种制度安排和游戏规则，这就意味着这些制度与规则已经在他们心中画下了一道红线。红线以内的事情，他们愿意无条件付出；而超出红线的事情，即便他们无奈之下勉强付出，也会有极强的抗拒心理，让这种付出毫无效率，到头来不但事没办好，还空落一身埋怨。对老板们而言，这实在不是一桩合算的买卖。

话又说回来，无论是"二十四小时开机"，还是"临时性使役"，老板们之所以会打员工私人时间的主意，定下这些不近人情的政策，或许也会有一些合乎逻辑、值得理解的苦衷，毕竟有些事情不以人的意志为转移，具有比较强的突发性与急迫性，必须在最短的时间内予以解决，否则一旦错失时机，事情将变得不可收拾，或至少收拾起来需要付出更大的成本。在这种情况下，任何一个职场中人都像士兵一样有义务随时披上战袍奔赴战场，而绝不应该沉溺于儿女情长的温柔乡。坦白地说，如果把这一点看作行走职场江湖最起码的"职业素质"和"江湖规矩"的话，那么任何一个不守规矩的主儿都应该立刻被剔除出去。但现在的问题是，上述这种情况一般来说都属于偶发性事件而不是常态化事件。说得通俗一点，真正"不立刻处理就会出人命"的事其实极其少见，绝大多数情况下，这些事情都完全可以适当地"延后处理"。而老板们之所以会要求"立刻处理"，与其说是为了"事"，不如说是为了"人"——在他们的潜意识里，哪怕是一丁点儿小事也得让手底下的员工大费周章，这样的行为能够给他们带来巨大的成就感和满足感。那种感觉有点类似于在街边欣赏表演杂耍的猴子——猴子越听话，被折腾得越厉害，看客心里就越爽。归根结底，问题还是出在老板藐视员工的私生活权利上面，**而令员工们深恶痛绝的也恰恰是这一点。要是真有绝对的必要，相信所有人都会披上外套，毫不犹豫地投入工作，没有人会发出半句怨言。明明毫无必要，却硬要强迫员工牺牲自己的私人时间，于情于理都无法说通**。所以，许多员工根本就不是什么"缺乏职业素养"，而是痛恨老板不合情理的做法。毕竟大家都是成年人，不可能不懂得那些小儿科的道理，现在之所以会引起员工如此强烈的反感，恰恰证明老板们自己的做法太小儿科了。如果一定要说"职业素养低下"，那么这句话应该说给老板，而不是说给员工。

总之，为了一些偶发性的小概率事件，而给员工制定一个强制性的大概率制度，从而迫使员工常年承受沉重的心理和生理负担，在这样的重压之下去过日常生活，是一件性价比极低的事情，甚至是一件十分残酷的事情，可谓因小失大、得不偿失。

那么，对老板们而言，如果放弃这个"二十四小时开机"的做法，发生突发事件时到底应该如何应对呢？

简单。真到了绝对必要的时候，可以给员工打电话，哪怕是凌晨两点钟。没关系，这种事情一年也遇不到几回，你的员工不会埋怨你。

又或者，如果你真怕员工在关键时刻不开机，耽误你的大事，你可以要求员工家里必须装上固定电话，如果不愿意装，则必须接受"二十四小时开机"的要求。当然，对于那些出门在外的员工来说，由于毕竟不是一种常态，所以要求他们临时做到"二十四小时开机"不算过分。即便这样，也比要求所有员工必须长年无条件做到"二十四小时开机"英明得多。

总之，办法有很多，不一定非以牺牲人性为绝对必要前提。看来，问题的关键不在于处理这件事情有多难，而在于你心里压根儿没把员工的私生活当回事。

其实，老板们也是太死性，自己钻了牛角尖。不妨这样想一下，也许你就会豁然开朗：你越不尊重员工的私生活，员工的逆反心理就越强。他们或者会找出种种借口忽悠你（比如说"不好意思，孩子刚才发烧了，今天晚上实在没时间"），放你的鸽子；或者，即便在你的淫威胁迫下勉强现身，也会心不在焉，完全不在状态，总之是让你一筹莫展，恨不得拿脑袋撞墙。当然，你依然可以以"没素质"为由鄙视之、痛斥之，但我敢保证，这些做法于事无补，因为在员工眼里，你只不过是在自说自话而已。反之，如果你能尽最大可能地尊重员工的私生活，那么你的员工将会自觉自发地把状态为你调整为"二十四小时开机"模式，根本就无需你劳心费神。当然，在员工慷慨地为你奉献出私人时间之后，你若能适时地送上一句"辛苦了，耽误你休息真是不好意思，顺便代我向弟妹也道个歉"之类的暖心话，则更能起到锦上添花的效果。

一句话，关键在于心态的转变。**对于员工的私人时间，你要改掉"取"和"夺"的心态，将其转变为"借"的心态。**前者居高临下、霸道无理，后者平易近人、恭敬谦卑，可谓一念之差，天壤之别。

三、如何对待团队成员的生活困境。

一直以来，我都对一种现象困惑不已，百思不得其解。我不明白为什么许多老板天天把"主人翁责任感"和"爱司如家"这样的口号挂在嘴上，偏偏对为员工提供基本的家庭生活的物质条件避而不谈，甚至冷酷无情。

这是一个连小孩子都懂得的道理：要想让员工把公司当成自己的家，公司就得有点家的样子才行。如果公司不能为员工提供一个安息之处，不能解决员工的吃喝拉撒问题，那么他们如何能把公司当成家？或者换句话说，如果一个地方连起码的生存条件都不具备，又有什么资格成为别人的家？

将心比心，之所以员工对公司会有距离感，在绝大多数情况下，不是因为员工不爱公司，恰恰是因为公司不爱员工。

所以，让员工"爱司如家"真的非常简单，只要你的公司为他做一些"家人"会做的事情就行。

在这一点上，二十年前的老国企无疑是一个光辉的典范。那个时候的国企，不但无偿为员工提供住房，甚至还有自己的托儿所、幼儿园、学校、医院和养老院。简单点说，每个中国人从呱呱坠地的那一刻起，其命运就被锁进了一个绝对靠谱的保险箱：他的一生以及未来子女的一生都将完全托付给某家国企，就如同他的父亲和祖父一样。

不知是幸运还是不幸，这个"保险箱"后来被历史的大潮彻底拍碎，无数国人从此获得了"自由"，也从此失去了着落。但日子还是要过，孩子还是要生，幸福还是要追求，因此，适当复制老国企的某些合理做法，对于今天的团队建设来说，显然具有极为重大的现实意义。

举几个例子。

公司提供住房不现实，但是提供设施齐全、拥有较佳生活条件的宿舍总没有问题；

公司自建托儿所、幼儿园不现实，但是在公司内部设立一个类似于母婴室或哺乳室之类的场所总没有问题；

公司允许迟到早退不现实，但是派公司专车帮忙接送一下员工子女总没有问题；

公司自备养老院不现实，但是为员工提供充足的带薪假，让他们定期回乡尽尽孝心总没有问题；

公司开设医院不现实，但是给所有员工上好医疗保险，并定期花点小钱组织他们进行体检总没有问题。

……

还是那句话：**只要你是有心人，真把员工当人看，那就没有你做不到的，只有你想不到的**。

有人也许会说：这些大道理谁都懂，用不着你来说教。现在的问题是要做到这些就需要钱，大量的钱！你能提出这些建议，是因为你是局外人，不当家不知柴米贵。换了你当老板试试，还能这么慷慨吗？想什么呢，照样舍不得花钱！

坦白地说，你说得有几分道理。收买人心有时确实需要付出代价，绝非轻而易举之事。但是这里也有一个认识误区，那就是如何看待"投入产出比"的问题：**如果你认可"主人翁责任感"和"爱司如家"的精神是无价之宝，那么显然付出任何有助于获得这两样东西的代价都是值得的。这句话反过来说也成立：如果你觉得这样的代价不划算，那就不要抱怨员工的冷漠与素质低下，因为你没有资格。更关键的是，即便你抱怨了也没用，完全于事无补。**

话又说回来，其实对于"代价"的讨论本身没有任何意义。因为对于代价的程度与性质，每一个老板心中都会有一把不同的量尺。即便是千金散去，有些人也会面不改色；同理，即便失去的是蝇头小钱，有些人也会寝食难安。尤为吊诡的是，小气鬼未必发不了财，大方人也未必守得住财。这一点也是许多小气鬼聊以自慰的重要心理依托。甭管怎么说，如果你的理想是做事业而不是当个守财奴，是发大财而不是发小财，那么尝试一下"千金散去还复来"的快感还是很值得的。

而且，真的不是忽悠你，其实算来算去，收买人心的代价真的只是一笔小钱。不信你可以试一下。

小 结：

将心比心，之所以员工对公司会有距离感，在绝大多数情况下，不是因为员工不爱公司，恰恰是因为公司不爱员工。所以，让员工"爱司如家"真的非常简单，只要你的公司为他做一些"家人"会做的事情就行。

第三部分
PART THREE

文化之争
——驾驭团队的秘诀

- ★ 第十八章　头头们的"文化之战"
- ★ 第十九章　"强者过招智者胜"之"以利取人"
- ★ 第二十章　"强者过招智者胜"之"借力打力"
- ★ 第二十一章　"强者过招智者胜"之"斗而不破"
- ★ 第二十二章　"强者过招智者胜"之"无为而治"
- ★ 第二十三章　"强者过招智者胜"之"不变之变"

有人的地方就有江湖，有江湖的地方就有争斗。俗话说"职场就是战场"，这就意味着，一个卓越的团队领袖一定是一个出色的战略家和战术家，能够胸有成竹、游刃有余地打赢职场中的一场又一场战斗。

从这个意义上讲，团队文化也是一种战斗文化，只有真正的高手才能自如地塑造并驾驭这种文化。

一提到"斗"这个字，许多人都会产生一种误解，好像这个字代表的意思就是钩心斗角，就是没完没了的人际纠纷。这种理解是片面的，甚至是偏激的。其实团队中的"斗"，是管理者对团队的一种驾驭之法、运营之术。用一种学术性的说法，就是"**通过争取并合理配置团队内外部的资源，让团队领袖确保对团队的控制权，为自己营造一个良好的运营团队的环境，从而能够带领团队在正确的方向上顺利前行**"。而"争取"以及"配置"资源的过程，就是一个"斗"的过程。任何一个团队都是在反复的争斗中存活、维持乃至发展起来的。如果一个团队领袖会斗、善斗，就能使自己的团队成功地生存下来，并不断地发展壮大；反之，如果一个团队领袖不善此道，那这个团队便有可能随时面临分崩离析的危险。

显然，如果你想做一个驾驭团队的真正的高手，是不可以动"钩心斗角"和"人际纠纷"这种低级念头的。**真正高水平的争斗容不下任何私心杂念，必须从团队的整体利益出发，要登高望远，胸怀全局**。如果你做不到这一点，那么无论你掌握了多么高超的斗争技巧，最终也会一败涂地。这就是所谓"赢了战役，却输掉战争"的道理。

任何一个看过武侠小说的人都会发现一条武侠世界的铁律，那就是心法永远比技法更重要，真正的武林高手往往能做到"杀敌于无形"。他们常常无需动手，抑或即便动手，也可以仅凭简单的三招两式便让来犯之敌丢盔卸甲，落荒而逃。反之，那些只重视技法而无视心法的人，即便能掌握盖世武功，也常常会走火入魔，最后不得善终。

可见，"为技而技""为斗而斗"是危险的，这样的路往往是一条自我毁灭之路。一颗向善之心和正确的三观修为，是赢得所有战争的绝对必要前提和不二法宝。

所以，在阅读本部分内容之前，请大家务必一而再、再而三地确认这一点。这件事非常重要，请务必认真对待。

好了，让我们言归正传。

一说起争斗，许多人的第一反应往往是"硬碰硬""死磕"，其实这种斗法是笨人、懒人的方法，常常会事倍功半，弄巧成拙。聪明人是不会这么做的，他们懂得一个窍门，那就是**任何争斗都是人和人之间的事情，因此绝对逃不掉"人性"这一环。只要你能够研究人性、把握人性、利用人性，这个世界上便没有你打不赢的战役、胜不了的战争。**

那么，身处团队之中的你，应该如何利用"人性"这一利器，去赢得每一次战役乃至整场战争的胜利呢？

让我们一起细细探讨一番。

第十八章

头头们的"文化之战"

在很多情况下,那些在老板面前看似俯首帖耳、言听计从的部门经理对团队的影响力更为强大。

我在前面说过,团队文化归根结底是一种"头头文化"。这种"头头文化"分为以下几个层次:

层次一:对一家企业来说,企业文化就是"老板文化"。

层次二:对一个部门来说,部门文化就是"经理文化"。

层次三:对普通员工来说,员工文化就是"强者文化"。

从结论上说,对于任何一个团队而言,如何处理好这三个层次的文化之间的关系,让它们能够和谐共处,至少可以维持"斗而不破"的状态,是决定整个团队的文化氛围是否健康、强大的最为关键的要素。

下面就让我们对这三个层次的文化逐一做一下解读。

县官不如现管

首先,对于"企业文化是老板文化"这一点,相信大家已经有了切肤的了解,这里就不再赘述了。

其次,部门文化也与企业文化一样,是一种典型的头头文化。对于这一点,大家的关注还比较少。一般来说,在团队文化建设方面,每一个人都会把注意力投射到老板身上,殊不知在很多情况下,那些在老板面前看似俯首帖耳、言听计从的部门经理对团队的影响力更为强大。

俗话说，"县官不如现管""官大一级压死人"。真正与一线员工朝夕相处的永远是部门的头头，而这些头头由于直接掌握着下属的切身利益，所以对下属的影响力是巨大的。

就算这些"七品芝麻官"没有直接提拔一线员工的权力，他们的几句美言也绝对有可能确保下属平步青云；反之，就算他们没有撤换一线员工的权力，他们的几句恶评也绝对有可能让下属坠入地狱。职场命运尚且如此，更不要提工资、奖金之类的物质利益了。

所以我们说，**官衔和权力（影响力）有时候是呈反比的。官衔越高，就越容易被架空，眼里看见的都是假象；反之，官衔越低，就越容易有实权，眼里看到的都是真相**。这就是为什么在大大小小的贪官中，往往一个小小的村干部的贪腐程度会远远超过省部级甚至国家级贪官；也是为什么在反腐斗争中，往往"拍苍蝇"比"打老虎"更重要也更艰难的原因。

所以，无论一个老板想为自己的企业建立什么样的文化，如果手底下这些部门经理真心配合，就会事半功倍，得心应手；反之，如果手底下这些芝麻官不配合或者阳奉阴违，这件事情完成起来就会极其艰难，甚至完全没戏。

那位说了：这岂不是苦了那些一线员工？一方面，老板让他们往东走；另一方面，部门头头偏偏又让他们往西去。你让这些员工怎么办？谁都得罪不起，向东向西都不对，都是死，是不是只有在原地待着才能保命？

呵呵，你说的这种情况非常靠谱，也非常常见。事实上，相当多的职场中人都会经历这样的尴尬，经历这样看似"艰难"的选择。一个幸或不幸的事实是，很多职场人早已百炼成钢，应付这种小儿科的局面可谓得心应手。一般来说，他们会这样做：老板在场的时候，他们会随老板的意愿往东走，而且还是大踏步地走，让老板产生一种"一切尽在掌握"的错觉；可当老板稍微一分心、一走神，他们又会偷偷地往西蹭，一点一点地收复失地；当老板终于离去之后，他们就可以迈开大步，毫无顾忌地向西走。总之，最后获胜的一定是部门的头头。老板得到了面子，部门头头得到了里子。大家相安无事，不亦官衔越高,就越容易被架空,眼里看见的多是假象。

乐乎！

说到这里，我想起了一个有趣的例子。

有这样一家汽车销售店，代理的是一个来自英国的世界顶级品牌。由于经营的商品档次极高，这家店的老板要求销售部门的员工必须轮流站在店门口迎宾，而且所有的礼仪必须按照英伦传统进行。可这个老板交代的任务遭到了销售部经理的抵制，理由是人手不足（这确实也是一个事实），他的人连接待顾客这个最基本的工作都忙不过来，根本无暇顾及门迎之类的面子工程。他的这种态度令老板很愤怒，扬言如果不照办就请他走人。于是这位部门经理急中生智，想出一个绝招。他交给自己的下属一项特殊任务——观察老板的行踪。只要老板现身，他们便赶紧装装样子给老板看，而老板转身一走，一切便会立刻恢复原样。由于这种做法也完全符合员工的利益，因而得到了他们的绝对支持。从此以后，"老鼠逗猫玩"的游戏就在这家公司反复上演，而且每一次都是那种典型的大团圆结局——老板高兴，员工轻松，部门经理受表扬，真可谓皆大欢喜！

其实，回过头来想想，我们中国人确实很聪明，只可惜聪明往往用错了地方。就拿这位销售部经理来说，人手少固然是一个短板，但是只要统筹得当，未必不能将顾客接待与门迎工作兼顾起来。遗憾的是，在他的头脑中，"图清闲"的意识远远胜过"想办法"的意识，这就等于他从一开始就拒绝了任何建设性的思维与行为方式，几乎是出于一种本能就选择了放弃与抵制。真正吊诡的地方也恰恰在这里，他们煞费苦心想出来的应付老板的办法可谓颇具建设性，堪称智慧的结晶。只不过，既然他们有这样的精力与智慧去应付老板，为什么不能将同样的精力与智慧放在做好工作上呢？真是不可思议！

所以说，部门经理对团队文化的影响力绝对不能小觑。但是，公平地说，这样的影响未必都是负面影响，正面影响的例子也是有的。比如说，我在前面提到过的那个"团队内部的文化特区"的例子，就是一个正面的典型——无论多么顽固的团队文化，理论上，只要有一个强势的部门头头存在，就完全可能在团队内部建立起一个卓尔不群的特区。

其实，不只是部门经理，按照同样的逻辑，我们还可以做一系列推理：如果一个部门内还存在着不同的分部门，分部门内还存在着不同的工作小组，工作小组内还存在着不同的模块区……无论组织架构做什么样的分解，对团队文化的影响力都一定是随着层级的提高递减的——越基层越高，越高层越低。

"有威信的群众"最可怕

最后，按照相同的逻辑脉络，我们再来说说员工文化。

一言以蔽之，员工文化就是典型的强者文化。

也就是说，那些所谓的"有威信的群众"，是真正的员工核心。也许他们职位不高，也许他们资历不够，但他们身上往往会具有一种神奇的吸引力，将所有员工吸引到他们身边来，唯他们马首是瞻，听他们调遣，为他们服务。从这个角度来讲，真正的"群众领袖"在一个团队中的地位和权力往往是极为惊人的，他们的影响力常常要比部门经理甚至老板本人更为强大。因为他们的权力是群众赋予的，他们的地位是群众承认甚至拥戴的。他们也许没有通过团队的正式授权程序，可是与那些尽管有团队的正式授权，却没有任何真正影响力的干部相比，一个团队的命运事实上是掌握在他们手中的。

举一个我亲身经历过的例子。

在我曾经服务过的那家汽贸公司里，有一个女孩叫李静，是装具部的经理。这个女孩人很聪明，业务水平也高，可以说是她一手成就了这个部门，在我们公司也算元老级员工了。

她的手下有两个助手和七八个工人。其中一个助手叫冯红，是个90后，别看她年纪不大，却是跟随李静打拼时间最久的老资格员工；另一个助手叫赵娜，是个三十多岁的熟女，本人也曾经开过装具公司，因为经营不善，公司倒闭，才投到李静麾下当差，是个不折不扣的老江湖。

装具部的工人在车间工作，办公室里只有这三个女人朝夕相对。俗话说"三个女人一台戏"，故事便围绕着这三个女人展开。

话说赵娜进公司之前，办公室里只有两个女人。而李静既是自己的顶头上司，又是比自己经验更为丰富的业界前辈，更是比自己年长近十岁的大姐姐，所以冯红对李静甚为依赖，几乎言听计从。李静是个心地善良却心直口快的北方姑娘，她真把冯红当自己的亲妹妹看，对她几乎是倾囊相授，有问必答，有求必应。不仅如此，为了维护这位小妹妹的利益，让她的待遇尽可能地好一些，她几乎每个月都会对冯红的工资表吹毛求疵，不惜和公司领导起一番争执。但是，也许恰恰是因为过于不见外，抑或在潜意识里自恃有恩于对方，李静不仅对冯红的工作要求极为严苛，甚至在生活习惯、做事方式等方面也常常指指点点，稍有不如意的地方就大为光火，拍桌子、砸本子、当众训斥这些举动都是家常便饭。更有甚者，她还曾经因为冯红做的业务表格不能令她满意，当着她的面撕毁了那张表，令小姑娘感到万分委屈，无地自容。

后来，赵娜加入了这个团队。李静对赵娜的态度略微好一些，毕竟对方是比自己年长、比自己经验丰富的前辈。但她觉得部门经理是自己，管理下属是天经地义的事情，批评下属也是领导神圣不可侵犯的权力，所以并没有太收敛，基本上延续了自己强势的管理风格。而这位赵娜也不是善茬儿，作为行走江湖多年的老手，她几乎从迈进装具部的第一天起就嗅出了这个部门的特殊味道，并迅速明确了自己的奋斗目标和具体的战略战术。

首先，她发现尽管李静一厢情愿地认定冯红是自己的人，不可能背叛自己，但冯红其实对李静积怨甚久，一点也不难策反；其次，她发现李静由于个性耿直、性格泼辣，不仅已经深深地开罪了自己的得力助手冯红，还开罪了不少部门内的工人乃至其他兄弟部门的员工。也就是说，不只是部门内的小气候，甚至是部门外的大气候都已经对李静极为不利，而这正是她实现自己野心的好机会。最后，也是最重要的一点，李静为人清高，总觉得一切公事公办就好，从来不屑于走上层路线，和公司领导搞好关系。而这对于一个职场中人而言，无疑是一个致命的罩门。

这些发现令赵娜欣喜若狂，可老到的她并没有将这种心态流露出一分一毫。

相反，她的行动异常缜密、低调：对于李静，她表现得极为顺从，无论李静如何修理她，她都默默忍受，表现出极强的抗压性；对于冯红，她的苦肉计收到了极佳的效果，很快小姑娘就把这位大姐姐当成同病相怜的知己，两个人越走越近，却对李静越来越疏远。当然，对于部门里的那几个工人，这招也颇为奏效，很快就使她成了部门内"威信最高的群众"。最后，她展示出极强的公关能力，在公司领导那里获得了极大的好感和信任。

然后，一个重要的战略契机出现了：李静由于休产假离开公司三个月。而当她再回到公司时，装具部里已经没有了她的位置——新的部门经理名字叫赵娜。

无处可去的李静找到我，请求重新分配工作。当时我正苦于销售部员工在销售流程和展厅工作方面的懒散和疏漏现象长期得不到改进，想找一个铁腕人物出面进行彻底整顿，而李静的突然"轮空"刚好给了我一个绝佳的机会——我相信，凭她刚烈的性格和泼辣的作风，应该可以不辱使命，所以便毫不犹豫地将这个任务交给了她。她也非常利索地答应了，只向我提出了一个条件：必须公开授权给她，正式任命她为展厅经理（在那之前，我们并没有专设这个职位，一切都由销售部经理一人统一负责）。所谓"名不正言不顺"，没有正式授权确实难以开展工作，她的要求在我看来完全合理，便爽快地答应了她的请求。我记得为了当众树立她的威信，她正式走马上任的第一天，还是我亲自领着她走进销售部的办公室，打着官腔向全体销售部员工宣布了这个消息，并顺势做了十来分钟的广告宣传，大大地吹捧了一番李经理的才华，并以一半恳求、一半威胁的语气暗示了胆敢违抗李经理之人将会面对什么样的命运。

李静志得意满地上任了。由于前期铺垫工作做得够足，我也非常放心，认为就凭她的个人能力，局面的改观将是朝夕之间的事情。

然而，我们都错了。

不到一个星期，我便意识到了李静的吃力——她在销售部几乎完全施展不开，没有一个人真正服她，愿意主动自觉地配合她的工作。所以，无论是上级交代给她的任务，还是她自己的一些规划，几乎完全没有落地的迹象。这让她急了眼，动不动就在员工面前拿我说事："这是南总交代的任务，完成不了，你们自己去跟南总解释！"虽然如此，销售部的员工却似乎并不为所动，依然我行我素，视她为透明人。实在没辙了，她便频繁地跑到我这里来"汇报工作"，希望我能亲自出马为她站台喊话。对于销售部这种无政府主义的情况，我也非常愤怒，因此几乎是有求必应，一次又一次地跑到销售部开现场会，为李静撑腰打气，而且亲自处理过几个顽固分子，以图达到杀鸡吓猴的效果。

吊诡的是，无论我俩怎么努力，机关算尽也没能让事情有所改观。恰恰相反，我沮丧地发现，我越是当众力挺李静，她在销售部的地位就越被动，就越会受到来自基层员工的强大抵制。

最后，我俩终于黔驴技穷，缴械投降。

李静被调到客户关系部，成为一名普通的部门员工，等于从零开始自己的职场生涯。而我也从这个案例中领悟到许多管理和职场之道，真正明白了什么叫"授权"，什么叫"群众领袖"。

所谓"性格决定命运"，诚如此言。让我们来分析一下赵娜和李静不同的职场轨迹。

先说赵娜。

这位熟女不愧是一个身经百战的老江湖，几乎从进入公司的第一天起就把每一步算得非常清楚。她目标明确，逻辑严谨，节奏清晰，手法利落而隐蔽，几乎是不动声色地达到了目的，兵不血刃地缴了李静这位部门创设者的械。当然，老天爷也帮忙，在最关键的时刻让李静离开了三个月，给了她一个绝佳的上位机会。不过，就凭这位熟女的手段，李静即便不休那三个月的产假，恐怕也很难再挺过三个月。所谓"不怕贼偷，就怕贼惦记"，有赵娜这样的厉害角色潜伏在身边，李静几乎已经注定在劫难逃。该来的一定会来，只是或早或晚而已。

必须声明一点，我本人对赵娜并没有任何成见。渴望获得升迁的机会和更大的事业舞台是每一个职场中人的本能，她这样做并没有错。更何况赵娜确实是一位合格的装具部经理，工作干得非常出色，丝毫不逊于她的前任李静。或者更公平地说，由于她比李静更善于处理人际关系，尤其是部门内部的关系，她接手之后的装具部气氛变得非常和谐，部门成员异常团结，体现出极强的战斗力。从这一点上讲，她比李静的表现更为出色，是一个更加称职的部门经理。这就意味着，即便她不主动"篡权"，迟早有一天公司领导也会做出同样的人事安排。

反过来说，真正需要反省的也许恰恰是李静。

让我们一起来看看她到底错在什么地方。

第一，居功自傲，害人害己。

没错，李静是部门的创设人，几乎以一己之力让整个部门的运转步入正轨，对于这个部门来说，她可谓厥功至伟，无人能及。但李静的问题在于，她把这个部门视为自己的私有物，对一切事情自己都必须拥有绝对的发言权。这就导致她刚愎自用、目中无人，很难不让自己的下属甚至是自己的上司对自己产生负面的观感。

第二，混淆了"下属"与"家属"的关系。

尽管她对自己的下属，尤其是元老级员工冯红可谓掏心掏肺、肝胆相照，却并没有从对方那里换来同样的待遇。之所以会这样，是因为她犯了一个致命的错误：把下属当作了家属。也许她认为："既然我对你这么好，完全没把你当外人，那么我就理所当然地拥有这样的权利——既可以疼你、爱你，也可以打你、骂你。而所有这一切都是为了你好，相信你一定能明白我的心！"但是，她大错特错了。职场不同于家庭，下属更加不同于家属。这两者的最大区别就是：**你儿子可以随时跟你翻脸，而你的下属则绝对不会这么做**。道理很简单，因为你的儿子即使这样做了，他也很清楚你不会与他断绝亲子关系；而你的下属一旦和你撕破脸，就必须面对极为严重的后果，甚至是职场生涯的终结。这一点对于你个人来说也一样。儿子和你翻脸，尽管你会生气，却绝不会报复。也就是说，你不会感受到太大的伤害，会很乐意去容忍这件事。但下属不同，就算你把下属当成亲儿子，或者说正是因为你把下属当成亲儿子，所以下属和你撕破脸会对你造成极大的伤害，你是绝无可能选择容忍的。

就这么简单。

所以，无论你对下属有多好，有多掏心掏肺，就算你把他们当成亲儿子、亲闺女，他们也不可能用同样的真心回报你，真把你当成他们的亲爹、亲娘。

这就是"上下级关系"与"亲子关系"最本质的区别。

李静就是在这一点上栽了跟头。冯红以及其他员工受了李静的好，固然可以一口一个"多谢经理栽培"；遭了李静的罪，却只能默默地把委屈和愤懑闷在心里，如此积少成多，迟早会来个火山大爆发。尽管李静后来万分震惊与委屈，不明白为什么这些自己曾视为亲人的下属会恩将仇报、刀剑相向，其实悲剧的种子完全是她自己亲手埋下的，要怪只能怪自己。

因此，如果还能再见面，有这样一句话我想跟她说："万事皆有因果，一切都有迹可循。"

第三，过于迷信"正式授权"。

李静的错误还不只如此。去销售部任职之后，她依然一错再错。最初的错误就是过于迷信正式授权。关于"群众领袖"的意义，我在前面已经做过详细的论述，而这一点在销售部这样的部门体现得更为明显。要知道，那可是一个人精扎堆的地方，所有成员各个身怀绝技且个性张扬，平时就谁也不服谁，极难把他们拢到一块儿，就连老到的销售部经理都拿他的这群弟子没脾气，更别提这个外来户小姑娘了。

当然，必须承认，也许正因为如此，她才迫切地感到需要正式授权以及公司领导的力挺。我本人也有这种感觉，所以对她的"站台"要求几乎有求必应。因此，她的失败我也有一半责任，这一点毋庸置疑。甭管怎么说，正确的做法应该是：放弃公开的授权或试图谋取这种授权的努力，拿出耐心适应一段时间，真正地融入这个团队之中。也就是说，不要给销售部的员工留下一种强烈而刻板的"我是上头派来的人，是来管你们的"的印象，而是要传递出一种"我是自己人，是来帮你们的"的明确信息。

只要部门员工不把你当外人，不把你当领导，最终能让你成为一名"有威信的群众"，那么即便没有授权，你也能顺利地开展自己的工作。否则，越是

强调正式授权，领导越是强力支持，来自群众的反感与反抗就会越剧烈，你也就越被动。

第四，狐假虎威，以权压人、以官压人。

同样的道理，李静犯的下一个错误就是动不动便把公司领导和手中的权力拿出来吓唬人，试图迫使对方就范。"这是某某大领导交办的任务，完不成你自己看着办（亦即完不成就会要你好看）！""我有权要求你们这么做，这是公司制度赋予我的神圣不可侵犯的权力！"……诸如此类的胁迫的话，几乎已经成了李静的口头禅。诚然，这种话显示了她的困境以及满溢于她心中的无力感和愤懑情绪，但这种硬碰硬的死磕式做法其实不但帮不了她，反而会害了她。因为**没有人喜欢被威胁，尤其是拿更高级别的领导的权威来威胁自己**。你越是这么做，对方就越反感。不要忘了，对方才是地头蛇，而且人多势众，真把他们惹毛了，联合起来灭了你实在是小菜一碟。

小结：

　　官衔和权力（影响力）有时候是呈反比的。官衔越高，就越容易被架空，眼里看见的都是假象；反之，官衔越低，就越容易有实权，眼里看到的都是真相。

第十九章
"强者过招智者胜"之"以利取人"

"兴利"和"除弊"是两码事，绝不能混为一谈。

上文我们提到，任何一种团队文化都是"头头文化"，包括员工文化，其实也是一种"头头文化"，因为所谓"有威信的群众"，说白了就是员工当中的头头。

而且我们还提到了一个重点，即不同的头头对团队整体的影响力也是不同的：越基层越高，越高层越低。

这就麻烦了。权力是干什么使的？就是拿来做事的。为什么层级越高权力越大？就是因为层级越高做的事就越重要，管的人就越厉害，承担的责任就越重，才会需要更大的权力。可如果层级越高，权力越大，实效就越差，影响力就越小的话，岂不是与权力设置的本质逻辑背道而驰？！

这确实是管理学中的一个悖论，迄今为止仍困扰着无数的管理者。因为他们沮丧地发现，官当得越大，他们的地位便越虚，每一个人都在逗他们玩，使他们眼睛看到的全都是假象，手里抓到的全都是空气。当然，他们可以利用自己手中的权力发威甚至是发飙，但总会懊恼地发觉周围的手下并没有因此而把自己当"老虎"。在所有人眼中，自己依然是一只不折不扣的"病猫"。只不过在这只"病猫"发飙的时候，需要适当地捋捋它身上的毛，拍拍它气得发抖的屁股，简单抚慰一下罢了。

这一残酷的现实恐怕会让许多团队领袖和管理者感到沮丧，但是大可不必这样，只要我们认清现实、端正态度、运筹帷幄、调度得当、借力打力，那么所有的势力都能为我们所用，所有的权力都能为我们做加法，而不是起到反作用。总之，天下没有死棋，只有不会下棋之人。一切皆有可能，关键看你怎么想、怎么做。

由于所有层级的权力核心，无论是老板、部门经理还是有威信的群众，都是一个典型的强者代表，所以，这将是一场围绕话语权和影响力展开的强者之争。

想必大家都知道"狭路相逢勇者胜"这句话，但是"勇者相逢"的时候怎么办？谁能胜出呢？简单，**勇者相逢智者胜**。

让我们仔细推演一下智者胜出的路线图。

一、端正思想和态度。

如果你对正式授权和正规权力架构过于迷信，打死也不愿意承认民间授权客观存在这一事实；如果你对正式的团队过于迷信，打死也不愿意承认团队中存在大量非正式的团伙这一客观事实，那么你将注定摔倒在起跑线上。不对，更大的可能是：你几乎没有站在起跑线上的机会。

所以，如果你想迈出通往成功的第一步，那么"端正态度"将是你需要做的第一件事。

其实，想明白这个问题并不难。无论多么强大的团队，都不可能阻止也不应该阻止帮派（即团伙）的产生。所谓"兼听则明，偏听则暗""百花齐放，百家争鸣"，只有价值观的多元化才能确保一个团队不老化、不停滞，才能促使它永葆青春，活力无限。

当然，承认帮派的存在也有一个大前提，**那就是团队的基调不能被帮派的色彩所改变，同时，这些帮派必须是良性的，而不能是恶性的。**

总之，在任何一个团队中，帮派的存在都是客观的，是不可回避的。与其否认这个事实，不如顺势而为，趋利除弊。让充满正能量的帮派在团队中占上风，成为主流，自然而然地淘汰那些充满负能量的帮派。只有这样，才能让团队既永葆旺盛的生命力和青春的活力，又不会一脚踏空，误入歧途。

二、以利取人。

想必大家都知道"没有永远的朋友，只有永远的利益"这句话，其实，

只要稍做改动，我们也可以把这句话理解成"没有永久的敌人，只有永远的利益"。从某种角度来看，也许后面这句话在处理团队内部的帮派关系上，具有更为重大的现实意义。

没错，人都是逐利动物，帮派也一样。所以，只要能够成功地激起帮派以及帮派内部成员的逐利本能，你就能随心所欲地支配任何帮派的资源为己所用。

但是，在做这样的操作时，一定要彻底分清"兴利"与"除弊"的区别，切忌混淆概念，以致弄巧成拙。

现在的许多团队领袖和管理者就容易犯这样的错误。他们往往倾向于认为"兴利和除弊说的是一回事"，就像"开源和节流说的是一回事"一样，你把弊除掉了，不就等于兴了利吗？

如果你仅仅按照数学逻辑去考虑，显然这种思维方式不能说是错的。但是，人不是机器，人性是复杂的，不可能全部都用数学逻辑解释清楚。

所以，至少从人性的逻辑来看，"兴利"和"除弊"完全是两码事，两者的不同简直可以用"天差地远"来形容。

简单点说，除弊的立足点是"逆人性而行"，即认为"人性本恶"，必须严加防范和坚决打击才能制止这种恶；而兴利则不同，兴利是典型的"顺人性而行"的做法，即认为"人性本善"，只要你让人们看到了利益，不用拿鞭子赶，他们自己就会屁颠屁颠地直奔利益而去。

总之，**除弊的本质是做减法，试图将弊减到最少；而兴利的本质是做加法，试图将利增到最多。**

同样都是"因人性而动"的思维和行为方式，哪个更靠谱，哪个更有效，可谓一目了然。

遗憾的是，太多的团队领袖对这一点做了错误的解读，在实际工作中过分注重除弊，而过度轻视兴利。这就犯了人性的大忌，导致越除弊越多、越除弊越顽固的后果，其中的经验教训值得我们好好地反思。

举一个我亲身经历过的案例。

我在汽车销售公司做管理副总时，曾经因为一个问题伤透脑筋。售后服务部和客户关系部是公司的两大骨干部门。前者是公司的钱袋子，掌握着公司近八成的利润（爆料：绝大多数人也许都不会相信，其实卖车已经是一个越来越赚不到钱的行当，除了极个别的超牛品牌，九成以上的车商都得靠修车挣钱，这就直接导致了售后服务部门在汽车销售公司内部的强势地位）；而后者则是公司的命根子，掌握着关系到公司生死的客户满意度。这就构成了一种特殊的利益关系：客户关系部负责监督售后服务部的工作，如果后者的纰漏导致客户满意度下降，后者将受到公司的惩罚；与此同时，客户关系部也肩负着维持客户满意度的责任，如果客户满意度长期得不到提升，客户关系部也将受到公司的惩罚。

相信看到这里，经验丰富的老江湖就会在第一时间敏锐地发觉这条利益关系链的致命短板。没错，围绕着"客户满意度"这个关键指标，尽管表面上看这两个部门似乎是死对头——一方监督另一方，掌握着另一方的利益分配权乃至生杀大权——但在本质上，它们其实是一个战壕里的难兄难弟：一荣俱荣，一损俱损。

这就在实际工作中带来一个大问题，那就是客户关系部几乎从来不曾如实地反映过售后服务部的实情，总是试图包庇对方，替对方掩过饰非。在很长一段时间里，情况简直是一团糟——明明客户在不断地流失，公司的客户满意度指标却一直完成得不错，就好像客户（甚至包括许多资深客户）的离去是一种偶然现象，没有什么规律可循。

老板大为光火，认定两个部门是私下串通好了捉弄他，故意演戏给他看，所以决定再加码，增加惩罚的力度，务必将这股不正之风彻底压制下去。坦白地说，那个时候，我的认识也和老板一样，对这种阳奉阴违的做法深恶痛绝。而且，在此之前，我也做过大量的说服教育工作，但似乎总是效果不彰，人家根本就把你的好心当驴肝肺，照样我行我素。所以，既然老板动了真格的，我也乐意再加上一把火，让惩罚这把利刃真正戳到他们的痛处，相信他们就能学乖一点。

不过，结局相当悲摧——我和老板都错了。虽然我们拿惩罚的利刃一通猛戳，但依然没有戳痛这两个不争气的部门。人家似乎已经成了金刚不坏之身，完全不惧任何利器；又或者他们早已被戳成了马蜂窝，已经具备了超强的免疫力，压根儿就不在乎身上再多几个眼。

这回老板是真怒了，终于祭出最后的撒手锏——将两个部门的头头开除，另起炉灶。其实这一招并不新鲜，这两个部门的头头两年来已经换过三次。可"人非物是"，无论人员怎么换，情形却是年年相同。既然三次换人都没有见到任何效果，这第四次的结果会如何基本上已经不难猜到。

经过反复思考，我终于意识到这个问题的关键所在，于是决定大胆变招：不再对两个部门采取任何惩罚性措施。从今往后，客户满意度下降无罪，客户满意度上升则有功。无罪不罚，但有功必赏。

也就是说，我选择放弃减法，只做加法。

拿定主意之后，我兴冲冲地找到老板，准备向他谏言。可还没等我开口，老板却先开了腔："我又好好想了想，觉得总换人也不是个办法。看来问题不是出在了人上，而是出在了制度设计上。你想啊，既然客户满意度上去了大家都得利，下来了大家都倒霉，那人家联手作弊也是正常的啊！谁不想少挨罚，多挣钱啊！所以，只要我们能改变现有的制度，让这两个部门的利益真正对立起来，没有任何交叉点，这个问题不就解决了？所以我想，能不能这样，使客户满意度指标与客户关系部的考核脱钩，让客户关系部不再为其所困，能够心无旁骛、一门心思地监督售后服务部。这样做，这两个部门之间就没有联手作弊的动机了，情况也许能很快得到改善。你看怎么样？"

我立刻应和道："还是您厉害，一下子就看到点子上了。这确实是个制度上的漏洞。好长一段时间，我也总觉得好像哪里不太对头，但就是找不到具体的点，经您这么一点拨，就一下子对上号，终于知道问题在哪儿了。今天我算没白来，又跟您学了一手！"

几句奉承暖场之后，我切入正题："我顺着您的思路往下这么一想，觉得似乎还可以有一个更好的操作方法。"

"什么方法？"

"是这样,将客户满意度指标从客户关系部的考核中剥离出去,尽管有利,可也有弊。"我解释道,"因为确保客户满意度不只是售后服务部一个部门的责任,客户关系部本身也责任重大。比如说,和客户满意度息息相关的一些工作规范的制定、执行乃至监督,都是客户关系部的本分。如果这样的一个部门居然可以不对客户满意度负责,那么一来难以服众,二来恐怕也不一定有利于局面的改善。"

看老板听得挺认真,我便继续加码,将话题进一步引向深入:"更何况,即便将客户满意度指标从客户关系部的考核中剥离出去,让这个部门成为一个彻头彻尾的'打手部门',也未必能吓住人家售后服务部。说得邪性点,人家售后服务部的人都是从小被吓大的,早就具备了免疫力,刀枪不入,水火不侵。您想啊,就连您老板大人都拿他们没脾气,更何况一个小小的客户关系部!"

老板点点头,叹了口气:"是,这帮孙子是气人,整个是烂泥糊不上墙,蒸不熟煮不烂!"

我继续说道:"所以,与其离间这两个部门,使他们成为彼此的敌人,不如就维持现状,让他们继续以利益共同体存在。然后,我们就可以因势利导,寻找他们共同的利益,将他们一锅端,让他们身不由己地走正道,主动自觉地浪子回头!"

"一锅端?什么一锅端?怎么一锅端?"老板感到很好奇,连珠炮似的发问。

我也就不再卖关子,直奔主题:"咱不妨这样,彻底放弃惩罚,只保留奖励。也就是说,甭管客户满意度指标完成得有多差,两个部门都平安无事,不会受到任何惩罚。但是,只要客户满意情况指标完成情况出现一点点改观,便立刻重奖,以兹鼓励。"

"不行不行,你这纯粹是昏招,绝对不能使!"话音未落,老板的脑袋便摇得跟拨浪鼓似的,"我承认有时候我会犯糊涂,但你比我更糊涂!连小孩子都知道'奖罚并举'和'奖罚分明'的道理,你可好,只奖不罚!想什么呢!这不是让我当冤大头吗?"

老板的反应完全在我的意料之中。这个时候，只有耐心的解释最有效："您的想法我能理解，换了我是您，估计也会这么想。不过，有时候不妨尝试一下逆向思维，也许反而说不定能有新的发现。"

我帮老板点燃一支烟，也给自己点了一支，然后继续说："没错，'罚'这个东西是很重要，但归根结底这是一步专注于守势的棋，确实太被动。事实上，这么长时间以来我们一直都在罚，而且罚得越来越厉害，但是效果确实不明显，这些您都看见了。所以，不妨换一个招，转守为攻，大胆奖励，也许能杀出一条血路，说不定能让情况大为改观——"

还没等我说完，老板便抢过话茬儿："不是我愿意罚他们，考核制度里也有奖励一说啊！问题是这帮孙子自己不争气，把局面搞得一塌糊涂，自己挣不到奖金能怪谁？"

我乐了："就您这种罚法，估计他们想争气也没法争啊！其实，我能理解您的这种'恨铁不成钢'的心情，可有时候要求太高，以至达到人家做不到的程度，这种要求本身也就没有任何意义了，要求了也等于没要求，非但起不到激励他们的作用，反而会让他们破罐破摔，越来越不求上进。"

顿了一下，我继续说道："还不只如此，要求过高还有一个弊端，那就是分散对方的注意力，迫使对方拿出更多的精力应付您的要求，而不是满足您的要求。按照您自己的话说，就是逼着他们演戏忽悠您。这一来一去，效率就会大打折扣，让局面越发恶化，而不是对局面有所助益。不信您就回忆一下，这些年事情的发展是不是这样一个情况？"

老板不吭声了，低着头大口大口地吸着烟，很快那根烟就只剩下烟屁股，差点烫到他。老板条件反射地抖了一下手，将烟蒂扔到地上。我走过去帮他捡起来，摁在桌上的烟灰缸里。

我意识到刚才的话多少说得重了一点，恐怕刺激到了老板，于是缓和了语调，继续说："不过没关系，正因为这样，我们也算吃一堑长一智，找到了克敌制胜的法宝，那就是多做加法，少做减法。人都是趋利动物，在利益面前有一种狼性。如果您总是拿石头去砸狼，狼一定会落荒而逃；可如果您拿一块肉吊在狼的面前,却让狼怎么跳都够不到,意义也不大。所以,唯一靠谱的办法就是把一块肉吊到狼的面前,而且让它使尽浑身力气跳起来后能够得着,如此一来,它的狼性就会被激发出来,它就会心甘情愿地听您调遣,为您效命了。"

老板不再说什么,算是默认了他眼中的这个"昏招"。

不过,此招的实行并非那么一帆风顺。刚开始,两个部门的人都不太相信公司的新政,不知道我们这些公司高管的葫芦里到底卖的是什么药。其实,只要换位思考一下,这种心情完全可以理解:一个虐待了你一辈子的人,忽然回心转意,跪在你面前说从今往后会洗心革面,全心全意地对你好,估计除非是那些缺心眼缺到家了的主儿,否则没几个人会真的相信。所以,新政实施的初期,战果可以用"糟糕"二字来形容,害得老板差点儿翻脸,彻底改变主意。好在我好说歹说稳住老板,为新政赢得信任争取到了一点儿宝贵的时间。皇天不负有心人,局面开始出现明显的改观——无论是这两个部门的头头还是他们的员工,在一番试探之后总算相信了公司的诚意,买了新政的账。这是一个决定性的时刻,一个又一个普通人的逐利本能被激发出来,而只要有"利益"这个强大的发动机,一切都将不在话下。

总之,我们一定要明白:"兴利"与"除弊"是两码事,绝不能混为一谈。

当然,完全漠视除弊也不对。有弊当然要除,但是除非环境的恶化程度已经导致除了除弊之外别无他法,否则在任何时候,除弊都应该是兴利的配角,绝不能越俎代庖,取代兴利的绝对主角位置。

只要你能把握好个中分寸,任何一个帮派或利益集团都能轻而易举地被你掌控在手中。

小 结:

　　承认帮派的存在有一个大前提,那就是团队的基调不能被帮派的色彩所改变,同时,这些帮派必须是良性的,而不能是恶性的。

第二十章

"强者过招智者胜"之"借力打力"

"利"和"力"互为因果,是一枚硬币的两面。"力"由"利"生,"利"从"力"来。

在处理团队内部的帮派关系(也有人称之为"山头主义")时,掌握"以利取人"的基本原则非常重要。只要能弄明白这一点,后面的路就一马平川了。

我们可以从这个"利"字中引出一系列制胜秘籍,使团队领袖和各级管理者可以更有效、更轻松地制衡与利用各种帮派资源,让它们为团队建设保驾护航,不断地释放正能量。

现在就让我们看看在"以利取人"的基础上,还有哪些"武林秘籍"可以为我们所用。

显然,这里面一定有一招,叫作"借力打力"。

俗话说"人上一百,形形色色"。这就意味着,每个人都有各自的利益,而且所有人的利益之间都会既有交集又有并集,既兼容又冲突。个人如此,帮派亦如此。所以,只要能清晰地解构帮派之间的利益关系,彻底弄明白它们之间利益的交叉点与冲突点到底在哪里,然后因时势而动、借力打力,就一定能轻松地掌控局面。

做导演,不要做演员

许多团队领袖就是不明白这个道理。他们总想把自己变成矛盾与冲突的主

团队领袖应该勇于和善于做一个幕后操控者。

角，总是试图以一己之力面对乃至解决所有的矛盾与冲突，以便突显自己在团队中的决定性作用，殊不知，这样做完全是舍本逐末，自讨苦吃。所以，在很多时候，团队领袖应该勇于和善于做一个幕后操控者，学会以兵治将、以民治民的技巧，以求"运筹帷幄之中，决胜千里之外"，不要凡事总爱自己亲自出马，心甘情愿地给别人做箭靶子。这才是一个真正有建设性的、事半功倍的工作思路。

给大家讲一个真实的故事。

陈磊是一家经营某英系高档品牌汽车4S店的销售部经理。这个小伙子是个80后，曾经在我所在的那家汽车销售公司做过几年销售顾问。由于他会做人，又聪明好学，所以是当时公司重点栽培的几个好苗子之一，我本人也在他身上付出过巨大的心血。但是很可惜，由于我们的庙太小，容不下此君的雄心壮志，所以后来他还是跳槽到这家经营英系品牌汽车的公司当销售部经理。所谓"人往高处走，水往低处流"，对于他的选择，我只能表示尊重。何况师徒一场，做不成同事还能做朋友，我们便将这种亦师亦友的情分保持了下来。每当他在工作中遇到什么难题，总是会习惯性地在第一时间向我求教，我也总是倾囊相授，尽可能地帮他排忧解难。

我们半开玩笑地把这种交流的过程称为"开课"。

在我的印象中，陈磊跳槽后的第一次"开课"，应该是迄今为止最经典的一次。

新官上任不到三个月，陈磊便感到有些吃力。他找到我，诉说心中的苦闷。事情是这样的，陈磊之所以能够成功地跳槽到这家公司，而且坐上经理宝座，固然有他自身能力的因素，但也多亏他的好运气——这家公司原来的销售部经理刚好离职，陈磊居然在十几名候选者中脱颖而出，入了老板的法眼，奇迹般地拿下了这个肥缺！要知道，有好几个候选者都不是吃素的，基本上都有过做部门经理的经验，甚至还有一个候选者做过某国产品牌汽车经销店的副总。能在同这种级别的候选者的竞争中拔得头筹，连陈磊自己都觉得不可思议。

但是，陈磊的好运也就止步于此了。履新没两天，他便遇到了大麻烦。他发现自己完全被当作空气，根本指挥不动自己的兵。原来，销售部的员工绝大部分都是老员工，新员工的比例不超过三成。这些老员工分为两派，两派的头头都是熟女，一个叫王丽，一个叫吕红。此二女的来历可不简单，她们一位是老板的远房亲戚，一位是公司元老兼长年的销售冠军。据说头两年这两派的关系并不和睦，双方的头头一个仗着老板狐假虎威，一个自认为功高盖世，任谁都不服，总之是彼此对不上眼，谁都看不上谁，整天明争暗斗，大小摩擦不断，有什么屁大的事都会捅到老板那里。老板本人都头痛不已，干脆做个甩手掌柜以图清闲，将这个烂摊子彻底甩给了陈磊的前任。

这位前任可是个人物，上任后立刻实施雷霆铁腕政策整顿部门秩序。没承想偷鸡不成蚀把米，他这么一弄，针锋相对的两个帮派竟然立马变得团结起来——只不过不是团结起来搞好工作，而是团结起来对付自己的经理。人心齐，泰山移，经过两个帮派的通力合作和不懈努力，这个倒霉蛋前任终于被赶走。之后，这个团队又迎来一个新的倒霉蛋——陈磊。

陈磊上任后，基本上沿袭了倒霉蛋前任的政策。因为他也受不了这种被架空的感觉，试图通过铁腕手段强压地头蛇，为自己树立权威。比如说，他制定了非常严格的业绩考核制度，希望达到一箭双雕的效果：既能提升部门综合业绩，给老板一个交代，又能一举奠定自己在销售部的地位，让所有人不敢小瞧自己。

没承想，他的运气并不比自己的前任强。两派人马在各自头头的带领下联合发力，居然制造了一个"奇迹"——销售部全体人员连续俩月业绩考核不达标！这件事甚至惊动了老板，惹得陈磊挨了一顿臭骂。老板指责他完全不懂管理，制定的考核模式以及考核指标脱离实际，形同虚设。

陈磊备受打击，开始怀疑自己这次的跳槽是否值得。

他对我说："看来现在只有两条路了。或者我走，或者那两个娘们儿走（指王丽和吕红）！"

我若有所思地回答道："按照一般的套路来说，这两个人是必须除掉的，否则你这个新官很难点着手里的三把火。不过按照你说的情况来看，就算不考虑这两个人的特殊背景，除掉她们似乎也并不那么容易。毕竟人家在暗处，你在明处，而且人家的手段很隐蔽，你很难抓住她们的把柄。就拿业绩考核这件事来说，你认为她们没尽力，故意刁难你，可人家也可以说是自己能力有限，根本达不到你老人家的高标准、严要求。'要杀要剐随你便，反正我就这样了'，你又能把人家怎么样呢？"

这番话戳到了陈磊的痛处，他深深地叹了一口气。

我安慰道："其实也没必要这么丧气，我倒有一个好主意，不知道你愿不愿意试一试。"

"是吗？那您就别卖关子了，赶快说呀！您可是我的老师啊！"也许是出于长期以来对我的信任，当听到我嘴里蹦出"好主意"三个字时，陈磊的眼中立刻放出光亮。

"别着急，听我慢慢跟你说。"我笑笑，又故意抻他一下，"我这个人最喜欢说的一句口头禅就是：天下没有死棋，只有不会下棋之人。也就是说，任何一种看似复杂的棋局，无论在外行人眼里有多么云谲波诡、险象环生，在内行人眼里都是充满机遇、处处逢源的。就拿你们公司这档子事来说，尽管听起来那两个帮派的头头似乎是俩女魔头，可在我眼里，她们像两个可爱的天使。别说开除人家，就算人家自己要走，我还舍不得呢，一定会想尽办法把她们留住！"

"就是就是，您说得有道理……"陈磊怔怔地看着我，机械地点点头。未几，他似乎反应过来，又一次叫道，"哎呀您就别再逗我玩了，没看我都急成什么样了，咱还是赶紧开课吧！"

调侃了一番这位小老弟，我便言归正传："是这样，这件事有两个关键的转折点。第一个转折点和你的前任有关。在他到任之前，其实两个帮派的利益是有冲突的，那个时候双方互不买账，彼此不服对方，对吧？"

"对。"陈磊点点头，"据我所知，当时的情况是这样的。"

"好的。"我继续说，"你的前任登场之后，这个转折点就出现了。由于他的铁腕政策犯了众怒，所以这位前任就成了大家共同的敌人。也就是说，这个时候，两个帮派的利益变得高度一致，那就是共同对付这个新出现的敌人——你的前任。而这位前任的命运就可想而知了。总之，你的这位前任够倒霉的，他把自己变成了所有人的靶子，愣是让人家活活打跑了。"

陈磊点点头，似乎同意我的分析。

"现在，又一个新的倒霉蛋出现了，这人叫陈磊。"我又禁不住逗他一句，"而且，此人居然试图继续实施铁腕高压政策，在部门内实行严格的业绩考核制度。所以，这个利益共同体不但没有被打散，反而顽强地存在下来，变得更加团结。这个叫陈磊的倒霉蛋吃尽苦头，几乎要重蹈他前任的覆辙。"

我边说边用眼角的余光偷偷瞟了一眼陈磊，只见小伙子做了个自嘲的表情，撇了撇嘴。

我继续道："所以，如果你想改变现状，就要让第二个转折尽快发生——你必须打破这个顽固的利益共同体，让他们的利益重新对立起来。只有这样，你才能成功地抽出身来，并得到从中渔利的机会。这一招就叫'借力打力'。"

"借力打力？"

"对，借力打力。"

"听起来似乎挺帅的，可具体应该怎么做呢？"

"简单。让这两个帮派从水面下彻底浮上来，给它们一个明确的名分，让它们成为名正言顺的团队。"我解释道，"你可以以这两个帮派为班底，在销售部成立两个业务小组，由王丽和吕红分任小组长，或者叫'销售主管'也行。给她们明确的职务，甚至可以配上岗位工资或岗位津贴。然后，没必要制定具体的考核指标，但要每个月都在两个小组之间进行业务竞赛，并给予获胜者可观的奖励。这样一来，她们之间就有了利益冲突，你也就得到了借力打力、从中渔利的机会。"

陈磊将信将疑地看着我："您说的这个方法理论上似乎可行，恐怕还是有些不切实际。"

"怎么不切实际？"我的"锦囊妙计"居然罕见地没有得到这位小老弟的首肯，这让我有几分好奇。

"划分业务小组我没意见,"陈磊解释道,"但搞业务竞赛这招是不是灵验我没把握。您想啊,如果我是王丽或者吕红,完全可以和对方串通一气,这个月你赢,下个月我赢,这不是照样玩我吗?"

"呵呵,我懂你的意思,你说的这种情况不是不可能发生,所以说这里面就有个操作技巧的问题。人都是趋利动物,只要你下的药够猛,给的诱饵够足,她们就不可能不上钩。"

在我的反复劝说下,陈磊终于答应回去尝试尝试。

果然不出他所料,这一招的效果并不好。两个月后,他找到我,宣布我的"锦囊妙计"彻底失败。事情的发展居然和他当初担忧的如出一辙:王丽和吕红联起手来和他玩躲猫猫游戏,暗中操作竞赛结果,大家轮流坐庄,在两个月里,每组各胜出一次!

如此一来,所有的设计全部功亏一篑,没有了任何意义。

看样子,利益共同体还是没有被打破。对于两个帮派的头头来说,显然抱团取暖要比同室操戈更符合双方的利益,成本也要小得多。所以,还得再下猛药,彻底消除这种共同利益才行。

我陷入沉思,忽然灵光一闪,兴奋地对陈磊说:"这样,从下个月开始,我们变一下游戏规则。甭管是哪个小组胜出,立马任命这个小组的头头当销售部副经理,而且销售部暂时只设一位副经理,不考虑更多人选。这位副经理可以兼任业务小组的头头,并且将来会作为部门经理的第一候选人予以重点栽培与提拔。这样一来,王丽和吕红之间便没有了轮流坐庄的空间,利益会不可避免地发生冲突,应该会令你有所斩获!"

陈磊笑了,脸上的阴霾终于一扫而光:"呵呵,姜还是老的辣,这回的招还真是妙!"

"只不过,还有一点不太放心……"我又想起了什么,嘴里嘀咕道。

"什么不放心?您又想起什么了?有话直说啊!"

"一般来说,经理级别的岗位任命不是小事,恐怕你决定不了,还得由老板拍板。不知道老板能不能同意这种安排……"

"嘿，我以为您担心什么呢，原来是担心老板哪！"陈磊松了一口气，"老板的事您放心，他现在对销售部这帮奶奶级员工比我都犯愁，但凡有哪路神仙能把这帮蒸不熟煮不烂、神通广大的娘子军收了，他高兴还来不及呢，怎么可能使绊子？！"

"哦，是这样，这我就放心了。"我也松了一口气，但又紧跟着叮嘱道，"使这招的机会只有一次，成败在此一举，所有的细节都要小心，千万不能出岔子！"

"放心吧，没问题，包在我身上！"陈磊豪爽地一口应承下来。转瞬的工夫，他脸上又一次挂上阴霾，似乎有了新的心事。

"怎么了？又有什么新想法？"我关切地问道。

"您这剂猛药下去，估计效果肯定不赖。可我就担心这以后……"

"什么以后？"

"你比如说这一次王丽胜出，如愿以偿地做了副经理，可你让吕红怎么办？她能善罢甘休吗？会不会以后撂挑子，干脆就不给你好好干活了？"陈磊不安地问道。

"咳，你也是真够死心眼的！"我明白了他的心思，笑着点拨道，"事是死的，人是活的，你怎么就不能灵活一点呢？"

"怎么个灵活法？"陈磊不解。

"你就不能把那个没当上副经理、心有不甘的家伙偷偷叫到办公室，小声告诉她'其实公司也不会规行矩步，也在观察新的副经理的表现，如果她表现不好，或者你的表现更好，领导层的更换未必没可能'？"我继续开导他，"然后，末了千万别忘提醒她一句：'今天我对你说的这些话千万别透露出去，一透露出去，你就彻底没戏了！放心，只要你好好表现，未来这个副经理的位子就是你的！'"

陈磊恍然大悟，使劲地点点头。

我继续说："其实，你还可以继续发挥一下，如法炮制，将类似的话说给那位新晋副经理听，提醒她有人正对她的位置垂涎三尺呢，让她好好表现，千万别让人给替了。这样一来，你不就左右逢源、上下通吃了吗？"

陈磊回去后依计行事,虽然中间也出现过一些小波折,但总算基本上搞定了局面,达到了目的。

记得有位外国名人说过这样一句话:假如给我一个支点,我就能撬动整个地球。我把这句话略微修改了一下,变成"假如找到一个'利'字,我就能摆平所有帮派"。

总之,"利"和"力"互为因果,是一枚硬币的两面。"力"由"利"生,"利"从"力"来。如果把所有的帮派比喻成一套多米诺骨牌,那么这个"利"字就是这套牌的第一张牌,只要我们能找到并推倒这第一张牌,后面的事情就不需要我们费心了。

小结:

只要能清晰地解构帮派之间的利益关系,彻底弄明白它们彼此之间利益的交叉点与冲突点到底在哪里,然后因时势而动,借力打力,就一定能轻松地掌控局面。

第二十一章

"强者过招智者胜"之"斗而不破"

其实,有时候没有结果本身就是一种结果,而且这种结果未必不鲜明,完全可以让大家做到心中有数,圆满实现争斗的目的。

问你一个问题:什么才是争斗的最高境界?

两个选择:

一、明刀明枪,以力量战胜对方。

二、不动声色,以智慧战胜对方。

显然,不出所料的话,你会毫不犹豫地选择第二个答案。

没错,第一个答案相对逊了一些,因为尽管可以获胜,但必须付出撕破脸的代价,朋友是肯定没得做了;第二个答案更胜一筹,既能获胜,又避免了撕破脸的窘境,朋友还可以照做。孰高孰低,一目了然。

许多人都对胜负分明、高下立见的争斗方式感兴趣,认为既然要斗,当然就要分出个子丑寅卯来,否则斗来斗去有什么意思?其实不然,古老的中华文明还教给了我们一种更高明的争斗方式,那就是点到即止。没必要事事争结果,非要把某种结果鲜明地呈现出来才善罢甘休。其实,有时候没有结果本身就是一种结果,而且这种结果未必不鲜明,完全可以让大家做到心中有数,圆满实现争斗的目的。

如果把前一种争斗方式称为"斗而破之",后一种争斗方式就是"斗而不破"。很显然,后者远比前者来得高明。

金庸大侠曾经说过:有人的地方就有江湖,有江湖的地方就有争斗。这句话用来形容现如今的职场实在是再贴切不过了。想必我们所有人都会有这样的

游走在团队内部的帮派之间,
如何让自己保持平衡,绝对是一门大学问。

感觉：职场就是江湖，里面帮派林立，高手如云。在这样的江湖里，争斗是绝对免不了的。但是，职场不同于战场，鱼死网破、你死我活绝对没必要，毕竟低头不见抬头见，天天撕破脸是没有办法在职场上混的（更何况今天撕破脸，也许明天你就会有求于人家，那时看你怎么办！）。**职场中的争斗，显然应该以"斗而不破"为一条主轴。**

这一点对团队领袖而言尤为重要。**"底线思维"是团队领袖必备的素质，不到万不得已的时候，绝不能轻易"破底"。游走在团队内部的帮派之间，就好像走钢丝，如何让自己保持平衡，同时还能在钢丝上行走自如，绝对是一门大学问。**

"亮哥"的智慧

三国英雄中就有许多玩"斗而不破"妙招的高手，其中最厉害的非诸葛亮莫属。

大家知道，当初诸葛亮跟着老大刘备出来混的时候，刘备集团是三个集团中混得最惨的一个。无论是曹操集团还是孙权集团，在那个时候都早已各安一方，有了自己稳固的地盘和事业，只有刘备集团的这支人马还在过着居无定所、颠沛流离、朝不保夕的日子。在群雄并起、虎狼环伺的险恶环境中，显然于夹缝中求生存的走钢丝技法是绝对必要的，尤其是对刘备集团而言更是如此——要想生存乃至成就一番事业，实力相对较弱的刘备就必须与孙权搞好关系，联手对付三者中实力最为强大的曹操。从这一点上来说，刘、孙两家具有共同利益。但是，孙权毕竟不是吃素的，人家也有自己的利益，不可能仅仅满足于做个乐善好施的大善人。因此，与孙权集团合作，对刘备来说无异于与虎谋皮，随时都有可能被对方吃掉。

这就是典型的"走钢丝"，不仅需要极牛的战略，还需要极高的技巧。一旦掌握不好分寸，稍微有点儿闪失，别说联孙抗曹，恐怕刘备自己的小命也会断送在孙权的手里。

幸好刘备集团当中有个"走钢丝"的高手诸葛亮，极为擅长"斗而不破"的绝技，不但成功地辅佐刘备涉过重重险滩，而且还助他不断地攻城略地，最终成就三分天下的霸业。

让我们看看诸葛亮都留下了哪些"斗而不破"的经典案例。

很显然，最精彩的案例几乎全部出自他与三国英雄中的另一位奇才——周瑜之间跌宕起伏、惊心动魄的斗法故事。

先说结果。我们知道，周瑜最后是被诸葛亮活活气死的。他临死前的一句"既生瑜，何生亮"既充分暴露了他内心的无奈，也从一个侧面反映出其实在他内心深处对这样的一个结果还是认可的，也就是我们常说的所谓"认栽"。

俗话说"性格决定人生"。至少从智慧与谋略的角度来看，此二人应该在伯仲之间，二人的命运之所以会如此天差地远，恐怕根本原因还是在于二人性格的巨大差异：诸葛亮更老到，懂得"斗而不破"的道理，从双方博弈的开始阶段便技高一筹，占领了战略制高点，所以才能处处主动，左右逢源；而年轻气盛的周瑜则相反，他处处杀机毕露，总是试图"斗而破之"，所以从一开始便显露出败象，将自己置于被动的战略局面，从而导致最后的悲剧结局。

让我们看看三国史上最气势恢宏的那场战役——赤壁之战的整个过程中，这二位人中龙凤的具体表现。

熟悉三国故事的朋友们都知道，赤壁之战的两个关键点在于战备和战术。前者需要解决的一个问题是武器，后者需要解决的一个问题是天气。

先说武器。为了除掉诸葛亮，周瑜给他下下一个套儿：限其十天之内造十万支箭，违令者重罚。显然，这是一个不可能完成的任务。周瑜想要的，不是箭，而是诸葛亮的命。单从这一招看，周瑜已经露出败象：大敌当前，不是团结起来一致对外，而是选择同室操戈、自相残杀，这绝不是一个有远见的高明举措。但是，妒火中烧的小伙子已经顾不了那么多了，与"天下"相比，意气用事的他还是选择优先解决私人恩怨。

如此露骨的雕虫小技又怎能瞒得过诸葛亮的眼睛？可当面揭穿对方，让对方下不来台既不能解决问题，也会破坏己方的团结氛围。老到的诸葛亮不动声色地接了招：不但满口应承下这个杀机毕露的所谓的"任务"，而且还将期限大幅缩短，提前到三天，并欣然立下军令状。周瑜欣喜若狂，觉得诸葛亮简直就是自己找死。既然如此，那就怪不得他心狠手辣了。

不承想，精通天文的亮哥选择了一个大雾天悄然行动，仅用二十只小木船和几万个稻草人便轻轻松松地从曹丞相那里"借"来十万支箭，令周小弟瞠目结舌，却也进一步坚定了他除掉诸葛亮的决心。

于是，双方又开始了第二轮博弈。

这一次博弈的核心是天气。

"欲破曹公，宜用火攻；万事俱备，只欠东风。"双方确认了火攻原则之后，周瑜又遇到一个大难题——老天不作美，天天西风凛冽，这就意味着一旦点起大火，不但烧不着曹操，反而会引火烧身，让己方阵营葬身火海。这可急坏了周瑜，他不但满嘴起泡、茶饭不思，甚至口吐鲜血，晕厥倒地，以致一病不起。而诸葛亮给周瑜开了一张神奇的药方，瞬间治好了后者的病，这张药方就是著名的"借东风"。

亮哥又一次凭借着广博的天文知识力挽狂澜，只不过具体的招数稍微显得嘚瑟了一点（显然是为了刺激周小弟的嫉妒心）：只见他披头散发，登坛作法，果然招来了周小弟梦寐以求的东风！不过，这一次周小弟不但没有领亮哥的情，反而立刻派兵擒拿亮哥，并下了"斩立决"的命令！不过，这一次又是亮哥技高一筹，提前给自己安排好了退路，再次让周小弟无功而返，郁闷至极。

三番两次失手，但周瑜并没有丝毫收敛，反而变本加厉地追杀诸葛亮，向其发动第三波攻势。而且这一次，利令智昏的小伙子居然打起自己老大的主意，撺掇孙权将自己的亲妹子许配给刘备，妄图擒贼先擒王，一举拿下刘备集团。不承想亮哥又一次将计就计，不但使刘备直捣黄龙当上了孙权集团的乘龙快婿，而且还让他顺利脱身，带着美人平安地重归旧巢，上演了一出"周郎妙计安天下，赔了夫人又折兵"的好戏，终于断了周小弟的一线念想。

从这一系列的博弈过程可以看出，周瑜越是想"斗而破之"，就越是让自己一路被动，处处受制于人；而诸葛亮越是"斗而不破"，就越是让自己一路主动，处处制于人。"破"与"不破"，仅仅一字之差，却高下立见，胜负分明。反过来想，诸葛亮的"不破"，反而是一种更高明的"破"：最终周瑜还是死于诸葛亮之手，只不过诸葛亮根本无须自己动手，而是假借周瑜的手让他自己杀死了自己。

诸葛亮的高明还不只如此。此君更逆天的高明表现还在后面：周瑜死后，诸葛亮不但没有避嫌，相反竟然前往周瑜的葬礼吊丧，这一举动令所有人大吃一惊！要知道，此时亮哥已然成为孙权集团最大的敌人，几乎人人得而诛之，而他非但没有明哲保身，而且居然以吊丧的名义堂而皇之地深入对方老巢，这不是欺负人欺负到极点了吗？！对孙权集团的人而言，真真是"是可忍，孰不可忍"！

照理，亮哥自投罗网，应该绝无生还的可能，意想不到的奇迹还是发生了：亮哥声泪俱下、如泣如诉念的悼词深深地打动了所有在场者的心，居然将孙权集团的人都感动得流下热泪，开始在心里默默地埋怨周小弟的小气，赞叹亮哥的大气。最后，亮哥不但顺利地全身而退，而且还消除了孙权集团对自己以及刘备集团的敌意，成功地修补乃至进一步强化了双方的战略合作伙伴关系。

一场本应用残酷的战争才能解决的争端，就这样被亮哥神奇地化解。

所谓高手博弈的极致境界，恐怕就是这样了。

从这个意义上讲，周瑜命运的悲剧性也达到一个前所未有的高度：自己丧命之后，战友们不但没有为自己报仇雪恨，反而对"凶手"同情甚至赞叹有加，而对自己心生埋怨。

这是一种什么样的命运，又是一种什么样的境界？

尽管悲摧，周瑜却并不孤单，在三国英雄中，还有一个重量级人物的命运与其极为相似，这位英雄便是大名鼎鼎的关羽。

其实，诸葛亮没少给关羽洗脑，一而再、再而三地告诫他己方的真正敌人是曹操，因此对于孙权集团一定要采取"斗而不破"的战略才行。但比周瑜更加心高气傲的关大将军偏偏不信这个邪，非要"斗而破之"，处处与孙权集团死磕，终于自食其果，亲手导演了"走麦城"的悲剧，到头来不但自己送了命，还搭上了忠心耿耿的义子关平的性命。一代盖世豪杰，结局居然悲摧至此，真是令人不胜唏嘘！

孙子说："不战而屈人之兵，善之善者也。" 显然，"斗而不破"就是这样一种境界。

让你的"敌人"胜利，是打败他最狠的战术

我本人也曾小试牛刀，尝试过"斗而不破"的战术，并且受益匪浅。

我有过在一家"双头公司"任职的经历。所谓"双头"，顾名思义就是有两个老板。其中一个老板姓张，另一个老板姓李，两位老板分别拥有五成的股份。大家知道，这种"双头"体制的公司是最难混的。因为两个老板为了争权夺利甚至是争抢风头，常常意见相左，明争暗斗，这就让底下的人很难办，仅仅应付老板就会让他们精疲力竭，从而几乎无暇专注公事。

当时，公司的总经理是张老板的人，叫赵勇，而我则是李老板的人，担任公司的管理副总。

李老板和我一样，也有留学的经历，因此心高气傲，看不上颇有土豪气质的张老板，因此，在我上任伊始便嘱咐我甩开膀子大干，不必在乎赵勇和张老板的意见。

彼时我本人刚从海外归来，心气也很高，因此和李老板的一些想法颇为合拍，也想将国外的一些先进管理经验带回国内，好好地实践一下。当然，如果能更诚实一点，我愿意承认当时的我心里有一种莫名的优越感，总想找机会"显摆"一把。

于是乎，不知天高地厚的我便真的甩开膀子大干了起来。

可以很容易地想象出来，我的这种横冲直撞的作风很快便与赵勇发生了尖锐的冲突。可我自恃有李老板撑腰，并不在乎与赵勇之间这种越来越紧张的关

系。不承想有一天，李老板给我打来电话，严厉地斥责我"制造事端"，给他找麻烦，并警告我说："张老板对你很不满意，要不是我替你说好话，恐怕你就没法儿在公司干了。希望你以后好自为之，不要总让我给你擦屁股！"

我震惊了：制造事端？给上头找麻烦？让上头给我擦屁股？这是怎么回事？难道这一切不是李老板本人的意思吗？没有他的授意，我能这么干吗？怎么到最后猪八戒倒打一耙，把所有脏水都泼到我身上来了呢？

我陷入深深的苦闷中，觉得自己被出卖了。

经过好长时间的苦苦思索，我终于想明白了所有的事。显然，这里面没有谁出卖谁的问题，也没有谁仗义、谁不仗义的问题。每一个人的反应都是正常的：我的大刀阔斧冒犯了赵勇，他当然要向张老板告状；自己的弟子受了委屈，张老板当然会对我产生不满；张老板将对我的不满倾泻给李老板，当然会让李老板大为光火。总之，一切都是两个字"利益"惹的祸。每一个人都想捍卫自己的利益，减少自己的损失，一切天经地义、理所当然，没有什么可大惊小怪的。

所以，下面就轮到我变招了：我决定放弃之前"斗而破之"的招数，改用"斗而不破"的战术。

打那以后，我就像变了一个人一样，事事处处以赵勇的利益为先，尽最大可能地尊重他的意见，并自告奋勇地充当落实赵总意志的急先锋。在我坚持不懈的努力下，他对我的敌意终于有所缓和。于是，我不失时机地将自己的一些管理理念灌输给他，希望能让他改变一些成见。可效果并不明显，赵勇依然对我的意见很警惕，总是顾左右而言他，将话题引向别处。

在我左右为难之时，一个机会出现了。

由于公司的业绩不佳，董事会责成我们拿出一个改变现状的行动计划。我拟订了注重改善管理的方案A，而赵勇则拿出了注重提高业务技能的方案B。

我自认自己的方案比赵勇的优越，因为明摆着公司业绩不佳是由于管理不善造成的，和业务技能的高低并没有什么直接关系。而业务员出身的赵勇固执己见，坚持认为提高业务技能是解决问题的唯一出路，对我的方案不屑一顾。

无奈之下，我只能尊重赵勇的意见，大力协助他推行方案B。

不过，由于没有抓住问题的症结，连续推行了几个月，方案B没有奏效。董事会对我们越来越失去耐心，赵勇经常挨张老板的骂，我也没少受李老板的数落。

这样又过了一段时间，一切仍然没有什么起色。我终于沉不住气了，再一次建议赵勇尝试一下方案A，而他依然对此不屑一顾。

我决定果断出招，先斩后奏。表面上，我继续扮演着方案B最有力的执行者的角色，私下里，我开始偷偷地往方案B里塞私货，将其一点一点地变成方案A。刚开始赵勇还没怎么察觉，到后来方案B逐渐变得面目全非，他终于感到势头不对，开始警觉起来。他从我手里收回了执行权，自己亲自上场督阵。其时木已成舟，执行方案A已经成了既成事实，不是一朝一夕便能被打回原形的。这令赵勇很愤怒，觉得我出卖了他，我们之间的关系又一次陷入僵局。

没过多久，一件意想不到的事情发生了：公司业绩居然神奇地好了起来，我们受到了公司董事会的嘉奖。

这一出乎意料的结果让赵勇感到有些尴尬：公司同人都知道是方案A起了作用，而他自己从头至尾都坚决抵制了这个方案。这令他有些不知所措，不知道如何向上头解释这件事情。

尽管他的这些微妙反应并不容易被人察觉，但我还是看穿了他的心思，并盘算好下一步的行动。

一日，张、李两位老板到公司来开现场会，责令赵勇和我做总结发言。果不其然，第一个发言的赵勇说了一大堆言之无物、闪烁其词的套话和废话，大意无非是"今天的成就是在董事会的正确领导和全体员工的共同努力下获得的"之类的程式化内容，居然也博得了不少掌声——也许大家已经习惯了这种形式化的场合以及这种场合中的套话和废话，又或者，也许两位老板这次来根本就没指望能有什么具体的收获，压根儿就是来听废话和套话的。

轮到我发言了，我用了半个小时左右的时间将自己早已打好的腹稿和盘托出。我引用了大量案例，抽丝剥茧，层层递进，将公司这段时间发生的事情一五一十地予以还原，只不过在最关键的一点上做了一点手脚：我将功劳全部让给赵勇,将他描述为这场战役的实际领导者——至少从表面上看,我的这种描述并没有什么破绽,毕竟我一直是打着他的旗号在做事。

我绘声绘色的讲述让与会者听入了迷,当然,也包括两位老板。发言完毕,掌声再一次响起,而且这次的掌声依然是冲着赵勇去的。

赵勇站起身,机械地谦虚了几句,然后又坐下,两颊泛起些许潮红。在整个过程中,他始终没有正眼看我一下,但我知道,其实他的目光一直都没有离开过我。

那以后,一切都变了。赵勇对我不再设防,我们成了名副其实的"战友"。而且我发现,我俩的和谐还带来一个"副产品"——两位老板也消停多了,从前司空见惯的明争暗斗收敛了不少。

这件事情让我很感慨,似乎在一夕间明白了人世间的许多道理。

后来,每次给人家讲这个故事时,我总会特别强调一点:**争斗,不一定意味着做减法,也就是说,不一定代表着非要打倒对方,剥夺对方的利益,让对方倒霉。恰恰相反,真正高明的争斗之法,完全可以让对方也沾到争斗的光,得到更大的利益。这样的斗,才是良性的斗、双赢的斗,是不折不扣的做加法。如果一个团队掌握了这样的争斗之法,那么即便所有人、所有帮派每天都斗得不亦乐乎,团队也照样能够变得格外强大。**

小结:

争斗,未必总是意味着"做减法",也可以意味着"做加法"。

第二十二章
"强者过招智者胜"之"无为而治"

"无为而治"的意思就是：什么都不做，等着对方出错，或静待某种可以"做点儿什么"的战略机遇出现。

现在再让我们来领略一下高手博弈的另一个超级杀招——无为而治的威力。

这一招有三个关键环节，即**"静观其变""因势利导""推波助澜"**。

此招最经典的案例，当属小平同志在改革开放初期的一系列作为。

第三次复出之后，对于如何治理中国，小平同志已经心中有数。但是，彼时的中国刚刚从"文化大革命"中走出来，依然千疮百孔、步履蹒跚、思想僵化、积重难返。如果过于心急，在短时间内即迅速推出一系列崭新的政策，恐怕不但不能收到成效，反而会有令改革大计过早夭折的风险。

高手就是高手。小平同志没有心急，而是采取了静观其变的策略。因为他知道，随着"文化大革命"的结束，整个中国社会人心思变，只要拿出耐心等待一段时间，社会上一定会出现某种重大的转机。那时，他只需因势利导、推波助澜，就可以成就大事，让改革开放的大船得以扬帆起航了。

果不其然，没过多久，一场围绕着"实践是检验真理的唯一标准"这一辩论在某些媒体上展开。机会来了！小平同志审时度势，立刻表态支持这场辩论，并进一步推波助澜将这场辩论推向全国，使其最终演变成一场轰轰烈烈的全国大辩论。这场大辩论就像强力催化剂一般推进了彻底解放全中国人民思想的进程，为其后如火如荼的改革开放大业打下了坚实的基础。

其实，在整个改革开放的进程中，小平同志基本上从头到尾都贯彻了这样一种"无为而治"的思路。

"影子英雄"陆逊

说完今人，再来说说古人。

灿如星河一般的三国英雄中有无数赫赫有名的大人物，但是我说一个人的名字，想必能有些印象的人应该不多。

知道陆逊是谁吗？

相信你不会摇头，但也未必会点头。没错，与其他那些超级名人相比，此人显然过于低调，几乎无法给人留下什么深刻的印象。但是，这位时常为人所忽视的小伙子其实是孙权集团中才华不亚于周瑜的一位绝世高人。或者更公平地说，此人的雄才大略要远胜于周瑜。而其最擅长的招数，就是这个"无为而治"。

尽管《三国演义》中对陆逊这一人物着墨并不多，但是此人的存在极大地影响了三国史的进程。因为此人曾经力挽狂澜，亲手拯救了孙权集团，并直接导致刘备集团的开创者——刘备本人命丧黄泉，自此轰轰烈烈的三国时代正式结束了前半程血雨腥风的英雄之间的争锋，进入后半程云谲波诡的国与国之间的对决。

陆逊最伟大、最经典的战例，毫无疑问当属痛扁刘备集团的"火烧连营"。

在这一战例中，陆逊"无为而治"的战略思想可谓体现得淋漓尽致。

当刘备为了给结义兄弟关羽报仇，亲率七十万大军攻打孙权集团的时候，陆逊临危受命，引兵拒敌。正当全体将士不惜马革裹尸、战死疆场之际，陆逊却莫名其妙地当起缩头乌龟，只知道一味地退却、避战，令孙权集团士气大伤。众将士十分不解，开始对陆逊冷嘲热讽，纷纷要求迎战。可陆逊不为所动，继续紧闭寨门，高挂"免战牌"。不论刘备集团如何百般挑衅，众将士如何忍无可忍，陆逊就是不肯出战，似乎铁了心地要将缩头乌龟当到底。

正当陆逊的声望降到极点，将士的士气即将彻底崩溃之际，转机出现了：刘备大军由于发力过度、攻势太猛，再加上长途跋涉疲劳不堪，渐渐地出现了松懈的迹象。尤为要命的是，爱兵如子的刘备为了让部队纳凉避暑，居然将大军营寨驻扎在茂密的树林当中！

这一战略环境的决定性变化令陆逊欣喜若狂。他知道，刘备已经犯了兵家大忌，离死不远了。

于是，在一个狂风大作之夜，陆逊果断下令：放火！

转瞬间，整片树林燃起熊熊大火，尚在睡梦中的刘备大军被烧了个猝不及防，立刻四散奔逃，溃不成军。陆逊趁势挥军掩杀，将刘备大军一举歼灭。

那位说了：刘备身边不是跟着诸葛亮吗？亮哥在场，怎么会让自己的老大尝到如此败绩？

没错，如果诸葛亮在场，陆逊绝对占不到半点儿便宜，也许孙权集团真能被刘备集团灭掉。如果是那样，历史将被改写。只可惜诸葛亮一世英明，却没能料到孙权集团中还有陆逊这样的人物；而刘备驰骋疆场一辈子，身边也从未少过诸葛亮的辅佐，唯独这决定命运的一战，偏偏没有带上亮哥，而是让他在后方留守。真可谓一念之差，成千古恨！

其实，更公平地说，诸葛亮还是间接地参与了这场战役。刘备曾经将扎营之地绘成地图，派人去请教过诸葛亮。亮哥见图后大惊失色，当场对来者说："这是谁给老大出的主意？可以立马将他推出去斩了！"而来者的一句"这是老大自己的主意"也让亮哥彻底无语。可他还是将自己的意见转告给刘备，希望他尽快将大军拉出死地。可惜的是，时间已经来不及了。

从这个意义上讲，陆逊"无为而治"的妙计能大获成功，第一个要感谢的恐怕还是亮哥，正是亮哥神一般的缺席给了他一个在历史上扬名立万的宝贵机会。

除了这个经典的"火烧连营"之外，陆逊还有一次漂亮的"无为而治"的表演，这次表演同样涉及一个著名的历史典故——安居平五路。

其实，这出叫作"安居平五路"的好戏，主角不是陆逊，而是诸葛亮。陆逊在这个故事中扮演的仅仅是一个配角，也正因如此，人们才容易忽视这位天才在这个历史典故中所展现出的雄才大略。

事情是这样的。

刘备被陆逊击败，自知性命难保，便在一个叫"白帝城"的地方将自己的儿子刘禅托付给诸葛亮。刘备病逝之后，亮哥立刘禅为帝，倾全力辅佐。众所周知，这个阿斗根本难当治国大任。魏主曹丕认为这是一个千载难逢的讨伐机会，便听从司马懿的建议，起五路大军共数十万人马杀奔刘备集团的大本营。

魏军名义上虽然是"五路大军"，这个"大军"却猫腻不少，混杂了不少疑兵（即故弄玄虚，以吓唬人为主的部队）及不靠谱的少数民族部队。即便如此，也足以令在皇位上屁股还没坐热的刘禅大惊失色，着急忙慌地直奔相府（诸葛亮的府邸）找亮哥问计。

一进亮哥家的门，这位儿皇帝便惊呆了：但见亮哥不慌不忙，正悠闲自得地在池边喂鱼！

儿皇帝心有不悦，埋怨亮哥道："人家几十万人马都快打到家门口了，您老人家怎么还有心思摆弄花鸟鱼虫啊！"

亮哥的回答差点儿没惊得儿皇帝栽个跟头："我已然击退了曹丕的四路大军，所以才有空闲在家里喂鱼解闷！"

原来，这位儿皇帝还躺在龙床上做梦的时候，亮哥便已暗中调兵遣将，将曹丕的四路兵马拒于千里之外。而现在之所以会在池边喂鱼，是因为他还在思考一个问题，即如何对付孙权集团的兵马。

这又是为什么呢？

话还得从头说起。当初司马懿向曹丕推荐的五路大军中的一支，便是孙权集团的人马。司马懿的如意算盘是这样的：对孙权集团施以小恩惠（以朝廷的名义加官晋爵并给了不少银子粮草），诱使孙权伐刘，以便借刀杀人，从中渔利。可是，这点小心思怎能瞒过陆逊的眼睛？在陆逊的建议下，孙权将计就计，表面上接受曹丕的恩惠，将所有好处一一笑纳，并爽快地答应起兵伐刘，实际上却以"需要时间备战"为由，按兵不动，静观其变：如果曹、刘两家真的火拼起来，而刘备集团处于弱势，孙权集团便助曹伐刘；反之，如果战况对刘备集团有利，孙权集团便反戈一击，助刘伐曹。总之，无论战况如何变化，孙权集团都将占据绝对的战略主动地位，进可攻退可守，游刃有余。又或者，如果两家根本就没有打起来，对孙权集团来说也没有什么损失，毕竟自己什么都没干，谁都不会得罪。

与其第一个跳进竞技场，做所有人的敌人，不如乖乖地躲在场边当看客。

可见，陆逊这个毛头小伙拥有何等惊人的智慧！如果周瑜泉下有知，相信也一定会自愧弗如的。

显然，陆逊的手段，亮哥心知肚明，于是便想投桃报李，拉拢孙权集团，进一步强化孙、刘联盟。即便做不了真正的朋友，起码也不至于让孙权集团给自己添乱，干一些背后下刀子的勾当，以便为将来的伐曹大业消除后患。

最后，亮哥找到一个合适的人选——刘备集团的重要谋臣邓芝，派他去孙权集团充当说客，成功地修补了双方的关系，为亮哥其后"六出祁山，北上伐曹"的千古壮举扫平了道路。

这就是超经典的"安居平五路"的故事。细细想来，这个故事中的三位人精——司马懿、陆逊、诸葛亮全都采用了"无为而治"的策略。每一个人都想利用"鹬蚌相争，渔人得利"的战术，达到"兵不血刃"的战略目的。最后的结果也一目了然：诸葛亮与陆逊棋高一着，取得完胜；司马懿略逊一筹，只能认栽。

只不过，千百年来诸葛亮的光芒完全压过了陆逊，使后者一直活在巨人的阴影下，几乎完全得不到镁光灯的照射。尽管没人否认亮哥的神威，但找个机会让陆小弟也曝一次光，享受一下万人敬仰的尊荣，相信这绝对是公平合理的，应该不会有人心存异议。

一个真实的故事

下面，让我们总结一下"无为而治"这一战术的基本脉络。

一言以蔽之，这一脉络就是：**什么都不做，等着敌人出错，或静待某种可以"做点儿什么"的战略机遇出现。**

俗话说"**敌人的敌人就是我们的朋友**"。如果你总是过分心急，第一个跳进竞技场，那么毫无疑问，你将成为所有人的敌人，成为一个孤立无援的活靶子。也就是说，由于你的出现，你的敌人们即便彼此之间也存在着利益冲突，但是为了共同对付你，他们会将这种冲突暂时放下，结成事实上的战友，使你处于被动挨打的地位。所以，如果你能耐得住寂寞，甘于回到场边当观众，那么你将瞬间占据战略主动：你的敌人们失去了一个共同的敌人，潜在的冲突必将重新引爆，迟早会自相残杀，这时，你就可以审时度势，灵活机动、游刃有余地决定自己的立场与作为，从而达到坐收渔翁之利的目的。

"无为而治"的案例在职场中更是屡见不鲜，俯拾皆是。尤其是针对团队内部的帮派斗争来说，"无为而治"有时可以说是一试就灵。

我的外甥女淼淼是个 80 后，最近在一家汽贸公司谋了个美差——同时担任人力资源部和客户关系部的经理。她十分兴奋，觉得这个机遇的获得简直可以称得上是一个事业的高峰，因此士气格外高涨，一副磨拳擦掌、跃跃欲试的样子。

可不到两个月，这个小妮子便打起退堂鼓，想辞职不干了。

我感到很奇怪，也觉得很可惜，毕竟对于她这个年纪的女孩子来说，能有这样的机会实属不易。于是我便找她深谈了一次，试图说服她回心转意。当然，最关键的还是要了解到底发生了什么，而她也正想找个人倾诉一番，便毫无保留地将一肚子的烦恼和委屈倒给了我。

原来，淼淼的老板之所以一口气让小妮子担任两个部门的经理，并不仅仅是因为看上了她的才华，还有一个很重要的原因：为了省钱。因此，淼淼虽然一人身兼两职，同时干着两个人的活，工资却是一人份的，这让淼淼一入职便有了上当受骗的感觉，认为老板完全把她当廉价劳动力使，严重刺伤了她的自尊心。

淼淼暗发毒誓：无论如何要干出点名堂来，实实在在地让老板见识一下自己的斤两！

不过，很快她就发现，现实是残酷的，远不是发一个毒誓便能够轻松搞定的。

老板交给她的一个重要任务是提高销售部与售后服务部的客户满意度水平，而且充分授权，亲自授予她"先斩后奏"的尚方宝剑。照理，有老板的大力支持，再加上本人的勃勃斗志，淼淼应该可以不辱使命，顺利胜任自己的工作。可她几乎从迈出第一步的那一刻起便四处碰壁，无论怎么发力都无法冲破重围，打开局面，这令她一筹莫展，终于心灰意冷，萌生退意。

她遇到的问题，就是团队中非常典型的帮派问题。

先从售后服务部说起。这个部门的情况最复杂。经理江小强是公司元老级员工，淼淼的资历无法与其相提并论，再加上大家都是部门经理，属于平级，因此他完全不把淼淼放在眼里。小妮子制定的考核制度，他不屑一顾，拒绝执行；小妮子向他索要相关业务数据，他能拖就拖，甚至肆意涂改数据。更气人的是，有一次，淼淼向江小强询问业务流程的执行情况，对方竟然粗暴地断然拒绝："这是我们部门的内部资料，凭什么告诉你啊？"把小妮子气了个半死，半晌缓不过劲来。

那位说了：你不是说淼淼得到了老板"先斩后奏"的尚方宝剑吗？既然如此，为什么江小强还敢如此放肆？

此事不假，老板确实信誓旦旦地赋予了淼淼这种权力，而淼淼也确实想过动用这种权力，但是到了动真格的时候，这把"尚方宝剑"忽然失灵了，何止失灵，还差点儿伤到淼淼自己。

江小强确实厉害。他之所以敢如此肆无忌惮地对待淼淼，是有原因的。由于淼淼刚进公司不久，对公司的业务还不甚熟悉，有时难免会出些纰漏。而江小强抓住小妮子的这个弱点大做文章，在公司里大肆散布淼淼"不称职"，是"外行管内行，净给业务部门添乱"之类的负面信息。久而久之，老板也受到影响，每当淼淼向他反映售后部门的问题时，他总是替售后部门说话，反过来指责淼淼业务学习不努力，不注意团结同事。

这令淼淼大失所望："我又不是神仙，进公司这才几天哪，业务不熟悉是理所当然的事！再说了，正因为不熟悉，才更需要大家的配合与帮助，让我能不辱使命，把工作做好。毕竟都是为公司做事，又不是给自己谋私利。如果像现在这样自己人之间不但不彼此补台，甚至还天天拆台，那最后倒霉的是谁？是我吗？怎么可能！是老板！是公司！"

淼淼又一次有了被出卖的感觉，认为老板简直就是一个阴谋家，嘴上信誓旦旦地说帮她，暗地里却对她落井下石。

还不只如此。光一个江小强就够淼淼喝一壶的了，售后服务部还有两员大将的表现也让她头痛不已。

部门经理江小强手下有两个关键人物，一个是车间主任，另一个是配件经理。

前者叫李全，是一个敦厚的中年男人；后者叫王娟，也是一个80后女孩。老李为人厚道，但天生胆小，虽然对淼淼的境遇十分同情，却绝不敢对自己的顶头上司有任何造次。为了争取老李的支持，在他这里打开一个突破口，淼淼曾经不止一次地请他吃饭。即便如此，她的收获也少得可怜：自打进公司那天起，老李仅仅向淼淼上报过一次业务数据，为此还遭到江小强的一通扁，自此彻底当了"缩头乌龟"，再也不敢越雷池半步。

配件经理王娟更是一个厉害人物。此人是淼淼亲自招进公司的员工。其实，与其说是"招进"，不如说是被强行"塞进"来的。因为此女是老板娘的远房亲戚，本事不大，架子不小，有时连老板都得礼让三分，更别提势单力薄的淼淼了。而且，王娟的到来也进一步恶化了淼淼和江小强之间的关系：江小强认为把这个难伺候的姑奶奶招进他的部门完全是给他添堵，而且这件事淼淼至少要负一半的责任。也就是说，他认为淼淼此举有讨好老板的意思，是为了自己的利益而牺牲他的利益。这让他很不爽，自此越发看淼淼不顺眼，变本加厉地与她作对。

销售部的情况也好不到哪里去。经理郑雷也是一个"老滑头"（淼淼本人语），虽然在表面上做出一副全力配合淼淼工作的样子，却"只闻楼梯响，不见人下来"，完全见不到实际行动。

总之，淼淼的处境简直是糟透了。用她本人的话讲，一个人在职场中能够想象到的倒霉事基本上全让她碰上了。她觉得，这个世界上的法律似乎是给她一个人定的，所有人都可以逍遥法外，只有她自己天天被法律追着屁股跑，运气简直是背到家了。

听完她的倾诉，我轻描淡写地安慰道："不用这么悲观，你其实非常幸运，即便什么都不用做，也能在短时间内让局面有个根本性的改观。"

淼淼不信，以为我在和她开玩笑。

我耐心地解释道："这不是开玩笑，我说的是真心话。这样，我来替你简单地分析一下你现在面临的局面。首先，横在你面前的最大障碍物就是江小强，对吧？"

"不只是他，还有那个可恶的老板！"淼淼恨恨地道。

"别着急，听我往下说。"我摆了摆手，继续道，"老板不重要，因为天下老板都是一样的，他们只想看结果，不想要过程。尽管这不是什么好习惯，却是一个不容否认的事实。所以，只要你能拿出一个像样的结果来，老板这一关完全不是问题。"

小妮子不吭声了，机械地点了点头。

我继续说："除了江小强，老李、王娟和郑雷都不是问题。因为他们全在看江小强的表现，江不动，他们也不动；江动，他们也会跟着动。也就是说，只有江小强才是最关键的要害，只要你能扳动这个人，一切都会瞬间改观。"

淼淼点点头，似乎认可我的话，可是又反问道："那我怎么才能扳动江小强呢？这个人可是软硬不吃、顽固至极啊！就连老板都不肯动他，我又能有什么办法？"

我笑了："这件事实在是太简单了，简直可以说易如反掌！你只要做到四个字'无为而治'就行。"

"什么'无为而治'？"小妮子不解。

"简单。就是说从现在起，你什么都不用做，大撒把，放任自流就行。不出所料的话，撑死一两个月，局面就会向有利于你的方向发展。"

小妮子更糊涂了，一双水汪汪的大眼睛迷惑地看着我。

我耐心地解释道："如果我没猜错，王娟和江小强的关系一定非常紧张。但由于你的表现过于强势，他们现在暂时搁置了彼此的矛盾，团结一致地对付你。所以，只要你抽身出来，从他们的视野中消失，他们之间的矛盾很快就会爆发，他们就会掐得不可开交，那时就是你发力的机会。"

淼淼恍然大悟："可不是嘛，要是这样的话，他俩肯定会闹腾起来的！其实，这两个死对头已经掐过好几回了，要不是我从中调停，当和事佬，他俩可能早就撕破脸了。"

"没错，这就是你的机会。等江小强对王娟实在忍无可忍时，你再出手相助，请走王娟这尊神，因为你是人事经理，有这个权力。而这就等于帮了江小强一个大忙，给他送了一份大礼，那时你们的关系就可以彻底改善，不愁打不开局面了。"

这句话让淼淼犯了难，她幽幽地道："其实我也早就想开掉王娟了，可这件事哪有那么简单啊！她可是老板娘的人，连老板都动不了她。你是不知道，我们老板是个地道的'妻管严'，得罪媳妇的事他才不会干呢！"

我笑了："谁让你'开'掉人家了？我是说让你'请'人家走，而且还是让人家高高兴兴地走。人家不但不会恨你，闹不好还会对你感恩戴德呢！"

看着小妮子一头雾水的表情，我耐心地解释道："人为财死，鸟为食亡。只要你能给王娟找一个收入更高的工作，她巴不得跳槽呢！这不就等于把这个烫手山芋转手给别人了吗？当然，这样做对那家接手的公司而言可能有些不太仗义，但估计负面影响未必会有那么大。一来环境变了，没有了以前的靠山，她也许能收敛一些，好好表现，至少不会给人家添乱。二来即便她不思悔改，依然目中无人、我行我素，相信那家新公司也不可能会迁就她，一定会让她走人，在社会上继续流浪。要真是那样的话，也是她咎由自取，怪不了别人。如果她多碰几个钉子，能彻底明白过来，也算给了她一个在社会上接受再教育的机会，对她而言是好事，她应该感谢你才对。"

淼淼显得十分兴奋，一副豁然开朗的神情，可转瞬间又犯了愁："这招好是好，可我进这行没两天，到哪儿去给她找一个收入更高的工作呢？"

我自告奋勇地揽下这个不讨好的差事："这样吧，这事交给我，我替你搞定，保证王娟去了新公司后，收入能比现在高出三成！"

还没等她雀跃起来，我又一脸严肃地补充道："但是，我有三个条件，你必须做到，否则再好的招也帮不了你！"

"没问题！别说三个，只要能让我顺利冲出重围，就算三十个我也答应你！"小妮子来了精神，爽快地应承道。

"第一，千万不能操之过急，一定要等到江、王二人之间的矛盾真正爆发出来，甚至达到白热化的程度之后再使这招。因为如果行动太早，江小强未必会充分地领你的情，这招的效力就会大打折扣。"

"没问题，我能忍得住。不到火候决不轻举妄动！"

"好的。第二，一定要做足铺垫，让大家知道这事是你一手策划、安排的，千万不能让江小强产生误解，认为是王娟自己给自己找了个好下家。那样的话，你就等于白忙活了。"

小妮子乐了："这是当然！你太小看我了，这个道理我还能不懂？"

"好吧，就算是我杞人忧天。不过，细致点儿总没坏处。第三，也是最重要的一条：你必须在最短的时间内熟悉公司的业务，绝不能让江小强再抓住你的把柄。否则，即便摆平了王娟的事，恐怕你将来的路也未必好走。"

小妮子不作声了，脸上又挂满阴霾。

我安慰道："其实你没必要担心。即便没人帮你，你自己也完全能靠自学搞定业务。也许你觉得这有点儿不近情理，但职场这种地方有时确实没有情理可讲。你认为新人不懂业务很正常，必须有个适应过程，可别人未必会同情你，相反会觉得'连这个你都不懂，凭什么吃这碗饭？'所以，在职场中打拼，最怕的就是'露怯'。也就是说，**'不懂'这个东西绝不能轻易显露出来，你以为这是'谦虚'，别人却会认为这是你'不称职'的表现，并因此小看你，让你在公司里威信尽失**。说句不夸张的话，**在职场里混，有时不懂也得装懂**。你可以在表面上先做出一个'懂'的样子，迷惑一下大家，切记一定要管住嘴巴，绝不能信口胡说；或不置可否，不露声色，既不说'懂'，也不说'不懂'，然后在私下里发力，恶补专业知识。这样一来二去，你就能成为一个真正的行家了。"

小妮子点了点头，似乎觉得我的话有些道理，未几便又开始吐苦水："我也不是不想在私底下发力，可我哪有发力的时间哪！我一人兼任两个部门的经理，每天都有一大堆琐事等着我处理，整天忙得屁股上冒烟，别说学业务，有时就连休息的时间都没有！"

我乐了，不怀好意地反问道："那你能回答我一个问题吗？你每天上淘宝网，大概需要多少时间？"

"两三个小时吧。怎么了？这和学业务有什么关系？我这已经算很节制了，进这家公司前，我每天至少要在淘宝上逛五六个小时呢！"

"这就对了。你每天拿两三个小时在网上耗着，就不能把这些时间用来学点儿要命的业务知识?"

"可我上淘宝都是下班回家以后的事啊!白天在公司累了一天,晚上回家还不能放松一下啊?"

"谁也没让你彻底戒掉上淘宝网啊!跟淘宝请一个月假行不行?其实你的那点儿专业知识,并不是什么深不可测的高精尖知识,只要你肯拿出一个月的时间恶补,绝对能彻底搞定。你好好想想,难道不是这样吗?和在公司里这种不死不活、窝窝囊囊的痛苦样子相比,牺牲一个月上淘宝的时间算什么呀!这点儿账你还算不清?"

小妮子又一次沉默不语。看来让这个小姑娘放弃(哪怕是暂时放弃)心爱的淘宝网,还真需要做激烈的思想斗争呢。

不过,在我的再三点拨下,小妮子还是应承下来,决定依计行事。

三个月后,淼淼终于基本搞定局面:请走了王娟、"和谐"了江小强,顺势摆平了郑雷,同时,专业知识也算勉强过关。

总的来说,小妮子还算履行了自己的诺言,达到了我提的三个条件的要求,只有一点例外:她分配给上淘宝网的时间一分钟都没缩短,而是用其他方法挤出了恶补业务知识的时间。看来,时间这个东西真是取之不尽、用之不竭,关键看你会不会挤、想不想挤。不过,至少对于小妮子个人而言,淘宝网还真是一个好东西。也许正是因为不想失去心爱的淘宝网,她才会有强大的动力用其他时间去置换上淘宝网的时间,一举搞定了困扰自己多时的业务知识。这也算是一个意外收获吧!

小 结:

与其第一个跳进竞技场,做所有人的敌人,不如乖乖地躲在场边当看客,把"做敌人"的机会让给别人,然后伺机而动,为己方谋取最大利益。

第二十三章

"强者过招智者胜"之"不变之变"

真正高明的、颠覆性的变化,往往是在所有人都完全无意识的状态下发生的。

最后,再让我们来谈谈"变化"。

对于团队管理者而言,如何掌握团队的"变"与"不变",无疑是一个至关重要的课题。

无论是推行一项新的政策,还是全面升级团队的制度体系;无论是局部调整,还是全局性的改革,都要涉及一个"变"的问题。但是,"变"的过程与结果永远都会受到"不变"因素的制约和羁绊,如果处理不好"不变",你就很难做好"变"。

那么,团队管理者应该如何在"变"与"不变"之间辗转腾挪,既能游刃有余,又能不辱使命呢?

这就要从"变化"的本质规律说起。

大体上来说,"变化"可以分为两个类型,即"大变化"和"小变化"。

先来说说"小变化"。

毋庸置疑,**如果团队非变不可,那么"宁小勿大"绝对是一条铁律,亦即只有"小变化"才应该是所有团队管理者全力追求的唯一目标**。如果管理者平日里忽视小变化,让许多问题逐渐坐大,直至达到积重难返的程度,就会极大地增加解决问题的成本和结果的不确定性,令局面越发不可收拾。

那么,在实际工作中,如何做才能确保"小变化"的发生及效果呢?

有以下三个要点。

一、视野要有高度的全局性和前瞻性。

要想做好"小变化"这篇文章，团队管理者就要有高度的战略眼光，必须对团队未来的发展方向有清醒的认识和大体上的规划，这样才能有意识地朝那个方向发力，策划、操作一些具体的"小变化"。

二、果断、及时，摸着石头过河。

由于"小变化"几乎无风险，出了问题也容易调整，所以动作一定要快、要坚决，没必要拖泥带水。只要你抱着摸着石头过河的心态，胆大心细，稳扎稳打，就一定不会出大问题。

三、七十分主义。

不要试图追求完美。完美是不存在的，完全等同于"零"。所以说，**在管理的世界中，"完美"是一句禁语、一道红线，千万碰不得。只要能达到目的，即便有些副作用也在所不惜**。坚守"七十分万岁"的思维和行为方式，你就一定能成为那个笑到最后的人。

总之，只要你是个勇于并善于给自己的团队带来无数"小变化"的领导者，你就一定能带领自己的团队披荆斩棘，不断地攀登新的高峰。

"大变化"的前提

俗话说，"金无足赤，人无完人"，即便是再出色的团队领袖，也不是无所不能的神仙，不可能完全判断好"小变化"的必要性，掌握好"小变化"的时机，处理好"小变化"的节奏与细节。无论你如何努力，始终都会有一些本该发生的"小变化"没有发生，本该解决的小问题没有解决。总之，最终你还是不得不面对某些大问题和"大变化"。

所以，下面我们再来谈谈这个"大变化"。

"大变化"也可以有两种表现方式，即"一步到位的大变化"和"积少成多、积小成大的大变化"。

先来说说"一步到位的大变化"。

也许是由于太性急,一般情况下,团队领袖们最喜欢的变化方式就是这种"一步到位的大变化"。雷厉风行、只争朝夕的做法固然酣畅淋漓、干净利索,但也往往会留下严重的后遗症,使变革最终沦为"烂尾工程"。

那么,这是否意味着"一步到位的大变化"完全没有成功的可能呢?

答案是否定的。这样的变化方式有可能成功,但需要具备一定的条件。

第一,局面已经糟糕透顶,人心思变成为一种普遍现象。

大家混得都不太好,对现状都不满意,就不会形成大的利益冲突,同时较为容易达成变革的共识。这就为"大变化"的发生提供了土壤,扫清了障碍。

第二,领袖人物具有极高的威望,在团队内部的实力无人能及。

实力超群、意志坚决的领袖人物的存在至关重要。只要团队内部有这样一个强人在,就不可能有人敢与其叫板或试图翻盘,这就等于给所有人吃了一颗定心丸,不用担心天会塌下来。

第三,团队成熟度较高,经得起折腾。

在短时间内发生较大规模的变化势必会给团队带来一定的冲击与动荡,在这种情况下,团队的成熟度越高,抗击打能力以及冲击过后的自我修复能力就会越强。

这三个条件彼此相辅相成,缺一不可。除了极个别的特例之外,任何一个条件的缺失都有可能导致"一步到位的大变化"功败垂成。

悲摧的"闫三刀"

需要特别强调的一点是,许多团队管理者之所以会对急风暴雨般的变化模式青睐有加,往往是因为对自身的自信,即过分相信自己的团队中存在着一个"威望极高,实力无人能及"的领袖级人物,那个人就是自己。而这种自信在大多数情况下都是一个幻想、一种误解。事实上,在这些所谓"领袖级人物"

的团队里，权力结构常常是复杂的、多元的。利益集团的存在是一个公开的秘密，不同集团之间的竞争与摩擦更是家常便饭。而团队的领袖人物之所以会对这一活生生的现状视而不见，表现得极其迟钝甚至完全无感，恰恰是因为对自身实力过分自信。所以，在这样的情况下，如果团队领袖贸然推动大规模变革，必然会在团队内部引发剧烈的反抗与动荡，最终引火烧身，反而将自己置于不利境地。

举一个我亲身经历过的例子。

友人闫春（昵称"大春"）是一家大型商贸集团公司的董事长助理，由于表现出色，深得老板信任。每当公司有重大决策时，老板总要听取他的意见，甚至委托他以自己全权代表的身份直接出面处理。久而久之，在集团员工的眼里，大春便成了老板的替身，似乎有了一人之下万人之上的权力。他本人也对自己的实力深信不疑，行事作风果敢泼辣、雷厉风行，任谁都不服，乃至在集团公司内部得了一个"闫三刀"的绰号（这一称呼很容易让人联想起程咬金的"三板斧"。也许在同事们心里，大春是个程咬金式的人物？）。尽管这样的行事风格让大春没少惹祸，但由于总体战绩相当亮眼且备受老板偏爱，他总能逢山开路，遇水搭桥，有惊无险地涉过一个个险关，大体上来说，职场之路走得还算顺遂。

但是，所谓"性格决定人生"，骄傲的大春最终还是"摊上了事"，而且还是"大事"。这件事直接导致大春在如日中天之时折戟沉沙，被集团公司扫地出门。

为什么他的命运会发生如此戏剧性的转变呢？

事情是这样的。三年前，这家集团公司获得了某著名奢侈品牌的区域独家代理权。经营这一品牌需要成立独立的法人公司，而大春则成为负责筹建新公司的不二人选。由于新公司的档次与集团内部其他子公司不可相提并论，工作环境和薪酬待遇更是天差地别，所以，从一开始，新公司的筹建便成为集团内部的头号新闻，大春将如何招兵买马更是全体同人高度关注的焦点。不夸张地说，新公司的每一个职位都是令所有人垂涎三尺的肥缺，就连办公室的普通职员都比其他子公司的部门经理更具吸引力。

可以想象出来，这种高度的关注必然会让大春的自我感觉更为良好，来自同事们的甜言蜜语和阿谀奉承也令他对权力的自信心更加膨胀。在这种情况下，大春对新公司的人事安排工作定下的两条基本原则便不难理解了：第一，他要求新公司所有岗位的人员必须是全集团公认的一等一的拔尖人才；第二，甭管多优秀、多牛气的人才，到新公司之后，必须夹起尾巴做人，绝对服从他的领导。

几个月后，新公司如期成立，果然人才济济、精英辈出，且各个对大春俯首帖耳，不敢造次。

那位说了：既然"闫三刀"如愿以偿，得到这样一支梦幻之队，又为何会"摊上大事"，折戟沉沙呢？

坦白地说，刚开始我也有这样的质疑。尽管对大春的个性不太看好，但毕竟这家伙身后有老板撑腰，而且他真如程咬金一般福大命大造化大，迄今为止渡过险滩无数，从未真正栽过跟头。所以，即便这次他真的栽了，应该也不至于伤筋动骨，再也爬不起来。事实是：曾经风光无限、好运无边的"闫三刀"确实跌得很重，不仅摔坏了筋骨，而且一跤就跌出了圈外，连重新爬回来的机会都没有。

这又是为什么呢？

原来，问题还是出在利益分配的冲突上面。新公司成立后的前两年，一切进展还算顺利。人员团结，素质又高，经营的品牌也绝对给力，真是想不挣钱都难。这几乎是一个皆大欢喜的结果：老板乐得合不拢嘴，员工的满意度也相当高，大春自己更称得上功成名就。照理说，大春应该没有什么遗憾了，可"闫三刀"毕竟是"闫三刀"，过了两年消停日子的大春还是没能控制住自己那颗不安分的心，决定狠狠地嘚瑟一下——彻底改革公司的薪酬体制。他的逻辑如下：尽管开业以来公司的发展一直气势如虹，但这份亮眼业绩的取得基本上和员工的能力和努力没什么关系，完全是托品牌之福。说句不文明的话，只要手中有了这种级别的超牛品牌，即便不雇人，拴上几条狗待客，也会有人上门送钱。所以，公司员工的超高待遇绝对不合理，这简直就是天上掉馅饼，不劳而获、坐地分钱的荒唐事，必须予以纠正。

他将自己的想法告诉老板，痛陈"旧制度是对公司资源的侵蚀、老板财富的盘剥，彻底改革旧制度已经刻不容缓"的道理，果然得到老板的高度认同，同意他推行大规模改革。可以说，至少在老板这里，他得到了非常大的加分：一来他没有私心，完全是为公司和老板着想；二来他没有擅自行动，主动征求老板的意见并得到老板的授权，这也是对公司纪律和老板本人甚为尊重的表现，当然会获得老板的欢心。这就意味着，如果这次变革能大获成功，大春的前途会更加不可限量。遗憾的是，这件事的正面效应也就止于此了。后面发生的一切，对这位"闫三刀"而言无疑意味着一场噩梦。

得到老板授权后，大春没有半点儿拖延，立刻搬出看家的"快刀"手腕，开始推行自己的改革大计。在他心目中，改革的成功似乎是指日可待的事，几乎没有任何风险。大春之所以会如此自信，完全是因为他对自身实力拥有一种强大的安全感：他认为自己在集团公司打拼这么多年，已经夯实了无可动摇的权力基础。更何况这家新公司是他一手打造的，所有人都由他亲自挑选和提拔，每个人的命运都掌握在他手里，大家必然会对他心存感激乃至心生畏惧，再加上本次改革还有老板在背后强力支持，所有这一切似乎都意味着改革将所向披靡，一帆风顺。

可他还是错了，事情并没有按照他心中已然设定好的情节发展，而是有了戏剧性的变化。

几乎从改革的第一天起，这场改革便受到公司员工的大力抵制，这让大春十分震惊，也十分愤怒。没想到，公司内部居然有这么多人敢于挑战自己的权威，抗拒自己的新政。大春盛怒之下痛下杀手，一连开除了好几个部门经理和带头闹事的骨干员工。这一招果然有几分震慑力，闹闹腾腾的局面总算稍微有所改善。可大春没能做到高枕无忧，相反，他的噩梦刚刚开始。没出几个月，公司业绩便开始下滑，员工消极怠工，再也不见往日的精气神。他们通过这种方式狠狠地报复了大春：既然你给我们狗的待遇，那我们也只能给你干狗干的活儿！我们就是要让你看看人和狗有什么区别！

当然，对于这种明目张胆的造反行为，"闫三刀"绝无可能网开一面。他平生最不怕的就是硬碰硬，最擅长的就是死磕，对于胆敢公然消极怠工的员工，他的态度就是三个字："杀无赦！"可在清除了一大批害群之马之后，他发现自己陷入了真正的麻烦：员工开始和他玩躲猫猫游戏，他抓的时候就勉强上一下发条，可一放手就立刻掉链子，后来甚至发展到他人在公司就装个干活的样子给他看，只要他一转身离开，便立马"放鸭子"。更离谱的是，公司员工几乎各个变成了《鸡毛信》里的放羊娃，大家彼此传递着大春的行踪消息，以"三刀来了"或"三刀走了"为信号，"合理安排自己的作息时间"。

显然，大春陷入了"人民战争"的海洋。事情到了这个份儿上，结局基本上就已经注定了。

屋漏偏逢连夜雨，大春的困境还不只如此，更大的霉运还在后面。这一次，对他宠爱有加的老板在背后给了他致命的一击。

其实，公平地说，在大春刚开始走背字儿的时候，老板还是很给面子的，替他撑足了场。尽管针对大春的质疑和不满铺天盖地而来，各种小道消息、流言蜚语也是不绝于耳，老板却完全不以为意，一直忠实地扮演着大春的支持者和守护神的角色。他甚至给全集团下了一道死命令：严禁传播小道消息动摇军心，"违令者斩"！这个动作对渐露颓势的大春而言无疑是一场救命的及时雨，令他感激不尽，庆幸自己遇到了一位事业上的伯乐，也更加坚定了他成就改革、报答老板的决心。不过，俗话说"人无千日好，花无百日红"，尽管老板支持大春的立场是毋庸置疑的，但是这一立场也有一个底线，那就是不能让老板亏钱。可逐渐乱了方寸进退失据的大春最终冲破了老板的这道心理防线——尽管他推行改革的本意是为了给老板省钱，而且也确实在一定程度上做到了这一点，可是他费尽心思从员工口袋里抠出来的那仨瓜俩枣和整体业绩下降损失的银两相比，显然是小巫见大巫，根本就不是一个数量级。这引起了老板的不满，而且随着时间的推移、局面的恶化，这种不满越发膨胀，终于导致老板出手，为这场不知该称作"波澜壮阔的正剧"还是"乱七八糟的闹剧"的戏码画上了休止符。

这一仗令大春元气大伤，不仅他的威信大打折扣，实权也受到了严重削弱。员工不再买他的账，老板的信任也一去不复返。不久，老板以分担压力为由给他派来一位副手，而此人的真实身份与使命大春也心知肚明——这位副手便是老板的新宠，而对他的所谓"辅助"，说白了就是对他的"代替"。

很明显，老板已经下了逐客令，尽管还给他留了一些面子。

心有不甘的大春曾几次试图与老板沟通，为挽回局面做最后的努力，但是都被老板以各种理由回避。这令他十分感慨，要知道，曾几何时，老板的办公室几乎与他本人的办公室无异。在他心目中，那间宽敞漂亮的屋子似乎从未有过门槛，任他随意进出。时过境迁，对现在的大春而言，那间屋子的门槛似乎比天还高，令他已然完全不得其门而入。就算物是人非是人间常态，在如此短的时间内，自己的生存环境和人生轨迹便发生如此规模的剧变，也令他难以接受，不胜唏嘘。

在度过了一段大权旁落、百无聊赖的日子后，大春终于愿赌服输，彻底放弃，向老板递交了辞呈。

对于这段刻骨铭心的往事，尽管大春一直都以"先驱者、探索者、牺牲者"自居，试图将自己的作为正当化，给自己找个台阶下，可其实所有人心里都明白，大春这次的失败是一次不折不扣的"完败"。因为几乎从所有角度评价，大春的这一改革行为都没有留下任何有价值的东西——不但群众闹翻天，老板不满意，而且还赔上了自己的大好前程，真是"一举多失"的败笔。

对了，再补充一个小细节。很久之后，由于一个偶然的机会，我又得知大春曾经有过的另一个绰号——阎王爷。因为过于重口味，慑于大春的淫威，这个绰号并没有传开，在很短的时间内便无人再提了。不过，我愿意相信，其实在员工的心目中，这个绰号从来就没有销声匿迹。

对于大春的悲剧性结局，我似乎又有了更深的感触，真不知该为他惋惜，还是该为他不平。

团队中的"游击战"

所以说，作为一个团队管理者和领导者，对自己的权威与实力有自信是好事，但是切忌过分自信，锋芒毕露，毕竟江湖险恶，人心复杂，关键时刻还是多留一个心眼好。

话又说回来，即便团队领袖的自信是对的，他本人确实是"威信极高，实力无人能及"的超级强人，仅凭这一条就想让急风暴雨般的变革大获全胜也是难上加难。道理很简单，就算团队内部存在这样一个伟大的牛人，如果这个团队本身极其脆弱与稚嫩，根本就没经历过什么风雨，那么纵使领袖级人物再强悍、再牛气，也很难力挽狂澜，让自己的团队免受崩塌之灾。同理，如果情况并没有糟糕到极点，团队内部也没有形成较强的变革共识，而领袖级人物仅仅由于一己之欲，凭借一己之力便想一举突破重围，彻底改变现状，也几乎没有可能。或者说，在这种情况下，现状即便被改变也难以长久，没有共识做支撑，一切迟早还会被打回原形。

就拿大春的案例来说，他的变革大计之所以会遭受如此惨败，就是由于他高估了自己，错判了形势。首先，他以为自己是老板的化身，在公司内部的地位无人能及，但毕竟自己"打工仔"的身份未变，亲手招到新公司来的员工又都是各路精英、人中龙凤，这就为日后在新团队内部发生利益和实力的分化与固化局面埋下了伏笔。具体地说，团队新，成员也新，一切尚未定型，在这种情况下，如果这个新团队内部藏龙卧虎，就极容易形成强大的实力集团与利益集团，而这样的局面其实是最难把控的。别说大春，即便是老板亲自出马，也难说能有驾驭这种局势的绝对把握。所以，仅凭过分轻敌与过分自信这两条，大春实现野心就注定会以悲剧收场。这还不算完，大春还犯了两个致命错误。第一，错估了形势。大春的改革几乎要触动团队内部所有人的既得利益，因此绝无可能获得共识。第二，错估了团队的抗打击能力。新团队成立时日尚浅，依然十分稚嫩，根本就经不起太剧烈的折腾。而大春对如此浅显的道理视而不见，一意孤行地强推自己的改革计划，因此折戟沉沙、自断前程也算合乎情理的结局。

可见，**逞匹夫之勇是没有用的。要想成就大事，就必须耐下性子，等待时机的成熟。**

不过，权威、共识与成熟度这三个条件同时具备归根结底是一个小概率事件，完全靠"等"也许过于消极。所以，如果你确实对"大变化"情有独钟，不忍放弃，不妨另辟蹊径，采取一种更靠谱的变化方式。

这个变化方式就是**"积少成多、积小成大的大变化"**。

顾名思义，这种变化方式还是**以"小变化"为基础，通过累积量变的方式来促成质变。显然，与急风暴雨般的变革相比，这种方式更隐蔽也更扎实，能够在大多数人毫无意识的情况下给整个局面带来某种颠覆性的变化。这种变化带来的痛苦最小，副作用最轻，一切都如行云流水般发生，且不留任何痕迹，堪称"不变之变"**。

以下是几个操作要点：

一、不宣而战。

一般来说，在团队管理者酝酿实施某种"大变化"（如彻底整顿团队秩序、全面升级团队制度体系等）的时候，总会例行公事般地发文、开会以"昭示天下"。他们这样做，无非是出于两个理由：一是为了表决心，告诉团队成员"我是玩真的"；二是为了聚共识，暗示团队成员"你们可得支持我哦"。当然，除此之外，也许还会有其他一些可能，比如说某种莫名其妙的仪式感或含混不清的道义感。总之，在动手的时候不大张旗鼓地嘚瑟一下，将行动内容彻底公开乃至大肆宣传一番，就好像对不起谁似的。而这样的做法是危险的，搞不好会让你摔在起跑线上。因为**"共识"必须在行动之前搞定，先行动再找共识显然搞错了事物的逻辑关系和先后顺序，势必会引起恐慌和反抗**。尤为要命的是，你还在行动之前大鸣大放、不遗余力地告诉大家"我是玩真的"，这就进一步强化了团队内部的恐慌心理，一定会导致更猛烈的反抗，让你的变革从一开始便蒙上厚厚的阴影。

那位说了：你怎么知道我在行动之前没有凝聚足够多的共识呢？我又不是傻子，当然知道如此巨大的变化需要得到人家的支持。我之所以敢发文件，敢开大会，将我的变革计划隆重推出，就是因为我已经做足了功课，得到了足够多的共识！

好吧，既然你这么说，我就不妨矫情一次，将我的底牌和盘托出。坦白地说，不是我对共识存有偏见，恰恰相反，我一直都是共识的铁杆粉丝。我甚至认为，管理者重要的使命之一就是不停地寻找和创造共识。不过，也正因为共识如此重要、如此珍贵，所以获取共识在很多情况下都不是一件容易的事，特别是在中国，特别是当事情牵扯到各方面的利益关系的时候，真正找到高质量的共识更是难上加难。所以，一般来说，无论你对自己业已找到的共识有多自信，这种自信里面都很有可能灌满了水分。总之，在我们这里，相当多的共识都是虚假的、表面化的，把对团队来说堪称生死攸关的颠覆性变革寄托在这样一种如玻璃般脆弱的共识上面，是一种极其危险、极其不负责任的行为。

不夸张地说，**绝大多数团队之所以在试图发起某种颠覆性变革时都会遭遇滑铁卢，其中很大一部分原因就是"共识不瓷实"。**

所以，无论从哪个角度来看，对于某些事关重大却又极难形成高质量共识的变革而言，在行动之前大玩特玩"昭示天下"或"大鸣大放"的招数都是不可取的。如果你想让自己的变革大计修成正果，大获成功，方法只有一个，那就是"不宣而战"。

只有不宣而战，才能巧妙地绕过利益纠葛的牵绊以及寻找共识的烦琐，让你从一开始便牢牢地把握战略主动，进入一个进可攻、退可守的空前广阔的战略空间。

在这方面，武学大师李小龙和历史伟人邓小平都是出类拔萃的代表性人物。

先说李小龙。

我们知道，武林高手过招时一般都得先摆一个姿势，拉开打的架势。从某种意义上讲，这个姿势或架势就是"宣战"的意思，意味着"哥们儿要开打了，准备接招吧您哪！"

李小龙最烦的就是这一点。他反对一切形式主义的东西，主张"不拘形式""不宣而战"。所以，对许多功夫高手来说，和李小龙对决是一件十分令人困惑甚至十分痛苦的事情，因为甭管你这边摆出多潇洒、多帅气、多高难度的pose（姿势）严阵以待，对方都毫无反应，完全对你视而不见，就是面无表情、直愣愣地站在那里，让你不知道他到底想怎么打，抑或是否真有打的意思。这会形成一种奇怪的气场，令你一头雾水、心惊肉跳，不知该如何出招，何时出招乃至是否应该出招。就在你犹疑不决之时，对方却以迅雷不及掩耳之势突然出击，一拳将你击翻在地。当你已然躺在地上擦鼻血的时候，脑子里还是一团糨糊，搞不清刚才到底发生了什么，自己是否已经被打败，抑或是否真的和对方打过。

这就是"不宣而战"的厉害。本来也许实力相当，或至少差距没有那么大的两个对手，仅仅因为这一招就会顷刻面对天差地别的结果。

再说邓小平。

众所周知，改革开放初期的中国形势极为复杂，各种利益群体、各种僵化思想、各种潜流暗潮在神州大地盘根错节，酝酿着无数一触即发的潜在危机。在这种情况下，任何一个小失误、小兴奋点都有可能掀起轩然大波，大幅增加变革的社会成本。为了减少改革的阻力，确保改革的效率，邓小平审时度势，及时提出"不争论"的理论，巧妙地驾驶中国这艘超级巨轮相对轻松地驶过曾经令无数重大变革折戟沉沙的重重暗礁。

邓小平的逻辑十分清楚：与其把时间和精力浪费在无休止的争论中，不如先悄无声息地干起来再说。干起来，无非是两种结果和两种应对方法：干好了，可以理直气壮地端到台面上大力推广，而且还能彻底堵住反对者的嘴；干不好，再悄无声息地停下来就行了。整件事情水过无痕，不会给社会带来任何重大危害。

这就是"不宣而战"的智慧。**它的核心思想是"结果优先论"——只要能达到目的，就不必拘泥于形式和手段。**

二、声东击西。

变革，尤其是剧烈的大规模变革会遇到什么样的阻力？

简单。利益集团的分化以及不同集团之间的对立与摩擦，就是变革的阻力。

好消息是，**利益集团的分化虽不可避免，但利益集团之间的摩擦可以化解。不过，这种化解并不意味着公开地在利益集团之间搞平衡，而是通过麻痹利益**

"不变之变"——让变化在不知不觉中发生。

集团的神经做到的。

具体地说，就是**采取声东击西的战术，刻意模糊变革的对象，让阻力降到最小**。

举个也许不太恰当的例子。比如说你想修理某个不肖之徒，你会怎么做？直接走上前去给他一拳？那他一定会提前戒备，不给你出拳的机会。可是，如果你换一个做法，假装和他身边的某个人发生了冲突，并试图冲上前去给那个人一拳，这个时候，你真正想修理的家伙一定会放松警惕，那么你就可以在冲到他身边的时候突然发力，轻松地将其击倒。

就是这个道理。

所以说，**如果你的变革对象（亦即打击对象）过于清晰，那就等于提醒对方做抵制你的准备，人为地为自己制造障碍。因此，只有声东击西，让所有人都找不着北，你才能在没有任何阻力或阻力极小的情况下发力，轻松地收到四两拨千斤的效果**。

顺便说一句，**声东击西的战术可以灵活地反复使用，尤其是在利益集团较多的情况下，你的手法越灵活，变化越频繁，对方就越迷糊，不知道你的葫芦里到底卖的是什么药。这样一来，主动权便完全掌握在你手中，你就可以随心所欲地玩游戏了**。

三、挖墙脚、掺沙子，让变化在不知不觉中发生。

那么，是否做到了不宣而战和声东击西，就可以确保大功告成了呢？答案依然是否定的。即便你成功地布置了一场好局，如果发力过猛，动作过大，依然会令结果大打折扣，甚至将整场好局彻底搞砸。职场虽然与战场相似，但毕竟不能完全等同于战场。**与战场相比，职场的敌我定位更模糊，利益关系更复杂，局势的变化也更频繁，更扑朔迷离。在这种情况下，闪电战显然是不适用的，要想成就大事，就必须采取游击战的战术。具体地说，就是挖墙脚、掺沙子，让变化在不知不觉中发生**——既然是不宣而战，当然不能打草惊蛇。你的动作必须极其慎重、极其隐蔽，步伐和力道要尽量小、尽量轻，切实做到"悄悄地进村，打枪的不要"。

明修栈道，暗度陈仓

给大家讲一个真实的故事。

我的朋友保杰年纪三十出头，但已经是一家民营连锁商业集团公司的老总了。他能坐到这个位置颇为不易，背后有一段戏剧性的经历。

当初保杰之所以选择进这家民企工作，是因为被这家企业当时的老总——一个叫李权的中年男人的诚意打动了。

事情是这样的。保杰是个拥有英国某著名大学工商管理硕士学位的"海龟"（海归），出国时可谓踌躇满志，学成归来后却意外地变成"海带"（具有洋学历的待业青年），一度意志消沉，对前途颇感迷茫。

一个偶然的机会，他通过朋友认识了李权——一个号称有留美经历的海归，此人彼时刚刚接任一家民营商业集团公司总经理的职位，并在工作中遇到了巨大的难题，急需一个得力助手协助他打开局面。

原来，这家集团公司是一家从国企改制而来的民营公司，虽然已经作为民企经营了几个年头，却依然残留着不少老国企中常见的弊病。比如说组织架构僵化、经营手法陈旧、裙带关系盛行等，所有这些问题就像一条条绊马索，严重制约了企业的发展。老板心急如焚，却又苦于心无良策且独木难支，于是四处托人寻觅外界高手，终于找到了李权——这个自称喝过洋墨水、念过洋经的"假洋和尚"，将企业管理的大权交给了他。

李权果然不是善茬儿，一上任便点起三把火。他以"改革派"自居，公开向自己眼中的"保守派"宣战。上任伊始，他便狠招频出：除了大刀阔斧地改革公司的经营模式和分配机制之外，他还彻底调整公司的组织架构，大力清理根深蒂固的裙带关系。不到一个月的时间里，他就一口气开除了六七位元老级高层，并清理了上百名中基层员工。与此同时，他以迅雷不及掩耳之势将自己的亲信安插到公司的关键岗位上，试图在最短的时间内建立起改革派的绝对权威。

由于李权的动作太快，势头太猛，公司的保守派一时没有反应过来，被他一连串突如其来的组合拳彻底打蒙了，稀里糊涂地输掉一城。这些保守派毕竟都是些身经百战的老江湖，尤其是经历过老国企改制前后那些暴风骤雨的洗礼，抗击打能力自然非同一般。他们从最初的猝不及防中缓过神来，很快便稳住阵脚，开始发动反击。

由于李权换血的动作太快、太猛，那些新上任的改革派还不能很好地适应公司的传统业务，再加上元老级高层及员工的集体抵制，集团公司的业绩直线下降，公司内部的氛围也冷到了冰点，一副死气沉沉的模样。

业绩不佳，士气不振，改革派逐渐失去了赖以生存的正义性，发展势头受到严重削弱。后来，在老板的斡旋下，李权被迫让出不少关键岗位，才勉强与保守派实现和解，让紧绷的局势和公司的业绩稍稍有了些改善的迹象。但表面的和解并不代表着战斗警报的解除，只能代表战斗从地上转到了地下。而且，对于李权的改革派来说，地下的战况显然比地上的更激烈，也更险恶。

处境不妙的李权痛感"子弟兵"的不得力是让他一再失势的重要原因，急需找到一个得力助手协助他稳住局面，并伺机力挽狂澜。正是在这样的背景下，保杰见到了李权，而为人稳重、足智多谋又有着金牌学历傍身的保杰对李权来说显然是一个最合适的人选。于是，他拿出"三顾茅庐"的诚意再三邀请保杰，终于成功地说服一度立志"非外企不入"的保杰放下成见，改弦更张，加入了他的改革派战队。

正式进入这家民企不久，保杰便敏锐地意识到李权身上的问题。当然，这些问题不只包括李权的盲动所带来的种种弊端，还有李权个人品质方面的问题。保杰发现，李权是一个极其刚愎自用、心狠手辣且自私自利的人，无论是他的敌人还是他的朋友，只要挡了他的去路抑或妨碍了他的意图，基本上他都会以最决绝的方式将其铲除，不留任何情面，极少采取积极沟通或善意妥协的方式解决问题。他甚至公然宣称曹操的名言"宁教我负天下人，休教天下人负我"是自己的座右铭，平日里崇拜的偶像都是些古今中外的乱世奸雄。不仅如此，随着接触的深入，保杰发现李权对他个人的兴趣似乎主要集中在他那亮闪闪的洋学历上面。无论走到哪里，李权总爱带上保杰，而且逢人便夸保杰的洋学历如何了得，私下里却一而再、再而三地暗示保杰"不要翘尾巴""现在有洋学历的人多的是，大多数都在家里待业，没什么好牛气的"……事实上，保杰对自己的学历相当低调，从未有过任何炫耀的举动，所有炫耀的话恰恰都出自李权之口，而这种炫耀已经令保杰十分烦恼、尴尬。很显然，李权对保杰学历的溢美之词并不是送给对方的，而是送给他自己的——你们看，这么牛的人现在居然给我打工，可见我牛到什么程度了！

后来，从李权的一个心腹那里，保杰终于知道了全部真相。原来，李权的留美学历根本就是山寨的，而且这件事已经引起公司内部的保守派甚至老板本人的怀疑。这成了他的一块心病——他认为自己的不顺在很大程度上与此有关，因此必须找个拥有货真价实洋学历的下属为自己撑撑门面。而这一点，几乎就是保杰之所以比他从前的下属更为"得力"的唯一原因。至于说到保杰脑袋里的干货，他其实并不在意，因为他对自己的才华深信不疑——在李权的眼里，"智慧"是唯一不需要从别人那里借用的东西。

坦白地说，知道这个真相的时候，保杰并不十分吃惊。从李权偶尔秀出的那几句蹩脚的英文里，其实他早已嗅出一些东西，所以多多少少对这种结果有一些心理准备。人在江湖，身不由己，保杰并不想纠缠于这些细枝末节。或者说得夸张一点，他甚至可以理解并接受这种鸡鸣狗盗的行为。事实上，他也一度付出努力，试图包容李权人性方面的弱点，尽最大可能帮他做一些事情，尽管很艰难。但是，不久，另一个现实让保杰的努力彻底幻灭了。他发现，李权其人尽管外表道貌岸然，内心却极为猥琐，经常用隐蔽而下流的语言和行为骚扰女员工——这显然已经超出了一个社会人的底线，当然也包括保杰本人的底线。

随着浮出水面的真相越来越多，保杰渐渐对李权这个人失去了希望，脑海中一度闪现出辞职走人的念头，可内心的倔强和不服输的精神又拖住了他的脚步，留了下来。

于是，在经过深思熟虑之后，他决定做点儿什么。

保杰决定"明修栈道，暗度陈仓"。表面上，他自告奋勇地充当了李权对付保守派的急先锋，暗地里，他却为对方提供了不少关于李权阴暗面的绝密信息。保守派如获至宝，对李权大加挞伐，很快就将其逼到墙角。由于证据确凿，事实清楚，老板也对这位外来的假洋和尚彻底失去了耐心，终于向他下达了逐客令。

一切都来得太突然。一直到走的那一天，李权都不知道自己职场生涯的转折点到底是在哪里出现的。

赶走了李权，保杰便成为保守派心目中的红人，自然而然地登上了总经理的宝座，而那些残留下来的改革派便也见风转舵、弃暗投明，自愿投到保杰的麾下。

保杰吸取了前任的教训，并没有立刻采取坚壁清野的做法，对保守派或李权留下的改革派做出任何动作，而是主动选择休养生息的方式，让公司度过一段波澜不惊的平稳期。

一年后，眼看时机逐渐成熟，保杰开始了谋划已久的行动。

在老板的支持下，他制订了一个深化公司股份制改革的计划，将所有元老级高层均请进公司董事会，并赋予他们一定额度的股份；与此同时，在事实上剥夺了他们的实权，使他们远离了公司的决策核心。尽管这是一种典型的"杯酒释兵权"的做法，但是由于所得股份的预期收益相当诱人，而且"公司董事"的光环也足够亮眼，所以保守派元老们便欣然接受，基本上没让保杰的计划发生大的波折。

又是一年过去了，保杰却并没有兑现自己的承诺，让这些望穿秋水的元老等到足够金额的人民币。他们感到被愚弄了，愤怒地向保杰兴师问罪，而后者不慌不忙地道出个中原委——这一次的股份制改革之所以不够成功，原因不在于计划本身有缺陷，而在于执行的人有问题。正是因为太多的员工，尤其是那些从老国企留下来的元老级员工不给力，所以计划的许多细节才无法落实，处处掉链子。所以，要想让这个计划真正开花结果，就必须进行深入的组织架构改革和人员调整，而这些举动对企业来说有可能意味着伤筋动骨和强烈的民意反抗。这使他犹豫不决，不敢轻举妄动。

这其实是一个苦肉计。保杰算定这些元老级"董事"听了他的解释之后必然会出手相助——"有钱能使鬼推磨"，尽管许多老国企员工都是这些"董事"的亲信或心腹，可和腰包里的银子相比，孰轻孰重，他们心中自然有数。

果不其然，元老们出手了——他们或断然切割，或主动劝退那些被认为是挡了他们财路的"绊脚石"，亲手为保杰清扫出一片可以尽情发挥的空间。

那位说了：这个结果也太富戏剧性了吧？让这些"前朝老臣"和他们自己的忠实党羽同室操戈哪有那么容易？要知道，培养这些死心塌地地跟着自己混饭吃的"家臣"是需要大量时间和精力的，这玩意儿可是铁板一块的利益共同体，哪是那么容易被你区区一个苦肉计就能彻底颠覆的？

没错，这个质疑很靠谱。经年累月形成的某种利益群体一般来说是极难被打破的，除非你巧施妙计戳到它们的痛处，动摇了它们赖以存在的根本——利益与信任。

保杰这个年龄与阅历极不相称的小伙子之所以高明，就是因为他能洞若观火，在行动之前便一眼看透事物的本质，并做出天衣无缝的铺垫与安排。

其实，在使出苦肉计之前，他还极其隐蔽地用了一招反间计。

事情是这样的，保杰在设计那个深化股份制改革方案的时候，刻意做了一些手脚。他将利益分配的天平向那些元老级高层做了大幅倾斜，同时故意疏漏了他们的"家臣"和死党。"家臣帮"人马自然心中不爽，向保杰提出抗议，而保杰也爽快地承认了自己的失误，郑重承诺一定会尽快调整政策。保杰嘴上说要调整，却按兵不动，迟迟见不到任何付诸实施的迹象。"家臣帮"不断催促，保杰亦不断答应，可就是"只闻楼梯响，不见人下来"，令这些望眼欲穿的"家臣"焦躁不已。

这样过了一段时间，眼看时机成熟，保杰假借他人之口暗地里放出消息，暗示在为"家臣帮"争取利益这件事上，他已经竭尽全力，他的措施遭到既得利益者即那些元老级高层的集体反对，根本就推行不下去。总之，错不在他，而在众"家臣"的"主子"身上。

这一招果然奏效。没过多长时间，保守派阵营内部便出现了明显的裂痕，而且这道裂痕随着时间的推移变得越来越大。到最后，那些"家臣"干脆用消极怠工的方式向他们的"主子"表达无声的抗议，令后者心灰意冷，逐渐萌生"散伙"的念头。

正是因为有这个反间计的铺垫，保杰后来的苦肉计才得以顺利实施，并取得了预期的效果。

言归正传。那之后又过了三年，保杰利用自己从英国修来的专业金融知识，逐一稀释并最终收回了这些"董事"的股份，将他们的势力彻底清除出公司，为自己的变革大计成功地画上了句号，成为这家企业名副其实的掌舵人。

"智慧"与"阴谋"，差之毫厘，谬以千里

故事到这里便告一段落，但故事中的许多细节值得我们的团队领导者仔细品味。

显然，保杰是一位变革高手，深谙中国式变化之道。

让我们来看看他的变革手段都有哪些方面值得借鉴。

首先，与李权的锁定目标、狂轰滥炸不同，保杰的变革自始至终都贯彻了"不宣而战"的原则。无论是对付激进的改革派，还是对付腐朽难缠的保守派，保杰都没有明示目标，而是暗自发力，在对方浑然不觉的情况下以神不知鬼不觉的方式将其轻松拿下，几乎堪称"兵不血刃"。

其次，保杰的行动极其谨慎、稳妥而隐蔽，一切按部就班，绝无操之过急的痕迹。他可以为结束动乱、稳定军心拿出一年的时间，也可以为制造保守派的内部矛盾等待一年的时间，更可以为最终清除保守派势力付出三年时间。尽管这个过程有些漫长，但正是这种耐心与韧性使变革的结果可以真正落地，成为货真价实的质变。**这样的结果一旦出现，便很难发生反复。最终算总账，比起"快、散、乱"式变革，即那种快刀斩乱麻，看似畅快淋漓实则隐患无穷的变革方式，其实"慢、准、稳"的操作模式更节省时间，拥有更高的效率。**

最后，在整个过程中，保杰巧妙地运用了声东击西、借力打力的战术，取得了相当辉煌的战绩。自始至终，他的锋芒所向与打击对象都是不明确的：表面上看好像在打击保守派，实际上给了改革派致命一击；表面上看似乎帮助保

守派元老攀上事业顶峰，实现了荣华富贵，实际上神不知鬼不觉地缴了他们的械，卸了他们的兵权……尤为令人叫绝的是，他居然能够利用人的贪财心理巧施反间计与苦肉计，让那些保守派元老自己出手清除了自己的党羽。这一结果不但为他的变革大计扫清了障碍，也为最终将这些元老清除出局打下了坚实的基础，可谓"不战而屈人之兵"的经典战例。

必须指出的是，所有这些计谋的使用，都务必遵循一个基本前提，那就是：**善用**。

一言以蔽之，**好的计谋为善人所用，叫作"智慧"；而为恶人所用，则叫作"阴谋"**。俗话说"得道多助，失道寡助"，有智慧的人天下无敌，而玩阴谋的人则注定会恶贯满盈。

因此，**在谋略面前，一定要满怀敬畏之心，万万不可滥用。要成为驾驭谋略之人，而不能被谋略所驾驭，否则必将走火入魔，最终自食其果。**

总之，下回如果你真的得到了一本武林秘籍，甭管是《九阴真经》还是《葵花宝典》，你一定不要急不可耐地打开它，贪婪地照猫画虎，模仿里面的神奇招数，而是要恭恭敬敬地把这本奇书放在自己的面前，手贴胸口，双目紧闭，扪心自问是否拥有一颗虔诚的心。

如果答案是肯定的，你便可以放心大胆地让自己融入那云谲波诡、变幻莫测的武学世界；反之，如果答案是否定的，那你不妨将那本书永远藏匿于书柜底下，或干脆将其付之一炬，以免害人害己。

小结：

　　与急风暴雨般的大变化相比，通过不断累积小变化促成最终的质变的方式更隐蔽也更扎实。它所带来的痛苦最小，副作用最轻，一切都如行云流水般发生，且不留任何痕迹，堪称"不变之变"。